修订升级版

短线追涨与低吸技术

——起涨点主力行为分析

金　铁◎著

U0953038

中国宇航出版社
·北京·

图书在版编目（CIP）数据

短线追涨与低吸技术 ：起涨点主力行为分析 / 金铁著. -- 2版. -- 北京 ：中国宇航出版社，2023.9

ISBN 978-7-5159-2276-8

Ⅰ. ①短… Ⅱ. ①金… Ⅲ. ①股票投资—基本知识 Ⅳ. ①F830.91

中国国家版本馆CIP数据核字(2023)第160127号

策划编辑　卢　珊　　　**封面设计**　王晓武
责任编辑　谭　颖　　　**责任校对**　吴媛媛

出　版
发　行　中国宇航出版社

社　址　北京市阜成路8号　　　**邮　编**　100830
（010）68768548

网　址　www.caphbook.com

经　销　新华书店

发行部　（010）68767386　　　（010）68371900
（010）68767382　　　（010）88100613（传真）

零售店　读者服务部
（010）68371105

承　印　三河市君旺印务有限公司

版　次　2023年9月第2版　　　2023年9月第1次印刷

规　格　710×1000　　　**开　本**　1/16

印　张　19.75　　　**字　数**　291千字

书　号　ISBN 978-7-5159-2276-8

定　价　59.00元

本书如有印装质量问题，可与发行部联系调换

再版前言 *Preface to the Reprint*

清代词人纳兰性德在《蝶恋花·辛苦最怜天上月》中写道："辛苦最怜天上月，一昔如环，昔昔都成玦。"大意是：最怜爱那天空辛苦的月亮，一月之中，只有一夜是如玉环般的圆满，其他夜晚则都如玉玦般残缺。一昔即是一夜，玦即是古人佩戴的半环形的玉。

短线主动性买入的交易方式无外乎是追涨和低吸。可是当追涨的股票不再继续涨，低吸的股票出现更低价位时，短线盈利便成了泡影。短线交易中的追涨和低吸不是这样的玩法。追涨，追的是股票上涨的连续性；低吸，买的是股票的逆转时机，而不是"一昔如环，昔昔都成玦"。

缺乏涨升连续性的追涨，其实是追高；缺乏止跌环境的低吸，其实是随意交易。股价现在时的上涨或下跌，并不都会成为追涨或低吸的理由。能帮助我们区分哪些股票可以追涨和低吸，就在于起涨结构分析。

起涨结构是确定一只股票是否具有交易价值的关键性因素，具备起涨结构或者说起涨结构即将构筑完成的股票，才是我们交易的目标，而不是那些目前涨得非常好的股票或者跌得非常多的股票，毕竟能够给我们带来利润的是买入之后涨得好的股票，而不是买入之时或之前涨得好的股票！

《短线追涨与低吸技术》讲解了起涨结构的基本理论以及如何适用于追

涨和低吸的不同阶段，并详细诠释了追涨和低吸的技术要点与交易要点。

时光荏苒，万物更新。没有任何知识、技术是不需要进步与更新的，股票技术分析理论更是如此。曾经好用管用的技术，也可能经不住时间的考验。你若是故步自封、敝帚自珍，那么很快就会被这个市场淘汰。

本书首次出版于2015年，8年时间对于股票类图书来说，足以让其湮没在浩瀚书海中。出乎意料的是，这本书依然还在售出，并在一些图书网站的销售排名中居于靠前的位置。这要感谢读者朋友们的宽容和厚爱！本次改版将明显不适用于目前股票市场的内容进行了删除修改，增补了新的内容，并更换了绝大部分图表。增补升级的目的只有一个：让本书内容更贴近当前的股票市场，给读者提供更高的参考价值，对得起读者们的信任和支持。

金铁

目录 Contents

第一章　危险与机遇

第二章　短线选股概要

第三章　短线交易与技术环境分析

第五章 短线低吸技术

第六章　缺口的引力交易

第一章

危险与机遇

短线交易，并不是一个人人皆宜的好玩游戏。新手总是难以抵御短线交易的诱惑，天天都想做短线赚钱。但有经验的交易者却深知：不能抵抗诱惑的任意而为，不懂择机择时的交易，结局必然以惨败收场。

第一节 一念之间

财富聚集的速度越快，越容易让人失去理性；财富失去的速度越快，越容易让人的赌性爆发。

短线交易，并不是一个人人皆宜的“游戏”。

新手总是难以抵御短线交易的诱惑，天天都想做短线赚钱。但有经验的交易者却深知：不能抵抗诱惑的任意而为，不懂择机择时的交易，结局必然以惨败收场。

交易还是赌博，只在一念之间。

股票交易的残酷性，用不了多久就会将一名股市新手“折磨”成为一个局外人，一个从此视股票交易如蛇蝎，避之犹恐不及的局外人！当然，也有人会从“少不经事”的新手慢慢成长为有经验的老手，这个过程绝不浪漫，但肯定辛酸。也只有经过苦难历程才能体会到，靠运气做的所有短线交易，不论输赢都叫赌博，这也是新手和老手的分水岭——新手靠运气，老手靠技术。

新手变老手的过程，从来都不是依据时间来界定的。有人做股票的时间很长，却一直靠运气、靠牛市赚钱，不论做了多少年交易，他仍旧只是新手。

经历过牛熊市轮回，依然能够坚持交易的人，至少说明其具有在股市生存的技术手段，这个手段就是股票交易的基本技能。通常而言，一个有生存经验的交易者应该至少具备以下几点基本技能。

一、技术分析研判能力

有人认为技术分析没用，那么正确的答案是什么？

对于可以从10公里的距离发现猎物活动的鹰来说，近视眼镜是没用的；而对于一个高度近视的人来说，眼镜的作用毋庸置疑。读过《西游记》的人都知道，孙大圣会翻筋斗，一个筋斗十万八千里，如来佛不知道会不会这手绝技，但我们知道孙大圣无论翻几个筋斗都翻不出如来佛的手心，所以如来佛会不会翻筋斗不重要，因为不需要！

技术分析有没有用并不需要争论，只看你需不需要。

简单地说，技术分析主要包括：K线理论、成交量分析、均线理论、分时图分析等，这些知识对于交易者了解相关个股或大盘的动态具有一定的帮助。

二、经济环境和政策趋向

对于普通交易者而言，能够对宏观经济环境和经济政策趋向做出环环相扣、严丝合缝的分析和论证，是很难完成的任务，但是一个交易者至少要对国家所处的宏观经济环境和相对应的经济政策有一个基本了解。例如，国家经济是处于稳定增长的势头中，还是正处于不断衰减、内外交困的境况里；国家经济政策是从紧还是宽松，以及之后可能出现的趋向性变化等。

三、择机与择时

择机就是选择机会，包括选择市场趋势、板块和个股。当市场进入到上涨趋势，当一个板块崭露头角时，当个股出现交易时机时，都是交易者必须做出选择的时候。选择正确与否，将直接影响之后的收益。

股票市场如同汪洋大海，时而风平浪静，时而惊涛骇浪，交易者无法和大势相抗衡。所以对市场氛围、市场运行趋势的正确判断，对交易者选择进场时机有着至关重要的作用。

板块涵盖的概念越丰富，题材越新颖，市场的认同程度越高，未来成为热门板块的可能性越大。股市是没有硝烟的战场，双方交战的胜败与否，最主要在于是否顺应市场潮流所向。交易者选择板块应着眼于此。

个股选择正确与否，将直接决定最终的交易结果。用正确的方法选择正确的个股，说起来容易做起来难，不仅需要交易者具备一定的基本面分析能力，还需要较强的技术分析功底。

择机与择时是一个完整的过程。如果说择机教会交易者怎样开枪射击，那么择时就是告诉你什么时候才可以开枪射击。有不少个股潜质上佳，但在错误的时间买入，仍旧会遭遇亏损。尽管这类股票质地较好，长线持有这类股票应该会有解套的机会，但由于时间本身也是一种成本，同时交易者能否忍受下跌期间严酷的心理折磨，就不好确定了。

比如在历次大盘下跌中，不能说所有的股票都没有投资价值，但破巢之下安有完卵？随着市场极端恐慌情绪的蔓延，几乎所有股票都会出现大幅下跌。这个时候的介入，就等于是乱放空枪，不但无法捕捉到猎物，更大的可能是伤到自己。

第二节 迈上短线高手的台阶

风雨之后，未必就会有彩虹出现；同样，新手变老手之后，未必就会成为高手。老手和高手之间，有的时候差距就像薄薄的一层纸，这层纸就叫作——心态与纪律。

一、懂得放弃

股市中最不容易做到的是承认失败，最难学会的是放弃。

交易之道犹若用兵之法，不懂放弃、不能承认失败的人，很难取得永久的成功。1947年国民党几十万大军进攻延安，毛泽东主席并未选择与来敌死战，而是选择放弃延安，转战陕北，在运动战中消耗敌军，最终达到获取胜利的目的。不怕打破坛坛罐罐，不计较一时一地的得失，方能成就一番大业。

很多人在实战中连续几次交易成功获利之后，便容易心生骄矜，认为自己已经掌握股市获胜之天机，将无往而不利。这种心态是最危险的，即便在接下来的交易中发现自己出现错误，也很难及时承认错误，放弃错误的交易。往往等到出现巨亏时才幡然醒悟，却为时已晚。

还有些人明知继续持仓是错误的，却很难选择放弃，总觉得熬过一段时间总会有解套并获利的机会，而等到持仓的股票一而再、再而三地发生急跌时，才会惊慌失措地选择割肉卖出。

如图1-1所示，A点成交量呈变量形态，并且已经明显形成量能反向催化，交易者只有卖出这个选择。倘若心态犹豫，错过减仓的第一时点，必然会导致盈利大幅缩减或者高位被套。

在股票市场上，交易者勇于承认自己操作错误，并在下跌大趋势明确显示时能够及时选择放弃，是一种明智的交易行为，也是逐渐走向成熟的标志。学会放弃，才能从放弃中懂得如何收获；承认失败，才能从失败中总结怎样成功。一个不愿低头的人，看不到脚下的陷阱。

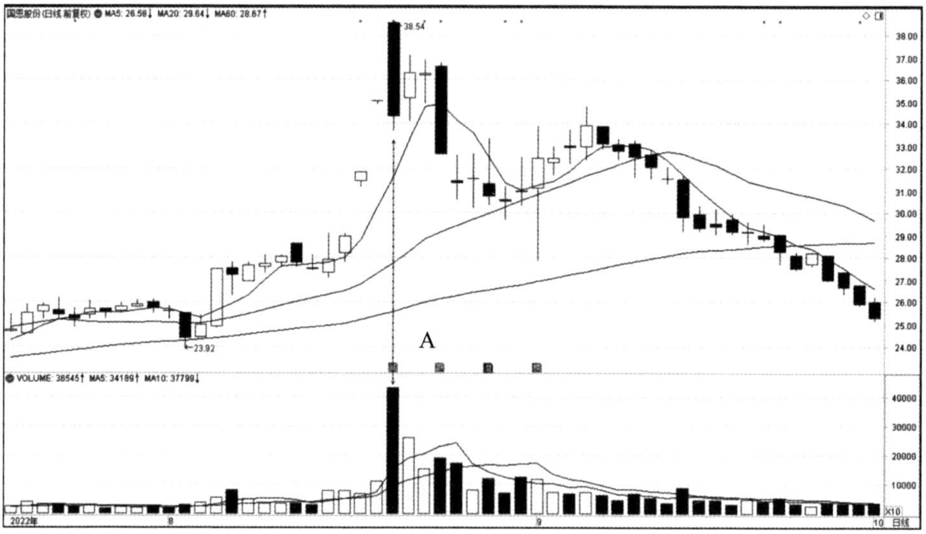

图 1–1

二、保持平常心

浮躁是交易的大敌。初入股市的新手，往往容易被市场上追涨杀跌的浮躁氛围所蛊惑，从而加入其中，最终陷于亏损的泥潭难以自拔。交易失败常常是在浮躁中形成，如果不能去除浮躁，理性看待股票交易，则在股市上走的夜路将会极其漫长。

在股票操作上如能保持一份平常心，则既对身心健康有益，也对个人交易素养的提升有所帮助。在股市中，尤其是短线交易者，常会感到眼睛发涩，身体疲惫不堪，多是因为交易时间内精神时刻处于紧张状态所导致。

大盘上涨时，如果交易者手中的股票未与大盘一起上涨，则担心是否另生变故；下跌时又为持仓过重而深感忧虑，可谓是涨亦忧心跌亦愁。如图 1–2 所示，当股价处于明确的上涨趋势时，股价的短期回落是正常现象，即便途中发生较大级别的次级回落调整，只要技术研判并非趋势性扭转，交易者就不必整天忧心忡忡，坐立不安。赚大钱，最后靠的往往是定力。

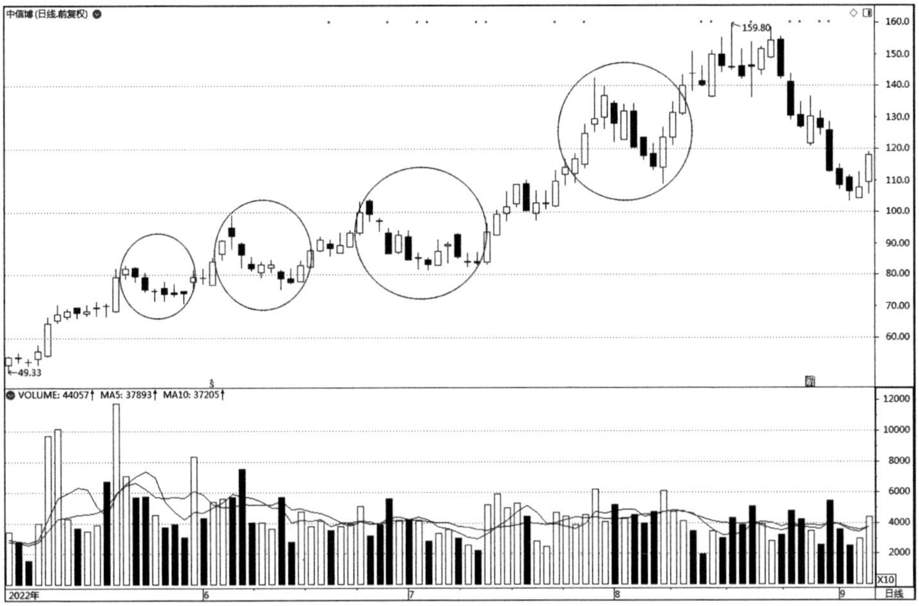

图 1–2

枯燥紧张的交易行为、操作上的失误以及个人情绪本身的周期性低潮现象等，都可能使交易者脾气暴躁、喜怒无常。在身心疲惫的状态下，分析研判水平和反应能力都会大打折扣，这时交易者应该多休息，并调适自己的心态，这对以后的操作是极有益处的。

良好交易心态地树立，不可能一夜成型，需要在实战中不断磨砺、累积以及来自自身心性的感悟和升华，继而成为思想和行为的根本原则。

三、性格决定交易方式

猎人对于自身和武器的优缺点以及猎物的习性、特点、行动方式都应该纯熟于胸，才能称得上优秀。其中，了解自己的难度往往大于了解对手。

不同性格的人，其行为方式有较大的差异性。反映在股票操作上，即有的人喜欢短线交易，有的人喜欢长期持有；有的人喜欢冷门低价股，有的人偏好追涨涨停板个股。交易行为与交易者的个性密切相关。

性格外向者在趋势性上涨中较性格内向者更容易获取暴利，但在趋势性下跌中的亏损也比性格内向者要大得多。就股票操作而言，性格外向者在行情不明朗或者处于趋势性下跌时，应该减少操作频率，学会空仓等待；在行情处于趋势性上涨时，则可以放手一搏。

性格内向者则应学会在行情大趋势走好之际大胆出击。在选择股票方面，性格内向者应选择有估值优势、走势稳健，可以长时间持有的股票；而性格外向者则不适宜持有交易量低、走势平缓，处于调整阶段的股票。了解自己，并发现和战胜自己的弱点，是老手成为高手的必要条件之一。

如图 1–3 所示，A 处为该股营造底部结构的区域，时间长达三年多。如果交易者不是着眼于长期布局，则很难坚定持仓等到该股后期的快速拉升阶段。不同性格、不同交易方式的人，可选择不同的进仓时机。例如，性格内向有耐心的交易者，不妨在 A 处低位建仓长期持有；性格外向喜好短线交易的人，则可选择在 B 处起涨位置处介入。

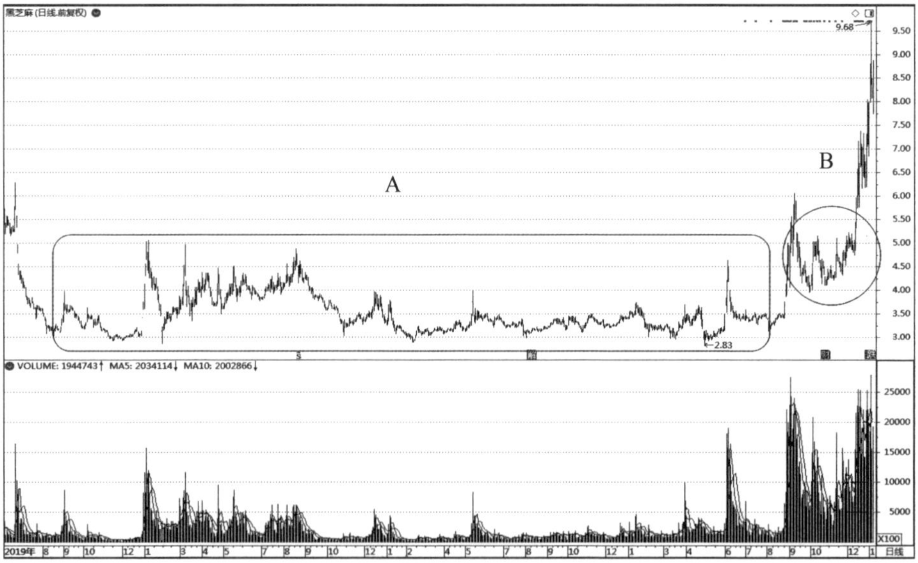

图 1–3

当然，能够发现与选择适宜的介入点，需要交易者至少要具备识别趋势、成交量变化等基本的技术分析能力。

四、记吃更要记打

有句俚语叫作“记吃不记打”，意思是说有的人不会总结经验教训，总是重复犯同样的错误。

交易中，谁都无法避免犯错，谁都不能逃脱犯错后的亏损。实战中每一次成功和失败的交易案例，都值得我们深入研究，在搞清楚为什么会发生失败前，应停止所有的交易行为。研究过往的案例，及时总结经验教训，避免重复犯同样的错误，是一个能够迅速提高自身操作素养和研判能力的方法。

一次亏损交易过后，应总结买入、卖出的技术理由，对比二者可以发现这次交易失败的症结所在。当然，不仅失败的案例需要总结，成功的案例同样需要总结，如果每次成功的交易都是因为“运气好”，就说明你连自己为什么能赚到钱都搞不清楚，这是个极度危险的信号。站在悬崖边上并不可怕，可怕的是你不知道自己站在悬崖边上！

五、局外人和换位思考

股市博弈就是弱肉强食，这里不相信眼泪，交易者所能依靠的只有自己。市场上翻云覆雨的主力机构，总是换着花样设局，等着对手往里钻。交易者不要奢望战胜主力，我们能做的和要做的就是在实战中像个局外人一样，冷静关注局面变化，不能被持仓后的主观愿望所侵扰，继而根据愿望做出相应的交易行为。要像置身事外那样客观冷静地思考，才能鸟瞰事物发展的大局势和相对真实的一面。

当然，也不妨转换角色，“如果我是主力，会怎么做？如果我持仓，想不想卖出？如果我空仓，想不想买进？”换位思考，可能会有新的发现。当交易者面临各种交易窘境和误区时，都可以通过角色转换来进行换位思考，以不同的角度和心态分析遇到的难题，可能更容易找到解决问题的办法。

如图 1–4 所示，股价运行过程中总是波折不断，走势犬牙交错，这种反复的振荡也是考验交易者心态和技术素养的时候。能不能买入？要不要卖出？是不是继续持有？当技术上没有给出趋势改变的结论时，交易者需要做的就是调整心态，不妨从局外人或换位思考的角度重新审视股价的变化。

图 1–4

六、短线交易的“读心术”

1. 于无声处听惊雷

在股票市场上“只争朝夕”勤于交易的人，未必能够取得好的结果。少动手、勤思考，习惯“于无声处听惊雷”的交易者，却往往成为股市中的赢家，个中原因就在于能否对心态进行有效的调整和驾驭。

当新手进入股票市场，首先要做的并不是选股票、做交易，而是确定一个和自己综合能力相符合的收益期望值；其次，是清醒的审视面对恐惧的盘面时，是不是能够很好地控制自己的情绪。

贪婪意味着诱惑无限、欲望无边和急功近利；恐惧则意味着无所作为、缩手缩脚。超出自身能力的过高的收益期望值，一方面助长了贪念的滋生，另一方面失败的交易会使交易者跌入恐惧的深渊。克服贪念和恐惧的关键，就在于事前理性的、充分的分析研究以及充分的后备计划。

培养和保持良好交易心态的心理基石在于“宁静致远，处变不惊”。良好的交易心态，往往会使股票交易于平淡之中见神奇。

2. 忍字当先

在股票市场上能否收获成功，不仅与交易者所具备的专业知识、实战经验有关，还受到个人性格、修养的影响。忍耐就是交易者必须具备的一种能力。股市新手要忍住急于入市的冲动，应该先学习相关知识，做到有备而战；成熟的交易者应做到趋势不明不动，不符合纪律准则不动，没有准备不动。无论主力如何变化障眼法，即便忍无可忍，也要一忍再忍，主力终究会露出马脚。

3. 善于等待

短线交易不等于频繁交易。喜好频繁交易的新手，容易迷失于蝇头小利，追涨杀跌之间胜负难料，最后的收益往往并不理想。古语云“静若处子，动如脱兔”，拥有冷静和耐心的交易者才能发现和把握真正的盈利机会，不为频繁交易的零乱思绪所困扰。交易制胜的秘诀有时候就是等待：等待机会的到来，等待趋势的反转，等待空头势穷力竭，等待多方的“星星之火”。

股票市场上没有谁能百战百胜，交易者要学会审时度势，根据趋势变化以逸待劳，学会善于等待这门内功，才能在股票市场走得更长远。

4. 心稳手才稳

很多交易者等到了好机会，却因为选择的目标不佳或操作方式有误，并没有获得理想的收益。原因大多是因为前期准备工作不足或经验不足，临战胆怯，机会来临时反而心慌意乱，掌握不好节奏，继而错失好局。交易者应该心稳，立足于信心，而信心则源于充分的准备工作，心稳则手才能稳。

5. 心细胆才大

交易者能否从行情的细枝末节上发现趋势的重大转变，这不但和观察的仔细与否有关，还和分析、判断等综合能力是否细致有重要的联系。交易之道，要用心体会、细心判断。当机会来临时，才敢于重仓出击。在持仓等待过程中，才能在惊涛骇浪中闲庭信步，这才是获取盈利的关键因素。

第三节 短线交易与风险控制

无规则不成方圆。在股票交易尤其是短线交易中，一些核心的交易规则是不容违反的，否则受到惩罚的可能就是你的资金账户。

成熟的交易者都有自己的交易控制系统，可能很多人没有将这个系统书面化，但会在交易中自动按照系统步骤有条不紊地进行。

建立交易控制系统的好处，是让交易过程进退有据，不至于让账户资金与仓位处于失控混乱的状态，尽可能避免低级和重复性错误发生，同时还可以预防意外风险。尽管每个人的交易控制系统各有其独特的内容，但是大体上都会包含两个部分：其一是交易计划；其二是资金与仓位控制。

一、交易计划

交易计划是交易者对整个交易过程预先进行的设定和构想，目的在于让交易顺利进行，以求达到交易成功的目的。主要包括以下几个部分。

1. 投入资金总额

包括将要投入的资金总额和资金使用规则、步骤，以及预备资金的留置比例等。投入的资金最好不是借贷而来，否则会因利息等方面的压力，影响交易者的交易决策和持仓信心。

2. 交易时机

在计划中对买入和卖出时机、交易价格确定一个范围。不同风格的交易者会有各种不同的选择。同时，在不同行情趋势下，交易时机的选择大不相同。比如在牛市行情中，选择交易时机往往较为激进，而熊市行情中对于交易时机的选择则较为谨慎。

3. 交易周期

对于整个交易周期应有一个明确的预期。比如，投入的总资金五年内以交易为主，不会挪作他用。同时尽量把一些可能发生的意外情况也考虑在内，避免在交易过程中因意外情况的出现，而打乱原定的资金使用计划，致使整个交易过程受到干扰。资金上出现问题必然导致一系列严重的、灾难性的后果。

4. 收益预期

在每一次有计划的交易之前，对于目标个股设定盈利预期也是一个关键因素。过高或过低的盈利预期设定，都会导致在之后持仓过程中极为被动。

一个合理的盈利预期，往往是由基本面研究和技术面研究相互结合，综合分析之后的产物。

5. 意外情况应对措施

交易计划要尽可能地全面，包括如何应对意外事件，如何应对交易失利。既然是计划，就必然要面对未来意外情况的发生，包括盈利也包括失利。有了这个计划，遇到相应的意外情况发生时，如何离场、如何止损都有详细的说明，交易者不至于慌不择路或是茫然无措。

二、资金与仓位控制

资金和仓位管理是交易者在实际操作中必须具备的风险控制手段。不同风格的交易者在实战中可根据自己的操作特点，选择适合自己的资金和仓位控制规则。

资金和仓位管理包含以下两个方面。

1. 资金比例控制

资金比例控制，是指每笔交易资金所占总资金的比例，以及借款和融资额所占总资金的比例。

对于股市新手来说，在自己的总资金中最好不要有借款或融资而来的资金。而对于经验丰富且有一定资金使用和管理能力的交易者来说，借款或融资所占总资金的比重，也应根据行情发展的不同阶段，控制所占比重和使用尺度，防范因意外情况的出现而导致爆仓。

对融资资金的使用，应采取易于变现和高周转率为原则。如果交易者在资金与仓位上缺乏必要的控制，很有可能牛市还在继续上涨，而你早已爆仓出局。

在普遍开通融资融券的现在，主力也会适应新形势的变化，故意加大盘中振荡幅度和阶段性洗盘力度，行情的变化节奏和以往截然不同。

融资，尤其是满仓超配融资，是很容易被主力资金洗掉的。以前主力洗盘，用各种花样百出的骗线、骗量来洗，折腾散户出局，但是现在是两融时代，主力已经改变策略，让你明明知道是洗盘的情况下，也能强行洗掉你，因为你等不到主力拉升的那一天，账户就爆仓了。就算不是超配融资，满仓融资的话，也经不住主力波段性的洗盘，除非有更多的后续资金去追加保证金。

交易者在每一笔交易中所投入的资金比例，应根据市场情况、行情阶段和交易品种的不同而有所变化。比如在牛市中的短线交易，单笔交易可用30%左右甚至更多的资金；而在熊市中则应以10%仓位为上限；对于长线投资品种，在底部时可多次分批吸筹，仓位逐渐增加。

一个成熟的交易者应该习惯限制自己每次的交易金额，毕竟股票交易的风险性就在于无法百分之百准确预知结果，所以为了未来还能继续交易，任何时候都不能以全部身家去赌。

以风险投资著称于世的投资大鳄乔治·索罗斯(George Soros)曾说，“承担风险无可指责，但同时记住千万不能孤注一掷。”

2. 风险控制

风险控制是指对每一笔投入交易的资金，都应有一个防止风险扩大的手段或措施。执行投入风险控制，是交易者能在市场中长久生存下去的保障，也是交易中的重要原则。风险控制主要有以下几个方面内容。

（1）止损。

交易谚语有云，“不怕错，最怕拖。”股票交易一旦出现错误，应当及时处理，不能犹豫、拖延，否则随着风险的进一步扩大，将导致无法收拾的后果。

投资界有一个“鳄鱼原则”，是以鳄鱼吞噬猎物的方式做比喻：猎物越挣扎，鳄鱼的收获就越多。如果鳄鱼咬住你的脚，你唯一的选择就是断掉一只脚以求逃命。当在股票交易中出现趋势性的判断错误，较理性的做法就是马上止损，无论你亏了多少。

很多交易者被套后往往盲目的逐次补仓，如果行情是趋势性变化，则补仓就是越套越深、自寻死路。当然，不能完全否定补仓的作用，在非趋势性变化的前提下，补仓摊低成本也是一个不错的获利方法。

止损也一样，在趋势性转折带来的下跌行情中，止损是唯一的选择。这时候应该明白，赔钱和赚钱都是交易的组成部分。

正如抛物线指标（stop and reverse，缩写为 SAR）的发明人美国技术分析大师威尔斯·威尔德先生（Wells Wilder）所说："我看待损失就如同商人看待费用一样，损失是做生意的成本。许多小的损失并不难对待，它们是交易商的生意费用。我控制损失所运用的最好的也是唯一的技巧就是在交易前决定在此项交易中我最多能承受多大的损失，一旦我的订单已满，我就定好损失限度，只有在对交易有利时才会做调整，我从不愿意承受重大损失。"

（2）止盈。

止盈是一种懂得收获的智慧。当股市行情连续暴涨时，交易者应该考虑的不是如何赚得更多，而是如何保证收获到真金白银，不让到手的利润变成纸上富贵，这就是止盈。

很多人都在牛市中赚过钱，但往往都是纸上富贵，还未来得及收获，便随着行情的下跌化为乌有。止盈是交易者逐步收获成功、保住胜利果实的有效手段。贪婪和恐惧都会使人发疯，而不能以正常的心态和心智应对出现的变化。做到止盈，从交易心理的角度来说，比执行止损困难得多。

（3）加仓、补仓、做 T。

资金与仓位管理是交易者取得成功的关键因素之一。股市搏杀中，既会有得到，也会有失去。其中的关键点在于：得到时懂得及时收获，失去时及时认输出局。

加仓与补仓，很多人会误认为是同一种含义，其实不然。二者在含义、目的上有着诸多不同。

加仓是指在原有仓位已经盈利的前提下，加大仓位配置，以期获取更大的盈利。加仓的前提是股市行情或股价并未出现过大幅的暴涨，仍旧处于上涨的初始阶段。在实际操作中，很多人只看到盈利却看不到风险，往往习惯在连续暴涨后加仓，希望增加盈利，但多数情况下，这种情形下的加仓很难得到期望中的结果。

补仓是指原有仓位发生亏损后，一次或多次买入，以求降低持仓成本，弥补亏损，获取盈利。如果行情是在趋势性变化的急跌途中，补仓就会越套越深。当然，也不能完全否定补仓的作用，在急跌多日之后补仓，反弹减仓，逐步摊低成本，也是一个不错的方法。当然，必须区分急跌是技术性的，还是基本面出现质变。技术性急跌才是符合补仓要求的品种。

补仓或加仓还有一种交易形式，就是盘中 T+0 交易。交易者持有某只股票，当这只股票盘中冲高时卖出，回落时买回。或者盘中急跌时买入，反弹时卖出，当日完成买入或卖出的交易，即为 T+0 交易。

T+0 交易需要交易者具有敏锐的盘感和迅速分析判断的能力，否则的话，不但无法获取超短线差价，还有可能导致越亏越多，或者仓位越套越重。

不论是加仓、补仓、做 T，都是短线交易的补充形式。如图 1–5 所示，该股处于涨势启动初期阶段，A 处股价经过回落调整后得到支撑，成交量也从前期量能消散形态转化为常量，意味着跌势中资金逃逸趋于结束，股价在

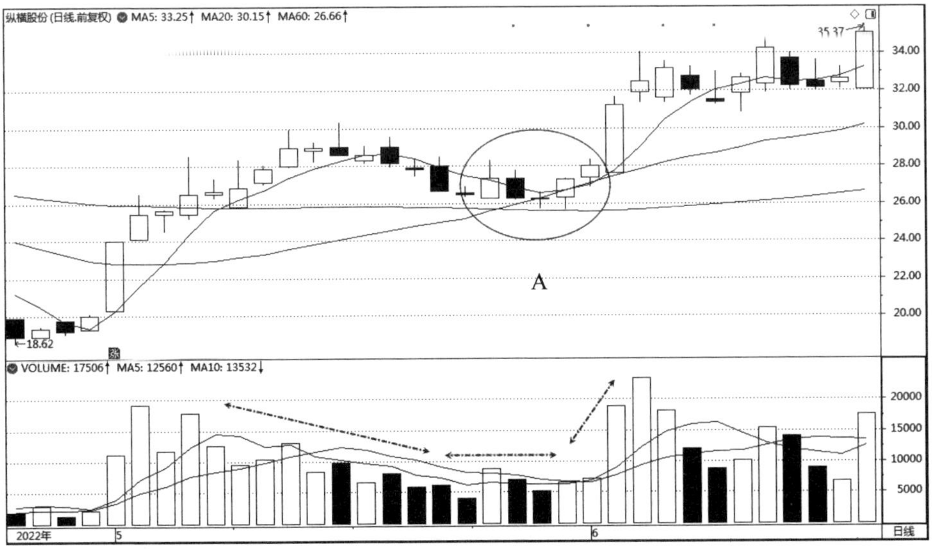

图 1–5

消耗反向引力后，必将再次启动。交易者可借机加仓操作。

如图 1–6 所示，该股前期从 38 元之上的股价高位，一直下跌到当前的 20 元之上，跌势途中几乎没有反弹。当日大幅低开，略经反弹后，又回归到下跌中，至 10 点半左右，股价止跌，持有该股的交易者必然已经大幅亏损。

在长时间大幅下跌之后，股价突然盘中再现急跌，只要没有基本面的实质性利空，交易者就可以进场补仓。股价的过度表现，必然会引发反向引力发生作用。即使是股价仅仅出现幅度不大的反弹，但通过做 T 也能够降低一部分持仓成本。不要一味想着股价会迎来报复性反弹，一波涨升就让你解套赚钱。有时这种想法不太现实，往往会让你更加远离解套赚钱的那一天。

图 1–6 中，股价跌至 10 点半这个“魔鬼时间”时，交易者要敢于出手补仓或做 T，不要嫌弃做 T 或者补仓降低持仓成本的速度太慢，不着急，慢慢做，一直都是散户交易的至上法宝。

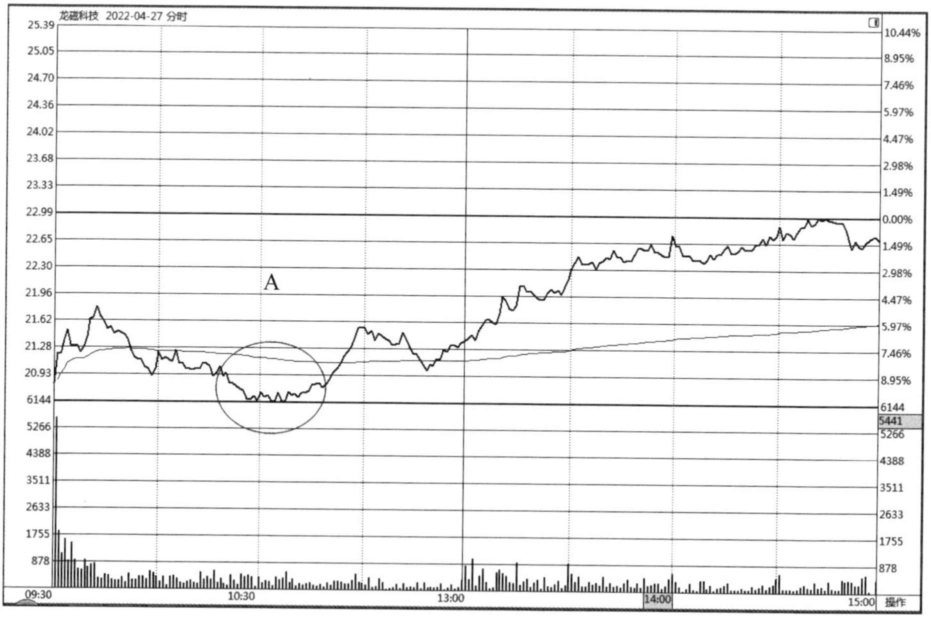

图 1–6

第二章

短线选股概要

短线交易既有严格的规则约束，也有独特的交易目标。选择短线交易目标，首选已经被激活的个股，既已经显示强势和将要进入强势的个股。

第一节 激活起涨点

短线交易既有严格的规则约束，也有独特的交易目标。杜甫诗云：“挽弓当挽强，用箭当用长；射人先射马，擒贼先擒王。”选择短线交易目标也是如此，首选已经被激活的个股，即已经显示强势和将要进入强势的个股。

一、选股当选强

短线交易具有独特的选股原则，强势个股固然是短线交易的主要对象，但也包括将会进入强势的个股。短线选股有一个大范围海选的技术方法，就是将要讲到的“脱离苦海”的个股，通过这个方法普选出合乎一定标准的股票，然后进一步再从其中精选出符合短线追涨或低吸的交易对象。

关于短线追涨与低吸的选股方法，后面将有详述。不管是追涨还是低吸，首要关注的都是已经或即将显示强势的个股，这一点和中长线选股有所区别。

那么，个股的强势是如何认定的呢？这就牵扯到股价强度理论了，股价强度判断的主要标准有以下几点。

1. 当跌而不跌

股价无论是处于上涨还是下跌过程中，都能体现出其相应的强度。所谓的强度，并不仅仅是指放量的大阳线或放量的大阴线，这两种股价和量能的极端表现形式，毋庸置疑具有强势，但并不能证明强度的可持续性。股价运行强度和股价涨跌幅度，以及量能的大小，并不具有正比例关系。

比如，某股以巨量成交报收大阳线，但是次日股价却不涨反跌，前一交易日的强势突然荡然无存。没有持续性的强势上涨或下跌，则说明并无股价强度存在。

股价强度从来都不是某一交易日涨得有多好，跌得有多猛，能够很明显地表现出来。价格的真实强度并不容易判别，原因在于，资金的疯狂追逐或者主力的操纵手法，会让强度隐藏在其中难以辨别。越是表面上的极端强势，越是有可能临近转折。

那么股价真实强度究竟是什么？如何识别？

股价强度的本质，是资金对于股价潜移默化，不露痕迹的内在影响，这也是尚未显露头角峥嵘的潜力个股的共同特征。股价强度是交易者选择潜力个股的重要技术标准之一，如图 2-1 所示。

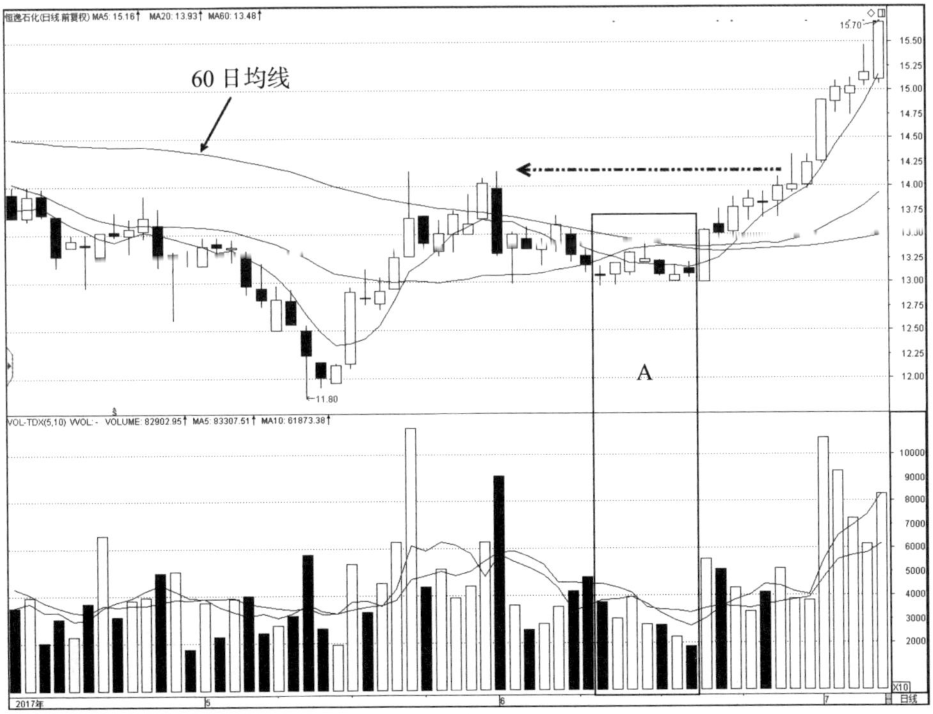

图 2-1

图 2–1 中，A 处的技术形态岌岌可危，似乎孕育着一波大跌即将喷涌而出，交易者往往会选择卖出观望。该股好像徘徊在悬崖的边缘，虽然惊险连连出现，却始终没有出现大跌。千回百转之后，在大多数人都不看好的情况下，该股却峰回路转地走出一波上涨趋势线。当跌而不跌，反转为涨，谓之强。

当图中个股股价突破 60 日均线，成交量也从量能消散形态转化为变量形态，预示价格出现重大变化，这里就是股价强度的显现。之后成交保持新常量，而股价再次突破反弹高点，则是强度的延续和增加。这一系列形态提示做多交易点已经出现。

说到“当跌而不跌”,必须注重技术环境分析,对于经过大幅上涨后的个股，“当跌而不跌”可能并不适用。同时对于“当跌而不跌”并不能反转为涨，或是处于下跌途中无强度的弱势反弹个股，也不适用，如图 2–2 所示。

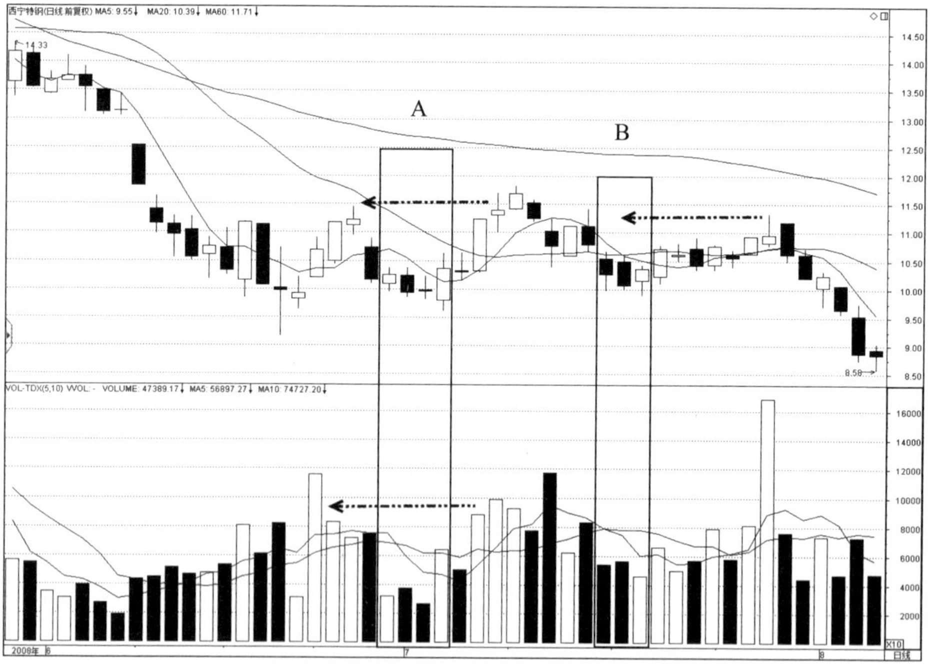

图 2–2

从图 2–2 可以看出，A 处也出现“当跌而不跌”，随后的弱弹虽然穿越前高，但无论是股价还是量能，都并没有出现明显的增大，显示增量资金并不踊跃，可能只是盘中存量资金所为。B 处的情况则更为明显，之后股价反弹也更为弱势。

这种情况下的“当跌而不跌”，并不能显示出股价强度，更多的技术迹象显示，只是下跌途中股价的振荡和折返形态。其实这个案例仅通过均线系统也可以辨别其中的弱势，和图 2–1 有着极大的区别。

具有上涨强度的个股，并不是不能出现下跌，甚至正是通过在下跌中的表现，我们才能够判断出其强度的大小。同样，具有下跌强度的个股，也并不是不会出现反弹，正是分析其在反弹中的表现，才能判断出其强度的大小。

2. 股价折返

股价的涨与跌构成了折返。折返是股价的波动形式，是多空角力的表现。涨势中的折返也称为回落调整，跌势中的折返则为反弹。无论是 K 线图还是分时图，排除直接涨停或跌停的个股，都存在着折返。通过分析股价的折返，个股上涨或下跌的强度自然就会浮现出来。

在 K 线图上，涨势中的回落调整（折返）时间短、幅度小，说明做多力量处于优势地位，而这种优势地位表现为股价强度，将很快就促使股价结束回落，重归上涨，如图 2–3 所示。

从图 2–3 中的 A 处可以看到，K 线在回落中的实体较小，同时整体的回落幅度相对温和，持续时间也较短。这种回落调整的量能要呈消散形态，但之前之后涨势阶段的量能要呈明显的增量（变量或聚量）。同时，回落调整期间的量能不能出现变量，否则股价强度分析也会出现变数。

在分时走势图上，现价线在上涨途中折返的持续时间、幅度明显少于上涨的时间、幅度，意味着股价的涨升强度较高。说明做多力量处于优势地位，而这种优势地位延续到之后交易日的概率较大，同时意味着盘口存在的压力相对较轻，股价之后极有可能进入到快速拉升阶段，如图 2–4 所示。

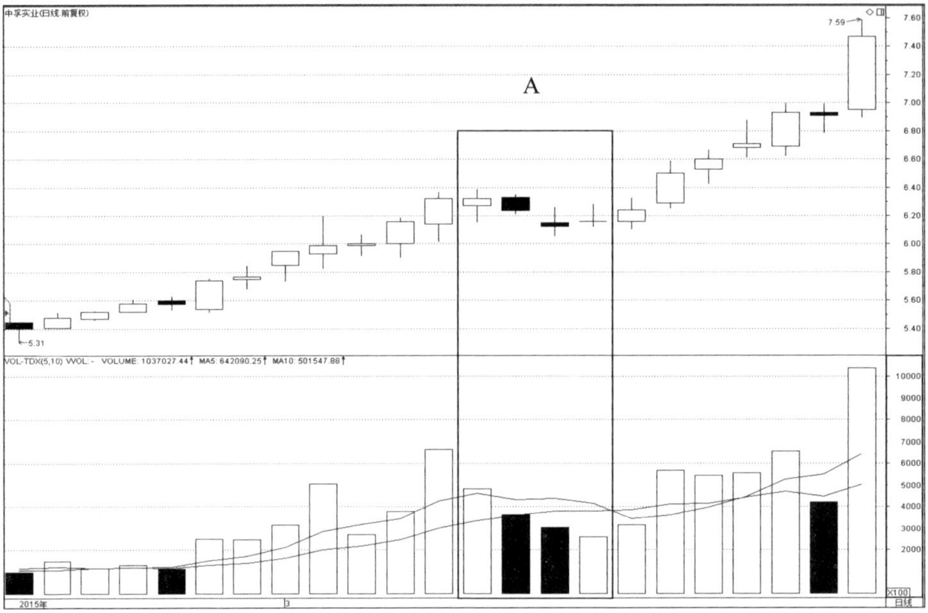
中孚实业(日线 前复权)
A
7.59
5.31
VOL-TDX(5,10) VVOL: - VOLUME: 1037027.44 MA5: 642090.25 MA10: 501547.88
2015年
X100
日线

图 2-3

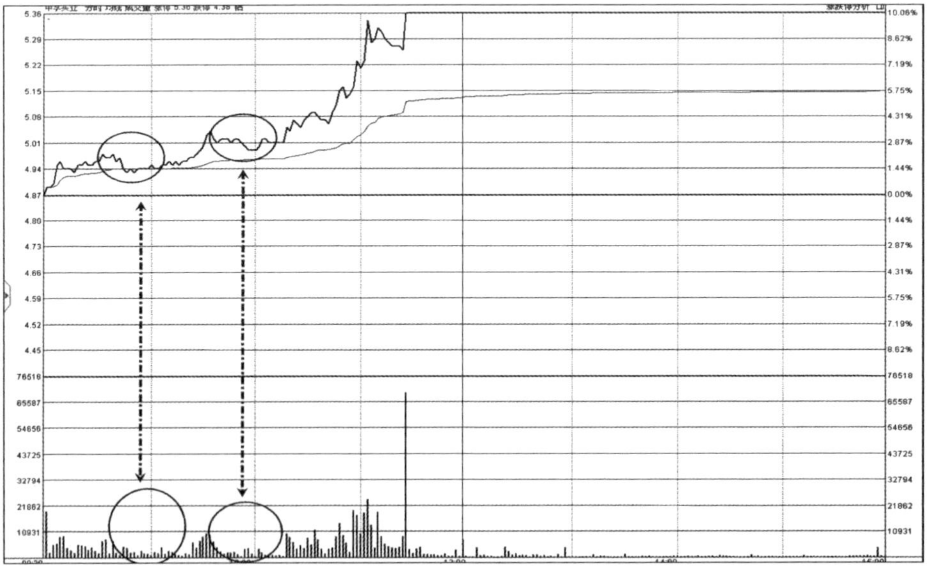

图 2-4

从图 2-4 中可以看出，该股早盘出现了两次折返，这两次折返的持续时间、幅度都逊于上涨时间和幅度。在分时走势图上，折返期间的量能要求和 K 线图中一样，量能应缩减而不能出现变量，之前之后涨势阶段的量能要出现明显的增量。

小幅上涨中发生的频繁折返，说明股价正处于确认强度存在与否的过程中，结果可能是转入带有强度的上涨，也可能转入弱势盘整或下跌。

频繁折返的发生，是各方资金逃逸与回归的过程。有人认为目前股价还会继续下跌，也有人认为可以入场博反弹，市场资金并未达成共识。在你来我往的博弈中，哪一方最终能够占据优势地位，是盘中观察的重点。

还需要注意一种现象，即小幅上涨中虽然折返较少，但整体升势明显羸弱，这时的“折返较少”并不是涨升强度较高的含义，而是代表着交易清淡。无论是 K 线图还是分时图，如果股价折返的时间、幅度与上涨的时间、幅度大致相当，说明虽然处于涨势中，但继续涨势的强度已经有所降低。这个时候交易者应避免追涨操作，个别品种在操作上可以采取低吸。

如果股价折返的时间、幅度多于上涨的时间、幅度，说明股价目前的涨升强度已经不足，交易者应保持观望。折返的幅度如果较大，说明股价遭受到的打压相对较重，分析股价是否已转为跌势强度。

二、“脱离苦海”的个股

所谓“脱离苦海”的个股，是一种比喻的说法，意指已经走出下跌趋势，上涨趋势构筑已经完成或接近完成的个股。这类个股介于强势与准强势个股之间，同时相对涨幅不大，有利于交易者短线操作或波段布局。必须说明，这种选股法只是普选，选出来的个股还需要交易者从技术细节上再精挑细选。

对于此类个股的界定，笔者采用 120 日均线和 250 日均线为界定基准。如图 2-5 所示，该股股价一直在 120 日均线和 250 日均线的压制下运行，至图中 A 处，股价成功突破两条长期均线的压制并由此获得支撑。A 处的技术形态标志着该股已经脱离苦海，符合普选的基本要求。

图 2-5

图 2-5 中个股的形态相对简单易辨，实战中还有一些个股的形态就要复杂得多。如图 2-6 所示，A 处该股股价已经改变整体下跌的趋势，却在 120 日均线和 250 日均线上下折返盘绕，既不能站稳在长期均线系统之上，也并未跌离长期均线系统太远，形态似乎难以认定。之后的 B 处，股价急速暴涨，又快速回落到均线附近。如何认定该股的形态呢？

如图 2-7 中所示，当我们拉长该股的图形，并画出一条下跌趋势线后，该股 A 处的形态立即变得明了：A 处该股股价之所以在长期均线系统附近不能获得支撑，是因为虽然股价整体看似已经不再呈下跌态势，但仍旧未能真正脱离下跌趋势的影响。反复折返正是为了磨穿压制，为上涨趋势的真正展开打下基础。

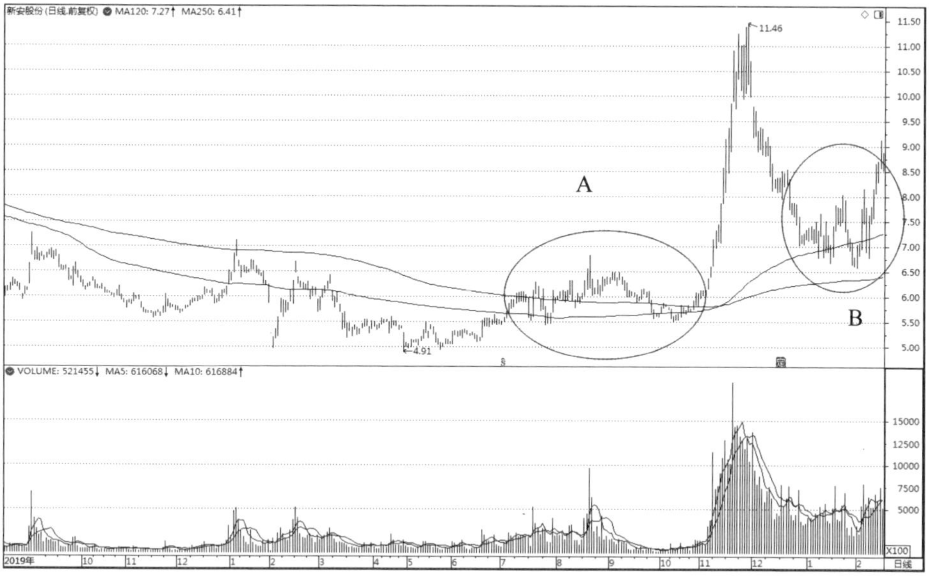
新安股份(日线,前复权) MA120: 7.27↑ MA250: 6.41↑
11.46
A
B
4.91
VOLUME: 521455↓ MA5: 616068↓ MA10: 616884↑
2019年
日线

图 2-6

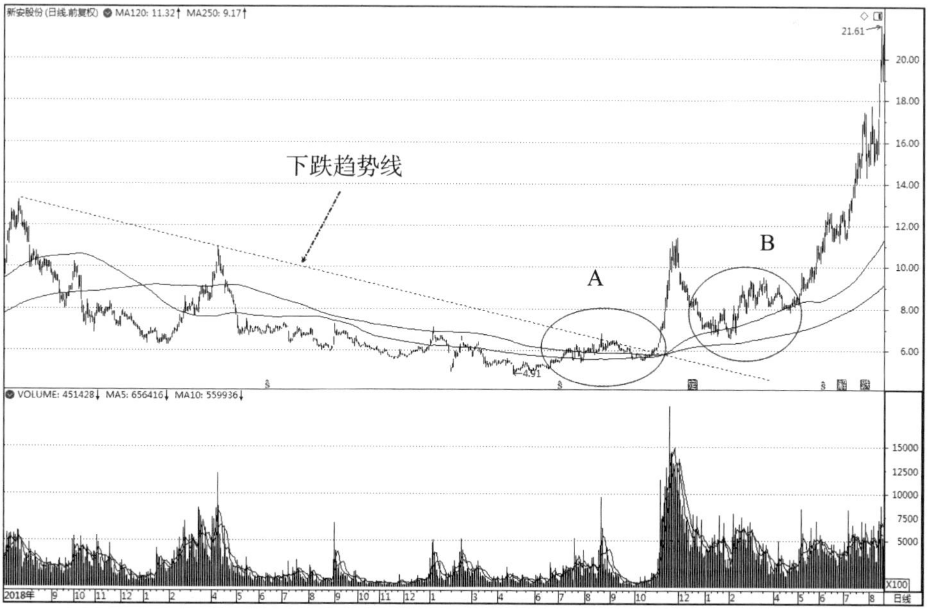
新安股份(日线,前复权) MA120: 11.32↑ MA250: 9.17↑
21.61
下跌趋势线
A
B
4.91
VOLUME: 451428↓ MA5: 656416↓ MA10: 559936↓
2018年
日线

图 2-7

实际上直至B处股价才真正脱离下跌趋势，并获得长期均线系统的支撑，成功脱离苦海，进入到强势个股的行列中。个股趋势的改变不在于一朝一夕的涨跌，大部分都有一个折返振荡的过程。我们只有从趋势上看清资金的意图，才有可能在细节上更好地制定短线交易的应对策略。

第二节 起涨点数据分析

个股在起涨阶段，其相关数据也会迥异于寻常。通过分析这些盘面相关数据，一是可以从中发现强势起涨的个股，二是可以进一步印证已选个股的强势特征是否真实。

一、开盘前的集合竞价

集合竞价是指在规定时间内接受买卖申报，一次性集中撮合成交的竞价方式。集合竞价期间未成交的买卖申报，自动进入连续竞价。证券竞价交易按价格优先、时间优先的原则撮合成交。

每个交易日开盘之前都会先进行集合竞价。很多人都会忽视这个时间段，认为还没开盘，不值得关注。其实短短10分钟的集合竞价里，也隐藏着主力资金运作的秘密。

1. 集合竞价的规定

（1）每个交易日的9:15～9:25是集合竞价时间，如图2-8所示。

（2）每个交易日的9:15～9:20可以挂单，也可以撤单。有些个股的主力在9:15～9:20期间虚挂大买单，抬高价位，以吸引眼球，然后在9:20

之前突然把买单撤掉，而那些来不及撤单的跟风资金就会在此期间被迫成交。交易者对目标个股集合竞价期间的挂单数据，需要进行谨慎、细致的分析，也许能够发现主力当日的一些操作企图。

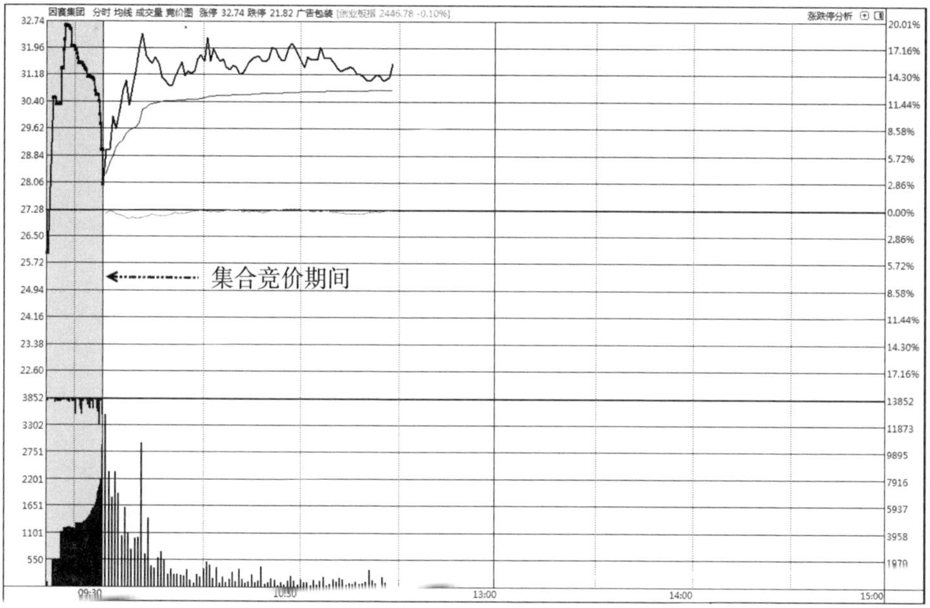

图 2–8

（3）每个交易日的 9:20～9:25 只接收申报，不能撤销申报。想撤单必须在 9:20 之前完成，否则只能等开盘之后了。

（4）集合竞价是以价格优先然后才是时间优先的原则撮合交易。如果力求集合竞价阶段成交，那么最好在接近 9:25 时申报一个比即时报价有价格优先权的高价位，以确保成交。全面注册制后，注意挂单不要超过现价的 2%，否则会被系统认定为废单。

2. 集合竞价要点分析

（1）集合竞价期间，要注意观察个股委托盘的情况。如果委买单大于委卖单 2 倍以上，则表明多方占优，股价上涨的概率较大。开盘后继续观察委买单和委卖单的变化，如果这时委买单仍旧大于委卖单，且委买单有不断加码的迹象，则个股当天强势上行的概率极大。

（2）如果某股票在前一交易日强势上涨或涨停板，尾盘盘口显示委买单量很大，交易者盘后可对该股进行深入分析，在确认该股具备连续上涨的条件之后，次日集合竞价期间应密切关注委买、委卖情况。如果9:20过后，委买单依然保持很大的优势，则可以酌情挂单参与，竞价买入。

二、开盘价的分析要点

集合竞价阶段不同的开盘价，对其个股走势有着不同的含义。一般来说开盘包括三种形态，而每一种形态又具有一种或多种不同的成因。

1. 高开

（1）消息事件驱动型高开。

由于受到利好消息或政策的影响，市场资金在竞价阶段就踊跃竞买，使股价高于前一交易日收盘价开盘。这种类型的高开，主要看开盘后的交易过程中，资金是否能够持续流入并推动股价上升，一旦做多资金后续不济，或遭遇主力趁机出货及故意打压，往往会形成高开低走的局面。

从图2-9可以看出，该股当日公告资产重组等相关利好消息，开盘后即封住涨停板。其实即便是消息驱动型的高开，也必然有主力的参与，但相关利好消息确是引发该股当日高开的主要因素。

（2）主力驱动型高开。

主力主动参与集合竞价买入，促使个股开盘高开。这种高开大都有较好的延续性，尤其是控盘程度较高的个股主力。高开高走且价升量增，则个股有冲击涨停板的潜力。这种走势谨防主力诱多出货，要结合股价所处价位的高低以及主力拉高有无出货迹象等综合判断。

图2-10为某股和创业板指数当日分时图对比。从图中可见，该股当日高开7%左右，而创业板指数却为低开。之后该股振荡向上，但受到创业板

指数下跌的影响，股价也出现了一定的回落。但该股整体回落幅度和盘口强势都远远强于指数。这就是主力驱动型高开个股不同一般的强势表现。

委比	100.00%	委差	48.4万
卖五			
卖四			
卖三			
卖二			
卖一			
买一	9.98		452185
买二	9.97		31492
买三	9.96		220
买四	9.95		96
买五	9.94		262
现价	9.98	今开	9.98
涨跌	0.91	最高	9.98
涨幅	10.03%	最低	9.98
总量	622	量比	0.02
外盘	0	内盘	622

图 2-9

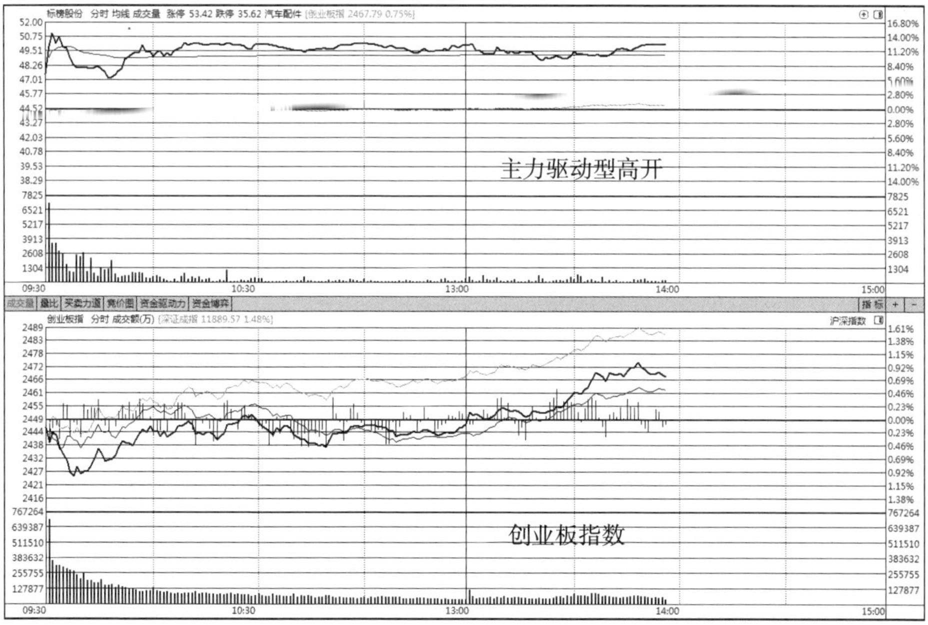

图 2-10

（3）市场随机型高开。

开盘一般没有大单的成交数据，或开盘时几个价位挂单上较为稀疏，大多为市场上零散资金的行为。通常来说，这种开盘形式如果主力不在盘中参与的话，则门庭冷落的局面不会改变，股价很难有较好的表现。

市场随机型高开，也可称为无方向性高开，因为这种高开后的股价走势并无一定的方向性，如图 2–11 所示。该股高开后，股价随即快速回落，大部分时间呈随波逐流的振荡格局。这种高开方式也是一般弱势个股的特征之一。

图 2–11

2. 低开

（1）消息事件驱动型低开。

突发的利空消息或事件，促使一些人在集合竞价阶段不计成本地低价抛售，导致股价低开。这种情况要看消息和事件对个股实质性的影响程度。

如果仅是受大盘下跌的波及，则低开高走的可能性较大。如图 2-12 所示，该股受大盘连续调整的影响当日低开，但是开盘后股价便迅速回升，经过盘中振荡后继续走高。

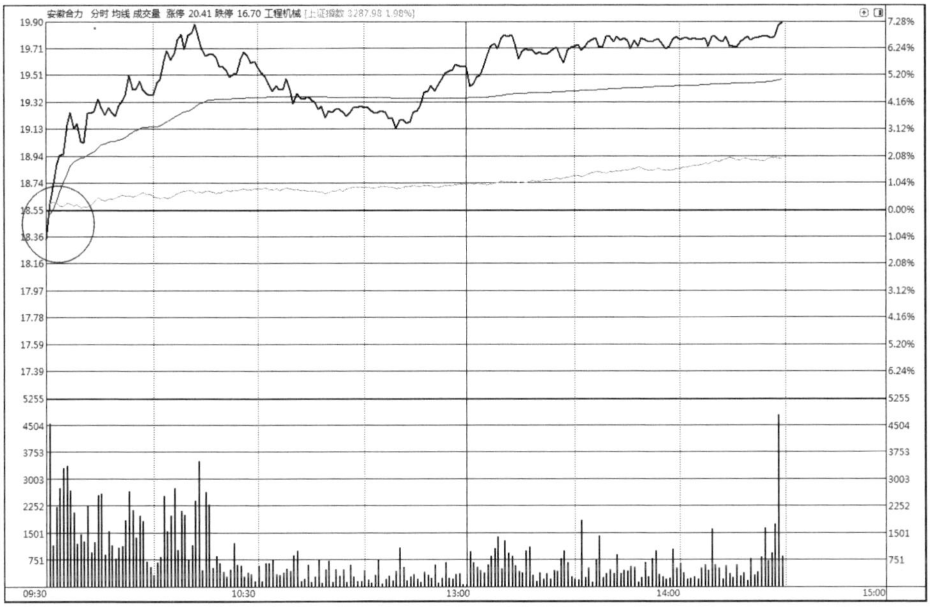

图 2-12

（2）主力驱动型低开。

个股主力主动参与集合竞价卖出，导致开盘低开。这种情况的低开除非主力当日诱空，否则低开低走几乎已成定局。如图 2-13 所示，该股当日低开下跌，随后弱势盘整，之后再度向下跳水，股价一直在跌停板附近挣扎。这种情形的低开，多数为主力阶段性减仓所致，交易者应保持观望。

（3）市场随机型低开。

一般在无主力参与或主力参与程度较低的个股中比较常见，无方向感的低开走势缥缈且弱势明显，不是短线关注的对象。如图 2-14 所示，该股开盘低开后，股价运行较为迟缓，成交稀疏，明显显示缺少主力资金的关照。

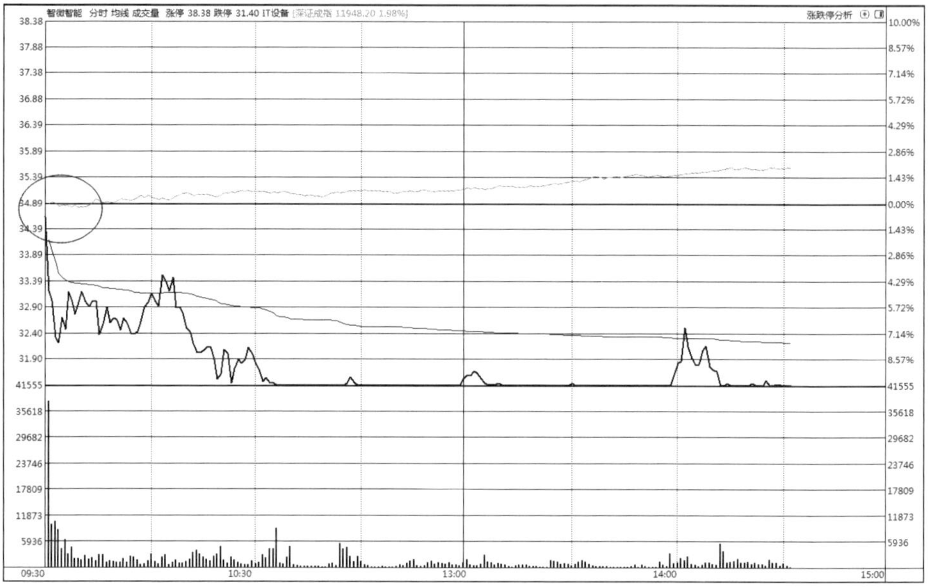
智微智能 分时 均线 成交量 张停 38.38 跌停 31.40 IT设备 [深证成指 11948.20 1.98%]
涨跌停分析
38.38
37.88
37.38
36.88
36.39
35.89
35.39
34.89
34.39
33.89
33.39
32.90
32.40
31.90
41555
35618
29682
23746
17809
11873
5936
10.00%
8.57%
7.14%
5.72%
4.29%
2.86%
1.43%
0.00%
09:30
10:30
13:00
14:00
15:00

图 2-13

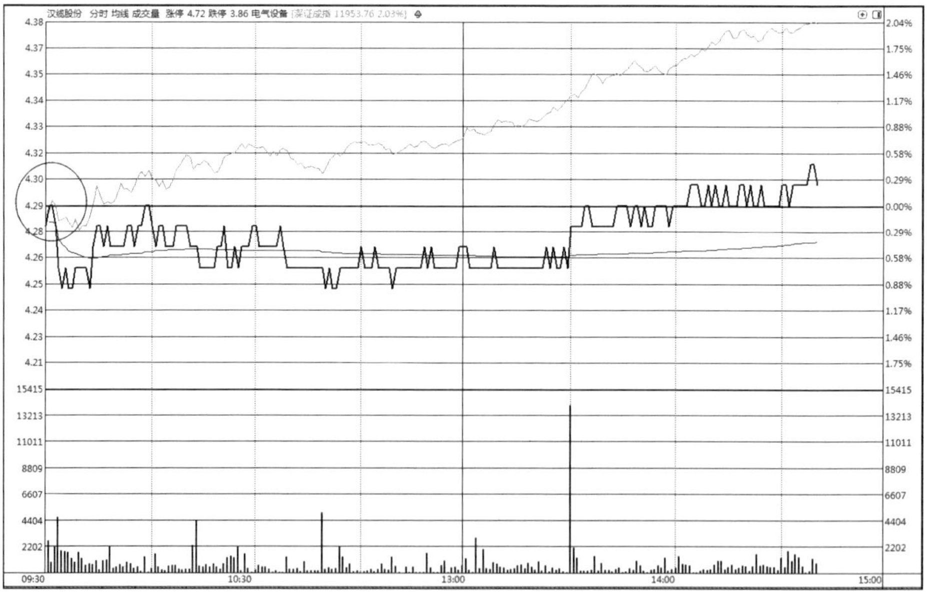
汉缆股份 分时 均线 成交量 张停 4.72 跌停 3.86 电气设备 [深证成指 11953.76 2.03%]
4.38
4.37
4.35
4.34
4.33
4.32
4.30
4.29
4.28
4.26
4.25
4.24
4.23
4.21
15415
13213
11011
8809
6607
4404
2202
2.04%
1.75%
1.46%
1.17%
0.88%
0.58%
0.29%
0.00%
09:30
10:30
13:00
14:00
15:00

图 2-14

市场随机型开盘无论是低开还是高开，在这种交易冷落的盘口改变之前，都不是短线交易的关注目标。

3. 平开

平开是指开盘价格和昨日收盘价格一样，说明市场资金对目前的大势或者个股行情持观望态度。没有方向感的平开，大多数是市场随机的结果，主力未主动参与。但开盘平开不等于说主力盘中不准备参与，交易者可细心观察盘中有无主力运作的迹象，再适时而动。有时候一笔大成交单的突然出现，会搅动一池春水，使股价开始蠢蠢欲动。这个大成交单如果是主动性买单，并且在接下来的几分钟内连续出现较密集的买单，则股价当天可能会有较为理想的表现。

三、尾盘不等于垃圾时间

无论当日市场整体是上涨还是下跌，主力资金想在数千只股票中留下一个夺人眼球的形象都不太容易，如果利用尾盘大多数股票走势都已尘埃落定之际突然出手，则很容易就会吸引市场的关注，为下个交易日埋下伏笔，提前布局。

所谓的尾盘，通常是指每个交易日 14:30 以后的这个交易时间段，但也有很多个股在 14:00 左右就开始布局尾盘的操纵行为，所以尾盘并不局限于收盘前的半个小时。

尾盘的表现将直接影响到接下来的收盘价，所以尾盘也具有主力驱动型、消息驱动型、市场随机型的特征，而尾盘的异动主要是由主力驱动型和消息驱动型所造成。在尾盘这个时间段里，大盘以及大部分个股已基本确定当天的大体走势，交易似乎已进入“垃圾时间”，而某些有所图谋的个股，却往往会在这个时间段启动“秒杀眼球”的行动。

尾盘的异动主要包括以下两种形式。

1. 尾盘快速拉升

尾盘快速拉升可以肯定是主力驱动型或消息驱动型的结果，但是尾盘飙升所带来的技术含义却不尽相同。尾盘飙升并不必然意味着下一个交易日肯定上涨。

（1）试盘及上涨的前奏。

个股全天表现疲软或下跌，但尾盘却突然出人意料地直线拉升，其冲击力很迅猛，但随后又开始回落，甚至可能回落到启动的位置。这种方式的拉升，大多是主力的一种试盘动作，并不代表次日一定会上涨，但起码说明该股有主力正在积极运作。如图 2–15 所示，该股全天大部分时间里都处于振荡走势，至尾盘时股价打破之前的节奏和频率突然快速拉升。

图 2–15

短线交易者分析盘口数据，一般有两种情况：其一，通过盘口数据来甄选强势个股；其二，通过盘口数据来印证目标个股的短期强弱度，以进一步确认起涨结构的构筑是否完备。无论是哪一种情况，有一点必须明确，仅凭盘口数据或分时异动，没有其他技术分析为保障，不可盲目做出买入或卖出的交易行为。

尾盘的劲升和成交量的汹涌澎湃，如果出现在不被人关注的某只股票上，那么在没有消息刺激的情况下，大多是主力大幅拉升的前奏。这种股票的尾盘拉升幅度都相当惊人，甚至会出现从跌停到涨停的极端走势。主力选择尾盘拉升这种方式，有多方面的考虑：其一，利于短时间内迅速脱离启动低位；其二，勾起市场资金的好奇心，吸引尾市和第二天的跟风盘参与助涨；其三，尾市拉升既节约成本，又能起到良好的造势效果。

（2）护盘及出货的前奏。

跌势最凶悍的阶段，主力的日子也不好过，其往往会利用尾市瞬间的急速拉升来护盘，这样做相对来说比较节约护盘成本，另外也可以利用股价大幅急升的气势吸引跟风资金，寻找减仓机会。

如图 2-16 所示，该股全天呈振荡格局，尾盘时出现急速拉升。仅从分时图上，交易者很难判断出尾盘的急速拉升意味着什么，这就需要我们运用更多的技术分析手段。比如，从技术环境的角度可以得知：大盘处于回落后反弹的走势中，和该股走势很相近。

图 2-17 中，A 点即为图 2-16 收盘后的 K 线，该股经过长期大幅涨升后出现跌落，趋势已经发生扭转，当前仅仅处于反弹过程中。通过成交量的变化，也可以得出反弹可能会终结的结论，比如反弹中成交量呈聚量形态，而到达 A 点前后时，已经转变为量能消散形态，这些都是反弹可能结束的技术分析指标。

对于类似的案例中技术环境上缺乏充分的做多理由，而个股形态模棱两可或者倾向于做空的技术形态时，如果出现尾盘拉升，一般应持回避的态度。

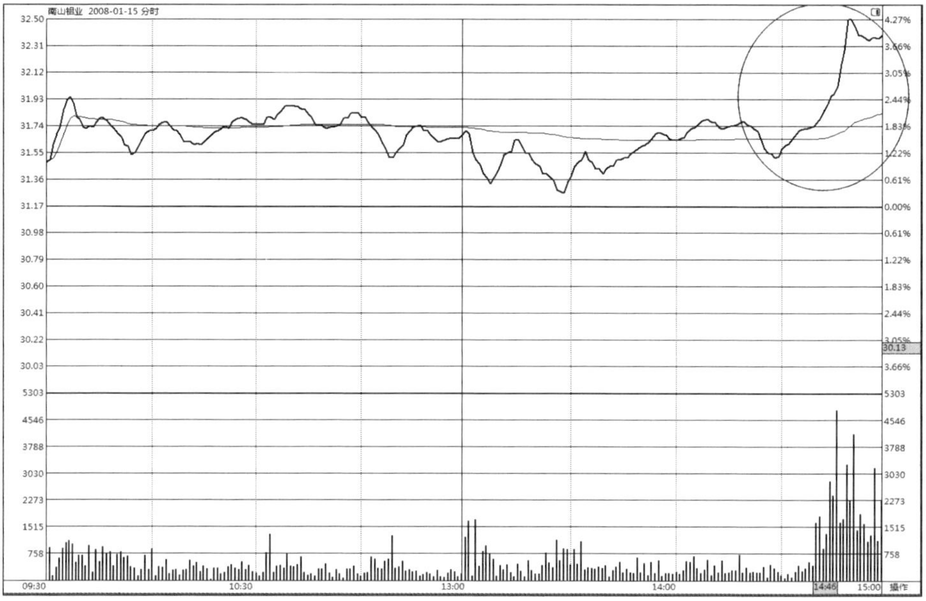
南山铝业 2008-01-15 分时
09:30
10:30
13:00
14:00
15:00

图 2-16

南山铝业(日线)
40.65
A
17.48
VOLUME: 80972 MA5: 75802 MA10: 82635
2007年
日线

图 2-17

2. 尾盘大跌

个股尾盘突然大跌，大多是由主力驱动型或消息驱动型所引发，其中分别具有不同的技术含义。

（1）上涨前奏。

个股全天运行状况都很平稳，但临近尾盘突然出现急速下跌。如果分析个股的股价处于长期下跌的低位或上涨趋势正常运行期间，则这种尾盘下跌大多是以制造恐慌情绪，引发抛售为目的。

主力制造的恐慌性尾盘大跌的特点：其一，股价在相对较低位置；其二，短期内未经大幅拉升，有明显的底部结构；其三，成交量未出现异常，股价并未跌破关键价位。

如图 2–18 所示，该股开盘后便出现回落，全天大部分时间股价都处于横向振荡的状态。接近尾盘时间段时，股价突然下跌并一路走低收盘。在

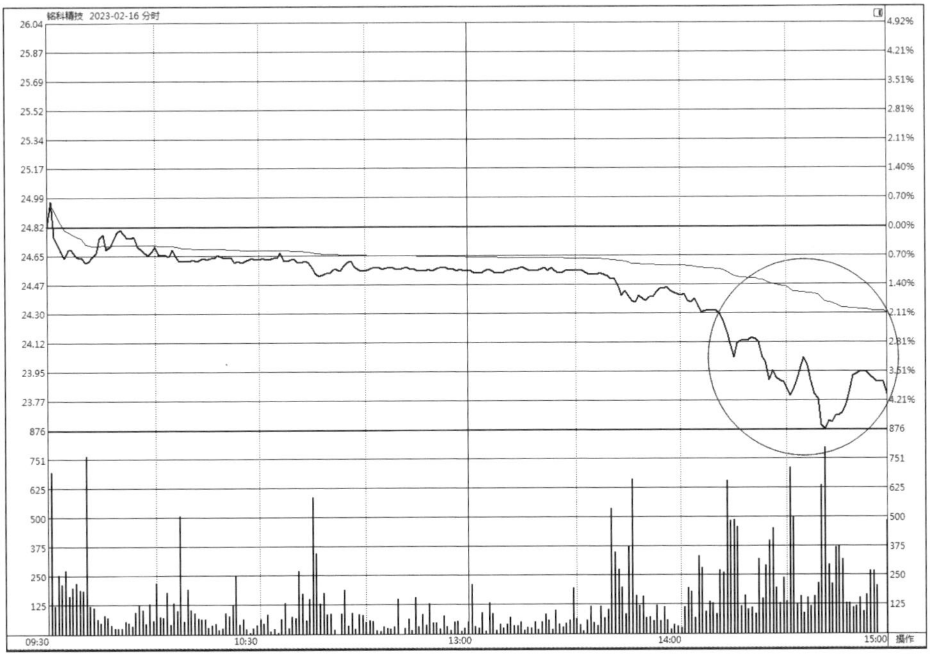

图 2–18

股价跳水的过程中，明显可以看到成交较为密集，说明有筹码密集卖出的现象发生，分时的这种走势显示出存在着恐慌性杀跌的行为。

那么，如何认定该股是主力故意制造恐慌，还是主力逃逸行为？我们可以分析一下该股的K线走势，从较长时间周期上做进一步的分析。如图2–19所示，通过技术环境分析我们知道该股处于上涨趋势初期阶段，股价于一波上升后营造一个振荡平台，图中A点即为图2–18分时所形成的K线，这个打破盘整平台的阴线，确实具有引发恐慌的形态因素。不少交易者可能就是看到股价跌破盘整平台，在恐慌氛围的影响下随之加入跟风杀跌中。

前面讲过当跌而不跌，就需要关注股价隐藏的强度，图2–19中A点之后，股价并没有顺势展开跌势，交易者就应该醒悟，A点就是一个主力制造的恐慌陷阱，目的是为了在拉升前清理浮筹。

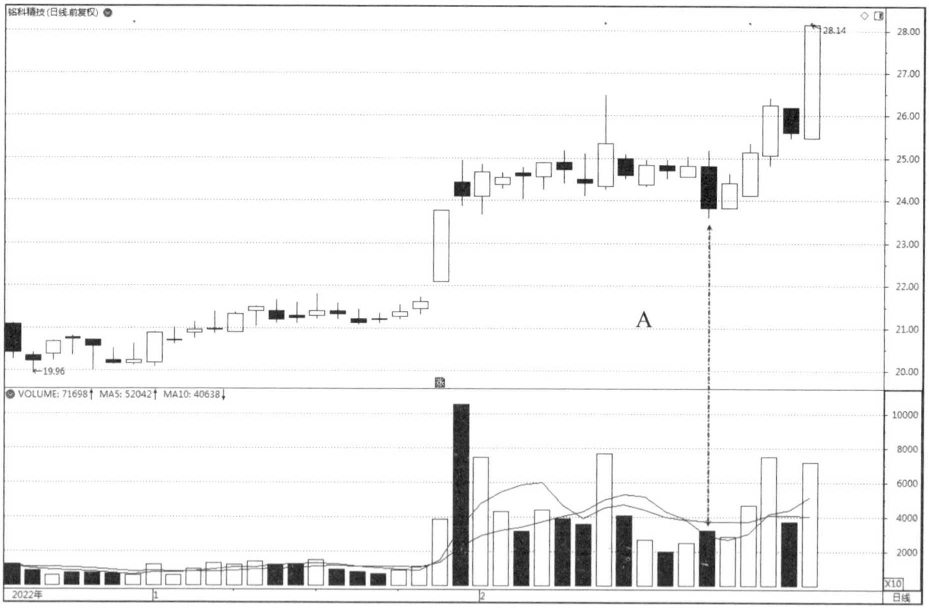

图 2–19

（2）出货。

在上涨趋势末期，行情振荡频繁，但整体趋势尚未明显出现转折，个股主力往往尾盘减仓导致暴跌出现。大部分交易者仍然秉持牛市思维，对于个股尾盘大跌不以为意，习惯性地认为每次大跌都是加仓买进的机会。主力就借助大多数人的这种心理倾向，运用尾盘大跌的手法，将获利筹码轻松转移到尾盘抢反弹的交易者手中。

如图 2–20 所示，该股股价当日大部分时间都运行于 –2% 上下，给市场造成错觉，以为股价跌幅不大，只是正常振荡调整。在接近尾盘时，股价开始向下跳水，主力凶相毕露，大肆抛售筹码。从分时成交量形态上看，当发生跳水时，一些资金入场承接，从后期走势判断，是一些抢反弹的资金所为。

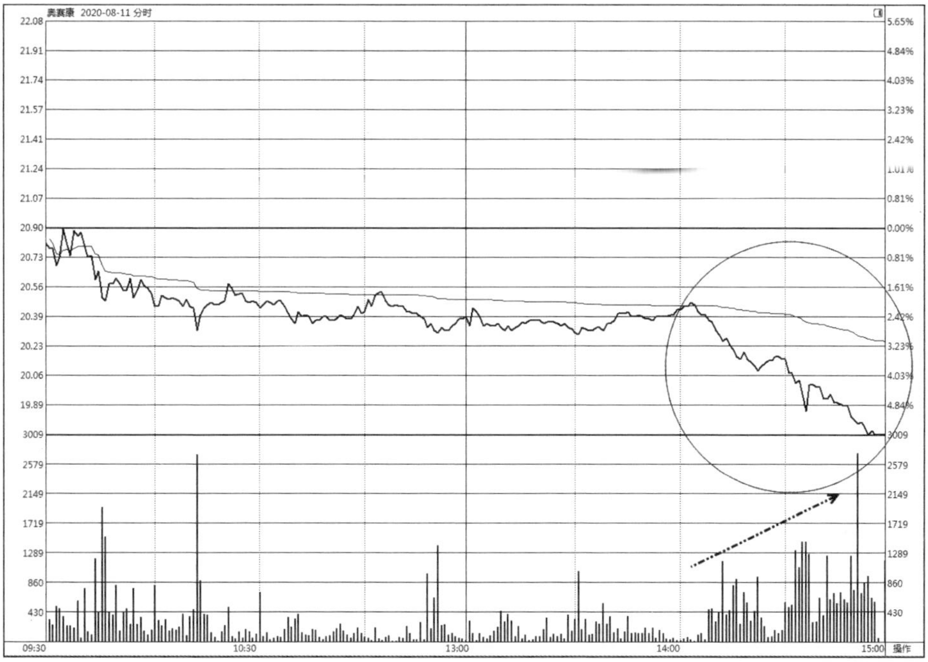

图 2–20

图 2-21 中的 A 点是图 2-20 分时图形成的 K 线。图中可见，股价刚从高点开始回落，但回落幅度并不大，这就给市场造成股价回落调整后将再次挑战新高的错觉。如果我们从量价分析的角度看，A 点及之前的 K 线，与相应的成交量形态已经形成明显的量价背离，说明股价在涨升中已经逐渐得不到量能的支持。仅仅从成交量形态也可以判断出，从股价的上一高点到 A 点的高点，成交量已经形成“量能消散”形态，这种形态的出现，对于交易者来说就是一个潜在的卖出信号。

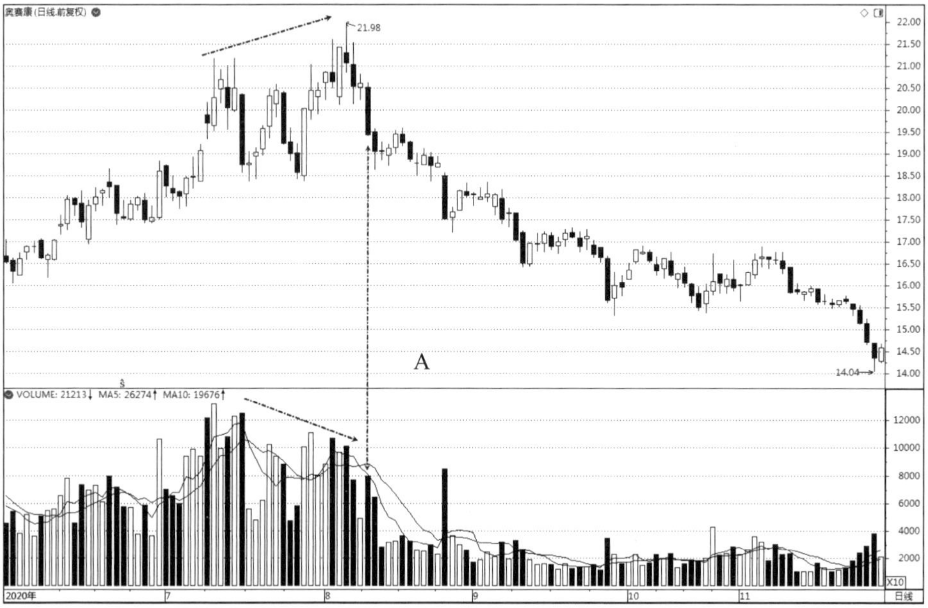

图 2-21

回到图 2-20 中，分时走势中主力资金借早盘大量买单的存在，顺势减了一定仓位，股价随之被打低，之后主力控制减仓力度，使股价处于横向振荡中。这个阶段对于抢反弹的交易者诱惑最大，因为股价比之前低了，而且目前下跌不多，似乎随时都会涨起来。所以在这个阶段，主力仍然可以减掉部分仓位。直至接近尾盘时，主力资金抛掉当日减仓计划的剩余仓位，导致股价快速下跌。主力有步骤地实施出货或减仓计划，往往会令不明所以的交易者猝不及防。

对于股价已经在技术环境上显示出涨势疲软，或者成交量不足以支撑继续上涨的个股，交易者决不可贸然出手抢尾盘的大跌，这种性质的大跌往往是跌势的开端。

四、盘口挂单中的主力操作

交易软件上的买卖盘口，大多是买单 5 档，卖单 5 档。一些软件还提供 10 档买卖盘挂单信息。实战中，无论是 5 档还是 10 档，都是市场主力想让你看到的内容，不想让你看到的，即便是 20 档你还是看不到。

其实显示 5 档买卖盘口已经足够。

最能显示两军交战是处于激烈交锋还是胶着对峙的状态，就在阵地的最前沿。买卖盘口也一样，买卖盘口前三位挂单和撤单情况，最值得我们分析研究。

例如，某股主力当天有一个小规模减仓计划，技术环境上，市场运行平稳，该股交投相对活跃。盘中交易时间，主力先在买一上挂单 2000 手，让市场看到大买单的存在。这时市场买单也累计挂上 500 手，买一上挂单这时是 2500 手。主力随即撤掉 2000 手买单，马上再挂 2000 手买单，几乎同时卖出 500 手，买一还是保持着 2000 手挂单，买单数和之前相差不大，大单还是存在，所以并不会引起市场惊慌。却不知主力已经在不影响股价波动的情况下，减掉了 500 手。而且成交回报上，可能会显示有 2500 手的大单买入。

运用类似挂单再撤单的手法，主力可以在不让股价出现下跌的前提下，减掉一定的仓位。通过一系列异常挂单和其他手法，在买一卖一等最前沿的档口做点文章，主力就可以达到减仓、吸筹、震仓等目的。这里所举的例子只是异常挂单一个简单的片段，意在使交易者举一反三，从实战中学会读懂盘口数据，抓住其中隐藏的主力行为和其真实含义。

五、隐藏的主力交易数据

上文提到过，实战中无论是 5 档还是 10 档的盘口数据，都是市场主力想让你看到的内容，不想让你看到的，即便是 20 档你还是看不到。这些不想被市场看到的交易数据，通常称之为隐性买卖盘。

隐性买卖盘是指未出现在盘口几档买卖挂单中，而是仅仅在成交回报中可以看到成交数据。隐性买卖盘是指主力不想被市场觉察到的一些交易行为的总称。

在实战中，交易者如果发现成交回报中出现一些大单，而买一和卖一上的挂单却没有明显的变化，就说明可能有隐性买卖盘的存在。当然，在行情火爆的时候会有很多交易者主动性追买，其买入价往往高挂到卖四、卖五的价位，有时立即就会被成交，这类买单不经过挂单，所以不会出现在买盘挂单的行列；反之，在行情暴跌时也会发生相似的情景。这种主动性追高追买的交易行为，不定义为隐性买卖盘。

主力不想让我们知道的，往往是真相。在盘口的判断中，甄别隐性买卖盘，对于交易者在操作上有着极其重要的参考作用。比如，某主力想通过对倒来拉高股价，制造量价配合良好的假象，有的会采用隐性买卖盘的方式。当主力拉高股价后，在出货时为避免引起市场交易者的恐慌，则利用成交回报的时间差，将大的卖出单和小的买入单撮合成一笔大的买入单出现在成交回报里。这样做不但不会引起交易者的恐慌，还会制造大单买入的假象，欺骗性极高。对于一些交易软件或网站提供的主力买入与卖出统计数据，交易者不可盲目采信。

交易者对于隐性买卖盘最简单的甄别方法就是：当成交回报里出现连续性的成交大单时，观察股价变化的方向和是否具有持续性。例如，如果连续出现大买单，股价却原地踏步或开始下跌，就应该明白这可能是隐性买卖盘在作怪。

盘口数据中，突如其来的大成交单所带来的股价瞬间飙升，并不意味着都有获利机会。主力出于运作的需要，往往会利用这种突发性大单造成股价飙涨的假象，来诱惑交易者跟风追涨，以便趁机减仓。所以交易者对于是否参与这种行情，必须有一个清醒和冷静的判断。

如图 2–22 所示，该股突然出现一波急速拉升，成交随之激增。这是典型的主力驱动型拉高，当然必会吸引跟风盘追涨，成交量的激增也多半出自这些跟风资金的密集成交。

图中股价急速上涨后就开始回落，但在成交回报里却依然有密集的成交大单，这些大单并未能将股价再一次向上推升。这种现象只能说明一个问题，即有人正悄无声息地满足这些疯狂追涨而来的买单，能够做到这一点的只能是主力。

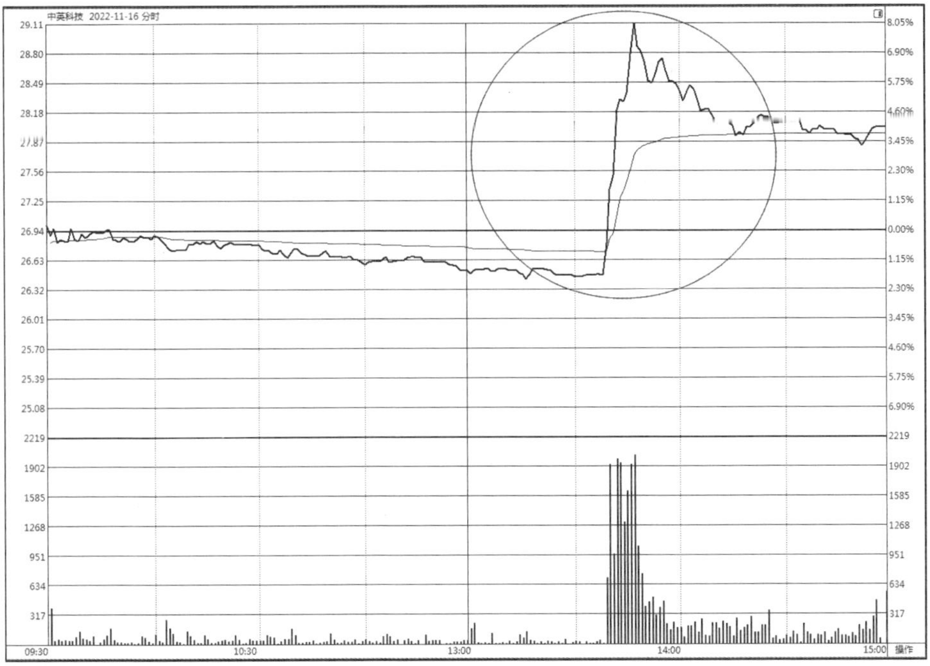

图 2–22

六、龙虎榜比重分析

所谓的龙虎榜，是指当日整个市场中所有股票的涨跌幅排名。在大多数软件中，交易者按下 61 或 63 数字键，就可以看到沪深两市的涨跌幅排名。这个涨跌幅排名能够较为直观地反映出当日整体行情的强弱程度，以及哪些板块出现异动。

具体来说，龙虎榜在实战中主要起到如下作用。

1. 查看热点板块特征

查看龙虎榜中涨跌幅排名靠前的个股是否有热点板块特征，如存在明显的热点板块特征，应及时评估其对行情的影响，并关注其中的领涨个股。在行情运行到一些特殊时期时，热点板块的涨跌对于整体行情的趋势有着极大的影响力。

如图 2–23 所示，某日开盘后龙虎榜涨幅前 20 名的股票中，我们发现

	代码	名称	现价	涨幅%↓	涨跌	换手%	量比	现量	总量	细分行业
1	002587	奥拓电子	18.76	10.03	1.71	0.08	0.03	70	1836	元器件
2	002021	中捷资源	9.33	10.02	0.85	0.02	0.01	1	965	纺织机械
3	300368	汇金股份	29.98	10.02	2.73	0.03	0.02	8	265	专用机械
4	002010	传化股份	12.08	10.02	1.10	0.02	0.03	53	714	染料涂料
5	002760	凤形股份	28.23	10.02	2.57	0.04	0.00	5	93	机械基件
6	300464	星徽精密	38.12	10.01	3.47	0.05	0.00	1	106	机械基件
7	002552	宝鼎重工	21.43	10.01	1.95	11.93	2.52	2807	200848	机械基件
8	000981	银亿股份	24.07	10.01	2.19	0.60	0.37	632	51667	区域地产
9	300285	国瓷材料	40.12	10.01	3.65	5.18	2.02	269	102223	化工原料
10	002014	永新股份	30.23	10.01	2.75	10.15	1.51	3626	327534	塑料
11	300476	胜宏科技	53.43	10.01	4.86	0.06	0.98	35	234	元器件
12	000687	恒天天鹅	22.54	10.00	2.05	0.12	1.06	364	6345	化纤
13	002763	汇洁股份	48.93	10.00	4.45	0.28	0.80	132	1537	服饰
14	000967	上风高科	25.95	10.00	2.36	4.59	1.72	491	112819	电气设备
15	300475	聚隆科技	32.88	10.00	2.99	0.04	0.84	5	202	专用机械
16	300152	燃控科技	38.49	10.00	3.50	0.27	0.06	53	6302	专用机械
17	002762	金发拉比	97.11	10.00	8.83	0.34	1.20	30	576	服饰
18	300470	日机密封	106.79	10.00	9.71	0.31	0.00	25	410	机械基件
19	300465	高伟达	99.10	10.00	9.01	0.46	0.29	88	1550	软件服务
20	300473	德尔股份	88.77	10.00	8.07	0.71	1.48	253	1773	汽车配件

图 2–23

有 4 家股票同属于机械基件这个细分行业，而其他股票则各自所属行业较为散乱并不具有板块特征。

交易者需要注意一点，热点板块并不等于热门板块。热点板块在尚未被市场充分认可之前，其对市场行情的影响力很有限。当热点板块为市场所认可就会成为热门板块，其对行情的影响力才会发挥出来。

2. 确定当日行情性质

分析龙虎榜涨跌幅排名靠前的是大盘股还是小盘股，以确定当日行情的性质。市场存在“二八”跷跷板的运行特点，当大盘权重股启动时，小盘个股往往偃旗息鼓。而当大盘权重股下跌时，却又存在变数，有的时候小盘股开始活跃，有的时候市场整体一起下跌。

区别大盘股和小盘股比较简单，看其总股本或流通股本就可以了。传统的权重或蓝筹股一般包括银行、券商、石化等（见图 2-24）。

	代码	名称	现价	涨幅%	涨跌	换手%	量比	流通股本(万)
1	601628	中国人寿	31.02	-4.64	-1.51	0.26	0.93	2082353.00
2	601601	中国太保	29.65	-4.11	-1.27	1.28	0.94	628670.00
3	601857	中国石油	11.32	-4.23	-0.50	0.10	0.92	16192208.00
4	600028	中国石化	7.02	-3.70	-0.27	0.57	1.07	9555777.00
5	600050	中国联通	7.80	-4.99	-0.41	2.15	0.98	2119659.75
6	600048	保利地产	11.75	-1.67	-0.20	2.65	1.13	1075148.50
7	000002	万　科A	14.20	-1.25	-0.18	2.62	1.07	970667.75
8	600019	宝钢股份	8.98	1.01	0.09	1.59	1.45	1642427.88
9	600005	武钢股份	7.15	0.14	0.01	5.76	1.64	1009378.00
10	601998	中信银行	7.66	-3.53	-0.28	0.80	0.93	3190516.50
11	601169	北京银行	13.64	-2.22	-0.31	3.56	1.51	1056019.13
12	601166	兴业银行	17.44	-2.13	-0.38	3.10	1.25	1617961.63
13	600000	浦发银行	16.71	-3.13	-0.54	1.82	0.84	1492277.75
14	601328	交通银行	7.84	-2.97	-0.24	2.40	0.80	3270905.25
15	601818	光大银行	5.39	-3.23	-0.18	1.98	1.11	3981036.00
16	600036	招商银行	18.44	-2.59	-0.49	1.59	1.28	2062894.50
17	601939	建设银行	6.72	-1.18	-0.08	4.21	1.29	959365.75
18	002142	宁波银行	20.08	0.15	0.03	4.59	2.07	287251.66
19	600015	华夏银行	15.03	-2.40	-0.37	1.98	1.20	648768.69
20	601988	中国银行	4.74	-1.25	-0.06	0.71	1.11	21076552.00
21	600016	民生银行	9.40	-4.18	-0.41	2.79	1.11	2729709.75
22	601009	南京银行	20.32	0.15	0.03	5.31	1.96	296893.31
23	601398	工商银行	5.15	-1.34	-0.07	0.20	0.98	26961222.00

图 2-24

3. 确定当天是否适合交易

分析龙虎榜中涨跌股票家数对比，预测大盘当天走势的强弱度，确定当天是否适合进行交易。这种分析方法尤其是在行情处于极端运行阶段，能够及时发现行情转折的迹象。比如，某日涨停板家数为5家，而跌停板家数为100家，那么当天大盘行情必然处于跌势中。如果在当日运行过程中，涨停板家数不断增加，而跌停板家数不断减少，那么行情必然见底回升。

七、分时图形态与实战分析

分时图有三条线，即收盘线、均价线、股价线，这三条线是分时图的构成要素。收盘线是指以股票前一交易日的收盘价所画的横线。若股价低于这条线，则股价在下跌；高于这条线，则在上涨。均价线是以股票即时成交的平均价格为基点绘制的一条曲线。股价线是以即时成交的股价为基点相连而成的一条曲线，也是最能反映股价即时变化的一条线。

1. 分时图实战应用概要

（1）当股价持续在收盘线、均价线下方运行时，表明市场预期较差，很多人正陆续卖出，当天介入的大部分交易者都亏损，见图2–25中A点所示。当股价线持续在收盘线、均价线上方运行时，表明市场预期较好，多方力量不断增强，当天介入的大部分交易者都有盈利，见图2–25中B点所示。

（2）当均价线从低位跟随股价持续上扬时，表明市场多方人气有所回升，交易者开始踊跃买入，市场平均持仓成本不断抬高，这时均价线对股价形成支撑。股价上扬至收盘线时，如果收盘线没有形成压力，说明股价处于强势状态，上涨仍将延续。股价突破收盘线后，除非极端强势的股票，一般都有回探收盘线确认支撑的动作，确认不破收盘线而得到支撑，股价将进一步上涨。

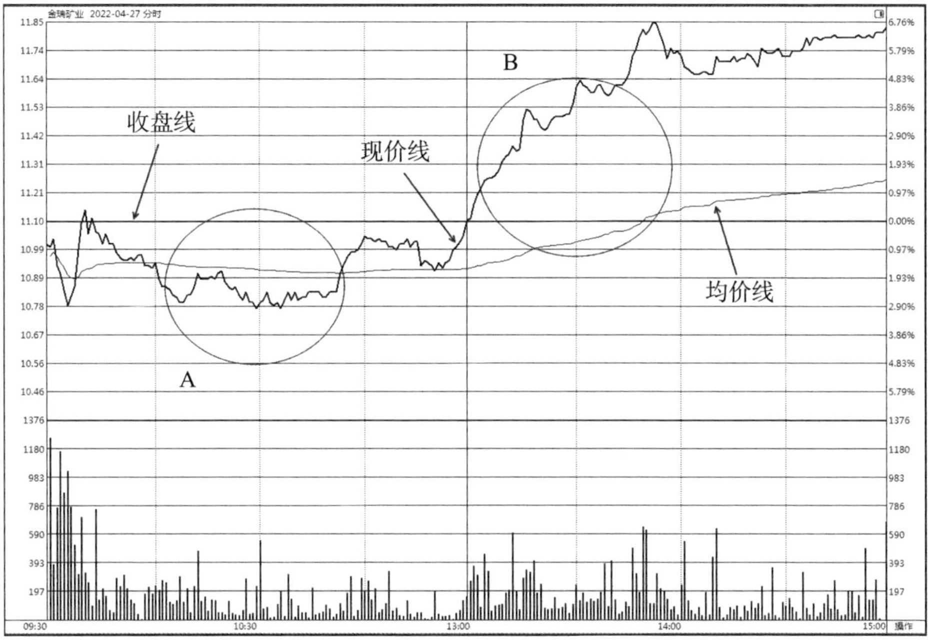

图 2–25

（3）当股价急速上涨，与均价线有较大乖离时，说明市场追涨意愿将会大幅降低，股价可能很快就会回落。股价快速上涨，均价线紧密跟随，则后市股价保持强势状态的可能性较大。

如图 2–26 所示，该股开盘经过盘整后股价急速上冲，至 A 点股价远离均价线乖离过大，于是出现回落。股价的快速上涨必然导致其和均价线之间的距离越来越大，所以存在一个修正乖离的过程。

（4）当股价持续下挫，均价线紧密跟随时，说明市场兑现愿望较为强烈，股价仍将继续下跌。股价下跌，而均价线已经走平，二者乖离过大时，股价可能发生反弹。

如图 2–27 所示，该股在下跌过程中，均价线也随之下行，至 A 点时，股价和均价线之间的乖离较大，股价随之产生反弹。但股价反弹不能上穿均价线，显示缺乏持续涨升的能量，于是反弹结束。

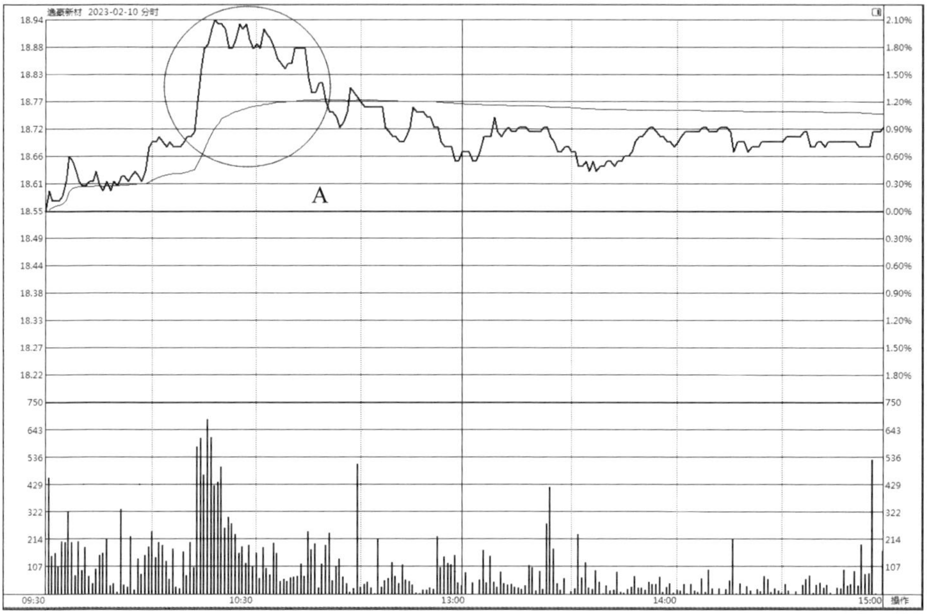
逸豪新材 2023-02-10 分时
18.94
18.88
18.83
18.77
18.72
18.66
18.61
18.55
18.49
18.44
18.38
18.33
18.27
18.22
2.10%
1.80%
1.50%
1.20%
0.90%
0.60%
0.30%
0.00%
A
750
643
536
429
322
214
107
09:30
10:30
13:00
14:00
15:00
操作

图 2-26

浙江恒威 2023-02-03 分时
28.28
28.21
28.13
28.06
27.98
27.91
27.83
27.76
27.69
27.61
27.54
27.46
27.39
27.31
1.87%
1.61%
1.34%
1.07%
0.80%
0.54%
0.27%
0.00%
A
B
316
271
226
180
135
90
45
09:30
10:30
13:00
14:00
15:00
操作

图 2-27

之后股价继续下跌，至 B 点时，股价与均价线之间再一次出现乖离过大的情况，显示盘中跟风杀跌的意愿将会大幅减弱，股价也将迎来又一次反弹。对于这种情况，交易者不可在此时受恐慌情绪影响，将筹码卖在低点上，即使准备减仓，也应等待股价修复乖离的反弹过程中择机进行。

（5）收盘线也是多空力量争夺的焦点位置。在大盘平稳运行的技术环境下，如果开盘后 30 分钟内，股价依托均价线在收盘线上方保持小角度稳步上扬，那么，该股当天收涨的概率较大；反之，开盘后 30 分钟内，股价在均价线的压制下于收盘线下方持续下跌，该股当天收跌的概率较大，如图 2-28 所示。

（6）股价线稳定在均价线、收盘线之上横盘或微幅波动，则之后发力上涨的可能性大。收盘线、均价线、股价线从上到下依次排列，股价线受到双重压力，股价线每次触及上方的均价线都会发生回落，则之后股价跳水的可能性大。

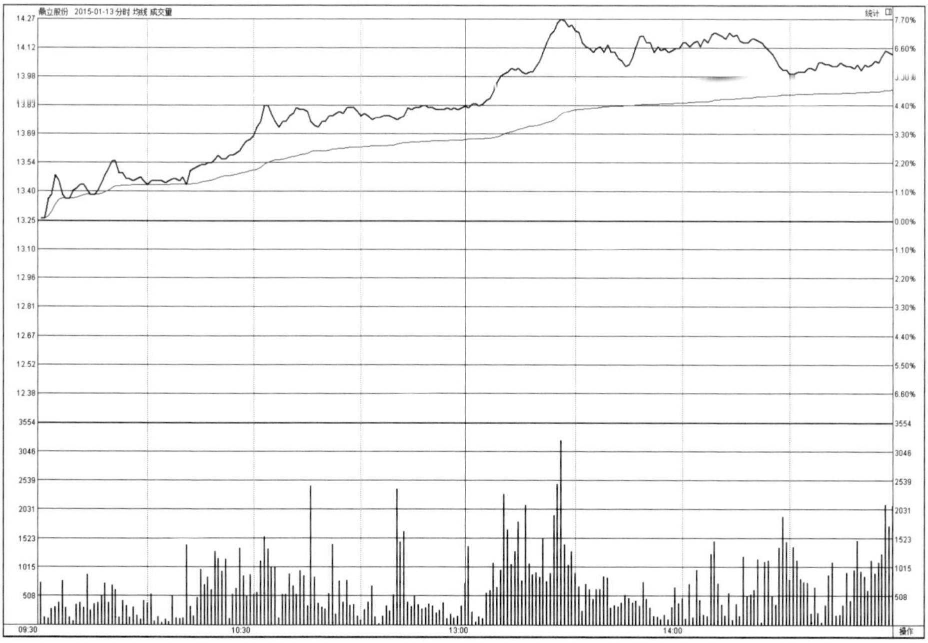

图 2-28

如图 2-29 所示，该股在 A 点振荡缓步上行，均价线同步随行，显示出较好的支撑力度，之后股价结束振荡迅速拉升。实战中，股价这种方式的振荡，其波动幅度越小越好，且股价的波动低点以不触及下方的均价线为最强形态。

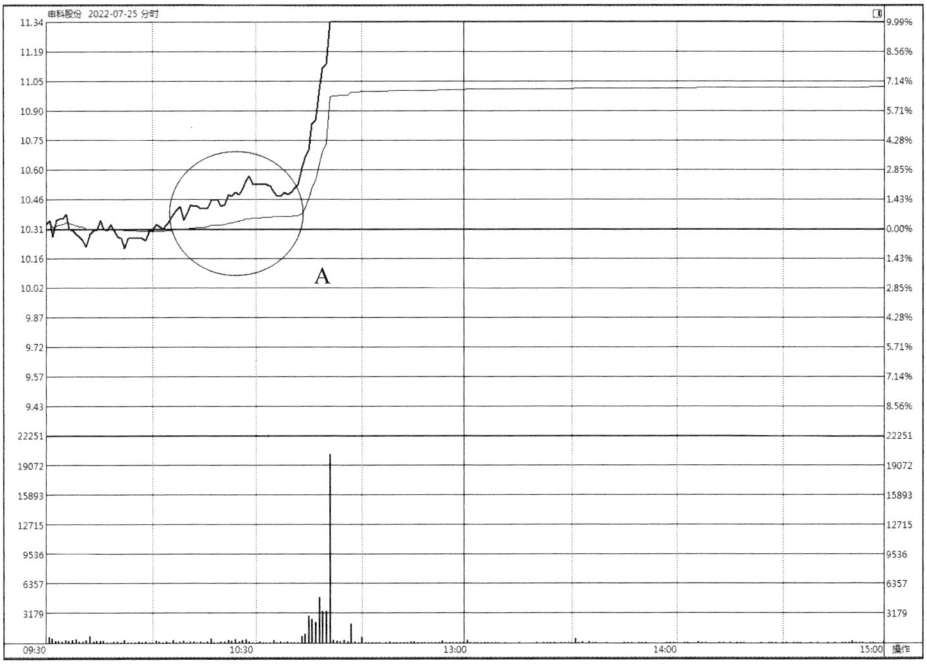

图 2-29

图 2-30 中，该股开盘后在收盘线以下围绕均价线振荡，A 点时股价一度向上突破均价线和收盘线，但是在成交量明显减少的情况下，说明缺乏向上涨升的强度。实战中，如果在 A 点这个过程中量能能够密集出现，那么股价必会一改弱势形成向上的突破。

但是在案例中，股价缺乏强度支撑，接连跌破收盘线和均价线，B 点缩量盘整在均价线上，处于明显的弱势形态下。股价不能向上突破，则向下的概率大增。图中 C 点，股价逐渐拉大与均价线之间的距离，这个形态虽然并不显眼，但多会引发股价出现一波快速下跌。短线交易者如发现类似 C 点的形态，应及早减仓，不要等待股价急跌开始后再跟风杀跌。

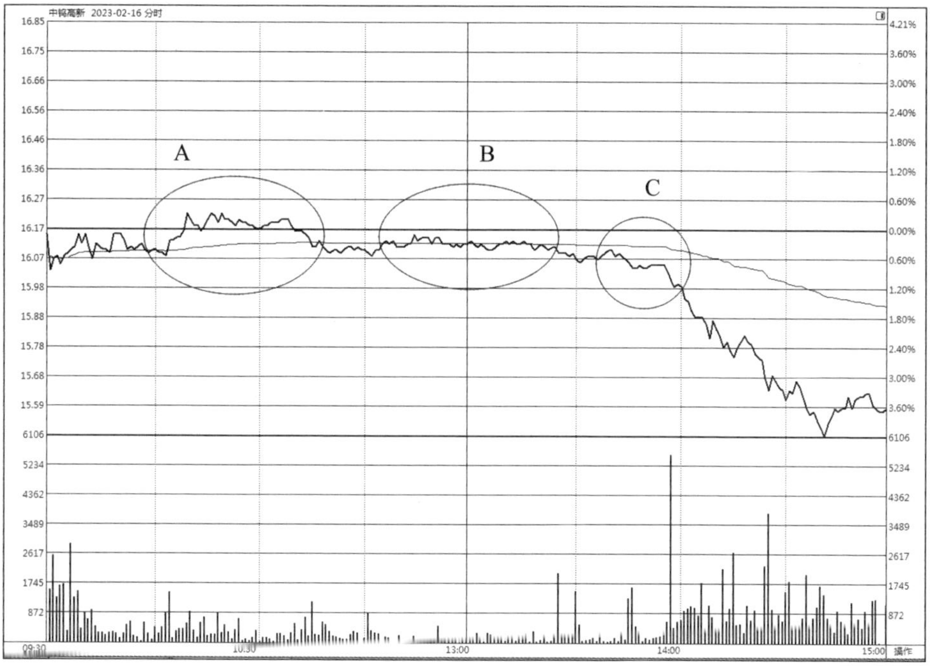

图 2–30

2. 分时图的形态分析

（1）振荡盘升。

振荡盘升的形态，是指个股依附均价线的支撑，一路振荡上涨。如果个股不是处于股价的高位区域，同时股价成交既没有突放巨量也没有极度萎缩，而是温和放大，则这种振荡盘升的形态将会持续。

（2）横盘突破。

该形态是指个股开盘后依附均价线或收盘线横盘运行，即使当日大盘出现跳水等不利现象，股价仍旧在均价线或收盘线附近徘徊，且成交量稳定，并不跟随大盘的波动而改变方向。如果盘中出现较为密集的买单时，这类股票一般会迅速上涨。

（3）急升后横盘。

该形态是指个股开盘急升之后转入横盘振荡，直至横盘报收或盘中会再度拉高。在个股急升阶段，如果同时成交量出现异常放大的情况，则要小心主力的减仓动作。横盘阶段的成交量一般会呈现逐渐萎缩的状态，直至再次出现拉高，才再度放量。交易者需注意拉高的幅度和所放大的成交量是否匹配，大成交量、小涨幅，往往是主力套现的表现。

（4）低点回升。

个股开盘下跌后回升，这时观察大盘指数的情况，如果大盘情形不妙，则主力虚晃一枪的可能性大；如果大盘无虞，则主要观察股价回升时均价线和收盘线的压力和支撑情况，同时成交量能否同步放出。没有成交量的积极支持，股价的回升可能会半途而废。

（5）单边下跌。

该形态是指个股开盘后一路下跌。均价线在大幅下跌后出现支撑迹象，但随着股价的再度下跌，均价线再次形成压制。分时图上成交量整体呈萎缩状，每一次下跌时的成交量，都比每一次反弹时的成交量大。对于单边下跌的走势，如果发生在熊市一轮暴跌行情之后，则交易者可在股价线和均价线相互缠绕、走平，成交量缩无可缩时，耐心等待股价即将发生的反弹。

第三章

短线交易与技术环境分析

[技术环境分析是多种技术工具长短周期分析的一种综合技术分析手段，包括趋势、趋向、成交量、均线、盘口数据，技术指标、市场心理倾向等，这些技术要素相辅相成，不可或缺。]

第一节 趋势与趋向

技术环境分析是多种技术工具长短周期分析的一种综合技术分析手段，包括趋势、趋向、成交量、均线、盘口数据、技术指标、市场心理倾向等，这些技术要素相辅相成，不可或缺。

综合分析交易标的所处的技术环境，能够避免一叶障目不见泰山，无论对于规避风险还是追求盈利，都是一个较佳的选择。

一、趋势与趋向的异同

趋势是指在一个相对较长的交易时期内，股票价格整体运行于一个相对稳定的方向上，道氏理论中也将之称为主要趋势。通常将整体保持上升趋势的市场称为牛市，将整体保持下跌趋势的市场称为熊市。

趋向是指中短期内价格运行的方向，趋向可能和趋势相一致，也可能不一致，但趋势是由无数同向或逆向的趋向所构成。趋向改变并不意味着趋势必然改变，但趋势改变必然由趋向开始。

趋势下包含着不同运行方向的价格趋向，依照时间周期的长短，可以界定为中期趋向和短期趋向。中期趋向和短期趋向在道氏理论中，也称之为次级趋势和短期趋势。

区分趋势和趋向，有利于交易者从全局的角度来考虑和谋划整个交易策略，避免纠结于价格细微的波动之中，而错失在大方向上布局的时机。交易者首先要认清的是行情的长期趋势，其运行的方向明晰之后，中期趋向和短期趋向就会跃然纸上。

（1）牛市行情。

在长期上涨趋势即牛市行情中，交易者应以持仓和积极做多为主要交易策略。长期上涨趋势并不意味着一直上涨，其在运行过程中会有很多次级别较大的回调（中期趋向或称次级下跌趋势）以及不间断的短期回调（短期趋向），来制造恐慌，以清洗不坚定的持仓者，减轻上行的压力。

如图 3–1 中 A 点所示，一轮长期上涨趋势运行期间，会出现多次中期下跌趋向和短期趋向。

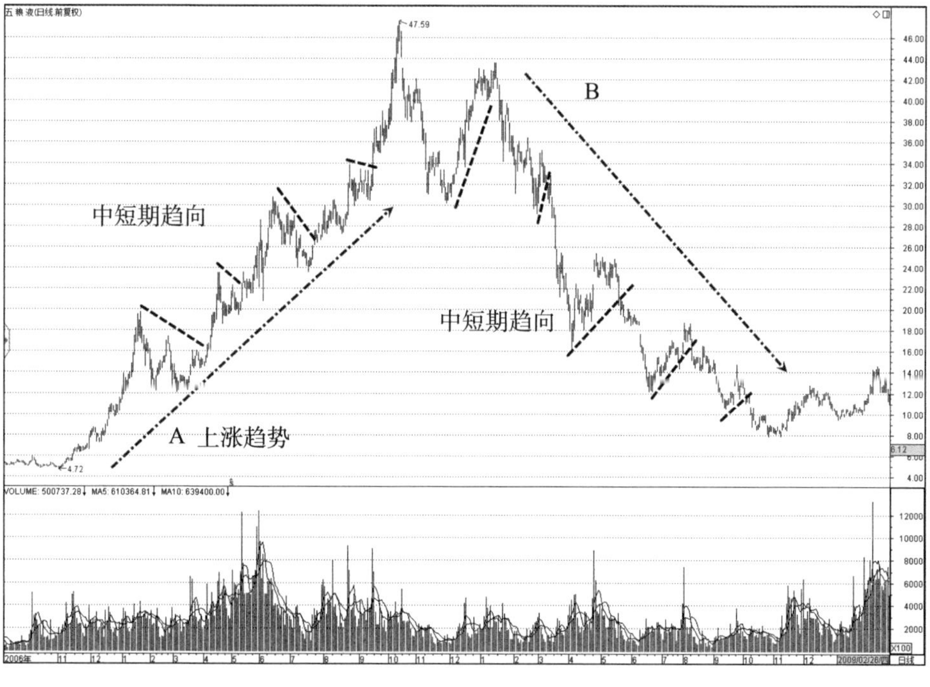

图 3–1

（2）熊市行情。

在长期下跌趋势即熊市行情中，交易者应以空仓和分阶段交易为主要交易策略。长期下跌趋势也同样并不意味着一直下跌，其在运行过程中会有很多次级别较大的反弹（中期趋向或称次级上涨趋势）以及不间断的短期反弹（短期趋向），来诱使资金介入。

如图 3–1 中 B 点所示，一轮长期下跌趋势运行期间，同样也会出现多次中期上涨趋向和短期趋向。

二、绘制趋势线

趋势线是指根据股票价格的波动，连接其两个重要的低点或高点，画出一条顺应价格运行方向的直线。

趋势线是分析价格趋势及其变化的最有效的工具之一，正确地绘出上升趋势线和下降趋势线，有助于对行情变化和趋势拐点的出现提前做出预判。

绘制趋势线有三个要求。

其一，确定两个重要的低点或高点。

其二，这两个点在时间周期上具有相应的距离。

其三，能够正确反映趋势整体运行情况。

如图 3–2 所示，A 点为该股顶部高点，B 点为第一次中期反弹高点，都属于相对重要的点位。时间间隔上有 3 个月左右，也较为合适。两点连线后，这条趋势线能够反映后期股价趋势的整体运行情况。

三、周期与历史追溯分析

技术环境分析，首先要求交易者应培养自己的追溯分析能力，也就是说要具有技术分析的历史观，善于分辨价格运行趋势的始与终。

单凭最近的几根 K 线，很难研判主力资金所处的状况，但若从较长时间周期进行回溯分析，并不难发现主力资金所处的阶段、状况等。

例如，图 3–3 中该股出现一波翻倍行情，研判该股后势是继续上涨还是就此完结行情，是新一轮行情的开始还是原行情的延续，仅凭借图中 K 线、

图 3-2

成交量以及均线等，难以得出一个相对准确的判断结论，这时候我们就需要借助更长的时间周期来做进一步的研判。

图 3-4 是该股一年多的图形走势，从这幅图上我们可以较为清晰地看到相对完整的走势。该股经历过一轮波澜壮阔的大牛行情之后，股价出现大幅急速暴跌，图中 A 点（为图 3-3 中涨升阶段）很明显是大幅超跌之后的反弹走势。

以暴跌来终结牛市行情并不常见，所以必然有不少高位持仓者未能获利减仓，这也是股价在 A 点超跌反弹的重要基础。之所以这样说，是因为这些持仓者习惯性的操作方式，低点不敢进，反弹到一定幅度之后才放下心来进仓用以摊低成本，殊不知此时反弹却已接近尾声。

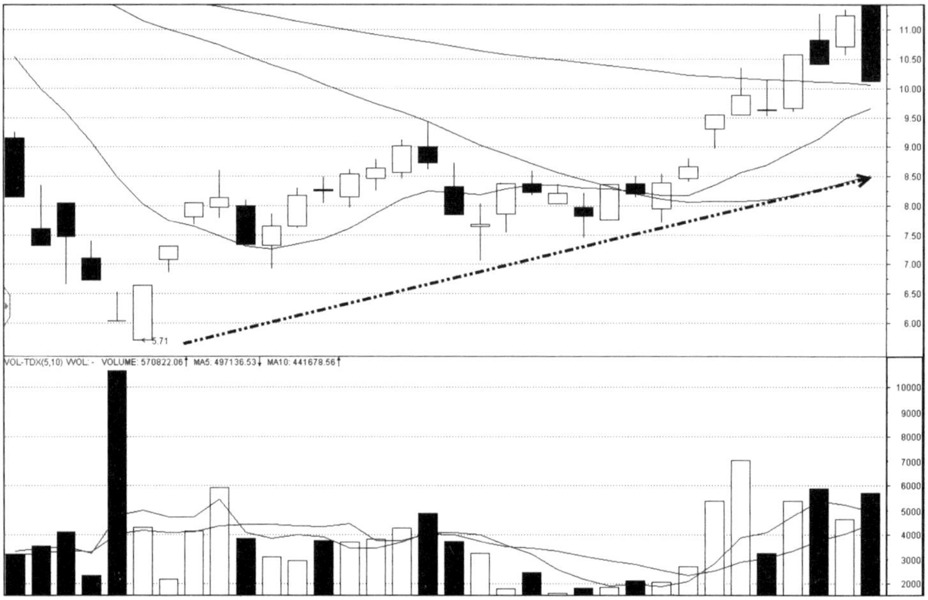
5.71
VOL-TDX(5,10) VVOL: - VOLUME: 570822.06↑ MA5: 497136.53↓ MA10: 441678.56↑

图 3-3

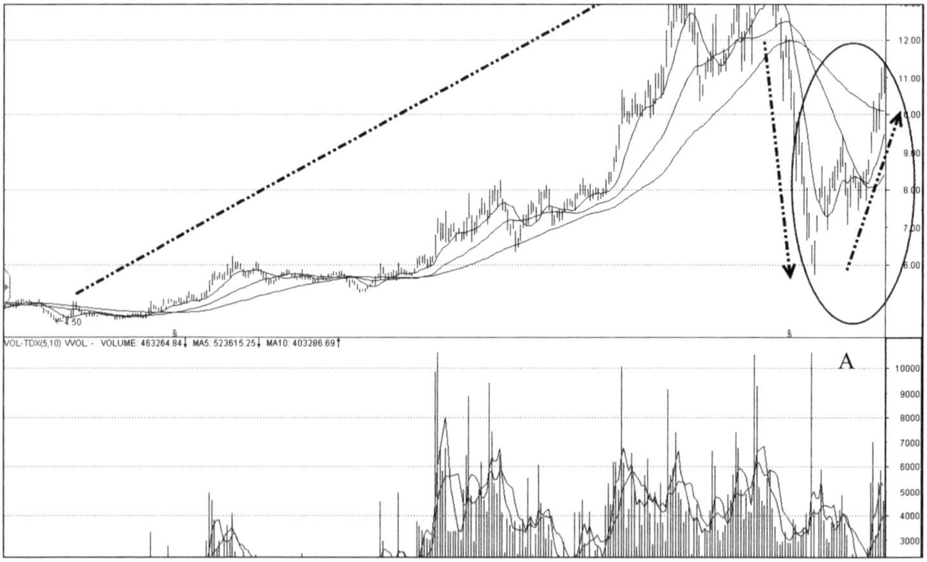
4.50
VOL-TDX(5,10) VVOL: - VOLUME: 463264.84↓ MA5: 523615.25↓ MA10: 403286.69↑
A

图 3-4

图 3-4 中 A 点之前的暴跌幅度，对于略懂趋势分析的人来说，终结一轮牛市行情在技术上应是毫无疑问的，及至 A 点涨升行情出现时，股价超跌反弹的行情性质也不难界定，唯一让交易者迷惑的可能是超跌反弹的幅度居然能够让股价翻倍。

超跌反弹的幅度与以下两点息息相关。

（1）前期下跌周期和速度。

时间短、速度快的下跌所引发的超跌反弹必然强劲（排除基本面问题引发的连续一字线跌停现象，只包括技术面范围内的下跌）。

（2）下跌幅度。

只有达到超跌程度之后，才有可能引发大幅度反弹。

四、价格运行重心

价格运行重心就是价格波动和振荡的中轨线。以股价波动振荡的相对中心位置（或最近高点和低点之间均价位置）画一条线，即为股价（价格）运行的重心。

如图 3-5 所示，图中标号 1 的虚线，即为上升趋向中形成的价格运行重心。当股价运行至 A 点时，并不能真正回归到原价格运行重心上方，说明遭遇到足以改变原运行轨迹的重压，同时也意味着原运行重心的运行方向可能会向下发生改变。通常，出现这种情况，即使是惯性下行，也会让股价跌上一段时间。

图中标号 2 的虚线，为股价转跌后形成的价格运行重心。价格运行重心并不会沿着一个方向或角度一直持续存在，而是随着股价的波动不断改变角度或方向。我们把价格运行重心的这种改变，称之为变轨。

从价格运行重心的特点来看，其能够及时反映股价在最近一段时间的走势中运行重心持续运行的方向，以及将会出现的变化。

例如，图 3-5 中当股价向下偏离标号 2 的虚线不能收复和回归时，则下跌速度将会加快。当股价逐渐回归到标号 3 的虚线上方，并不再跌破或之后出现向上的变轨时，则股价就此企稳弹升的可能性极大。

价格运行重心的概念很重要，有些时候盘面上其他技术因素尚未发出提示信号时，我们根据价格和价格运行重心之间的偏离度，也可预估可能出现的走势（价格运行重心分析的详细内容，请参阅中国宇航出版者出版的《趋势与股价波动实战技术》）。

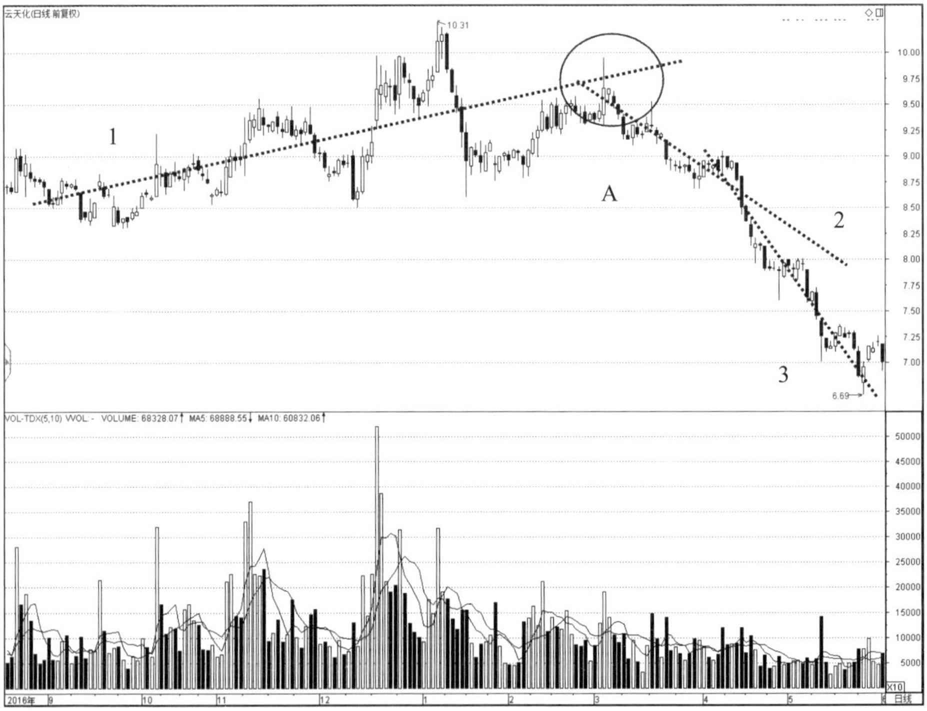

图 3–5

五、趋势线变轨与拐点认定

实战中我们经常会发现，趋势在一个方向运行较长时间后，原先绘制的那条趋势线已渐渐失去效用，不能对价格最新的运行角度起到提示作用。这是因为随着股价运行角度的多次改变，一条趋势线绘制完成之后，大多只能对早期价格趋势起到提示，很少能够贯穿整个趋势始终，所以趋势线也存在着多个角度的变轨。

1. 趋势线变轨

股价对于长期趋势的突破未必都会发生趋势性的转折，有时候仅仅会带来趋势线的变轨，股价仍旧会回归趋势继续运行。必须明确一点，趋势线的变轨并不意味着趋势中断，只是股价运行途中因速率、波动频率发生变化，产生的一种正常范围内的角度改变。趋势运行过程中，可能会出现一次或多次变轨。

如图 3–6 所示，A 点和 B 点相连绘制出趋势线 1，这条趋势线在一段时间里较好地反映出股价的变化情况，起到了相应的提示作用。

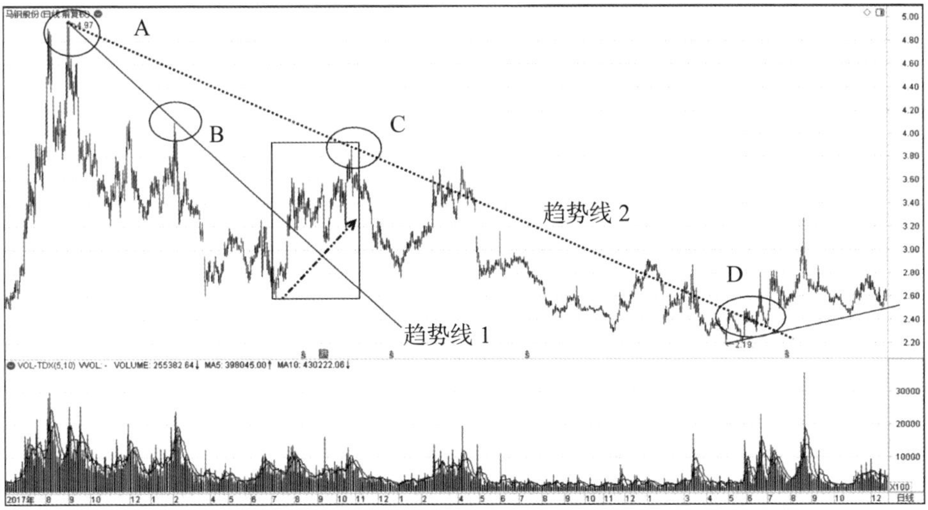

图 3–6

之后，股价在反弹中突破了这条趋势线，我们从图中可以看出这次突破并未能改变股价整体的下跌趋势，只是改变了股价之后运行角度，之后股价结束反弹，继续下跌趋势。

当出现图 3-6 中的情况后，为了能够及时准确地发现趋势接下来的变化，我们就必须重新绘制趋势线，见图中 A 点和 C 点连线，就是趋势线在股价剧烈波动下的一次变轨。

趋势线变轨是为了更好地体现出趋势的变化，图中可以看到，变轨后的趋势线 2 显示出相应的作用，股价几次反弹到这条线都发生回落，直至 D 点股价才真正突破下降趋势线，并在之后形成上涨趋势线。

由图 3-6 可见，无论是在上涨趋势还是下跌趋势中，股价突破趋势线都应该先将其看作是一次变轨，决不能贸然认定为趋势性转折，否则很容易就被主力资金刻意营造的陷阱所误。

是趋势线变轨，还是趋势转折，需要根据市场整体技术环境以及技术分析上的共振点等综合分析，才能得出一个相对准确的答案。

2. 发现趋势拐点

在一个长期趋势运行过程中，当股价突破趋势线并得到有效支撑后，交易者应当迅速调整之前的操作思路，制订出市场重大转折期以及之后行情的操作思路和策略。

如图 3-7 所示，该股在下跌趋势运行过程中多次出现变轨，连接 A 点和 B 点，形成第一条下跌趋势线。股价之后突破下跌趋势线，但未能真正实现趋势扭转。第一条趋势线至此不再能反映趋势运行情况，之后股价波动幅度变小，只能再绘制能够反映趋势真实情况的趋势线。

以 C 点连接 D 点，形成第二条趋势线。这条趋势线和第一条趋势线一样，也在股价的波动中逐渐失去作用。

以 C 点连接 E 点，形成第三条趋势线。随着股价波动幅度的减小，这条趋势线虽未完全失去作用，但难以反映出股价波动强度，这时可以再绘制一条短期的趋势线与之搭配使用。

以 E 点连接 F 点，形成第四条趋势线。随后股价波动幅度日益减小，直至G点开始反弹，连续突破第四条和第三条趋势线，并不再跌破趋势线，显示出此波涨势具有强度。

到H点时，股价的回落明显得到支撑，连接G点和H点，一条上涨趋势线已初步形成。至此，可以初步认定不再是下跌趋势线的变轨，而是上涨趋势的形成，股价的趋势拐点已经出现。

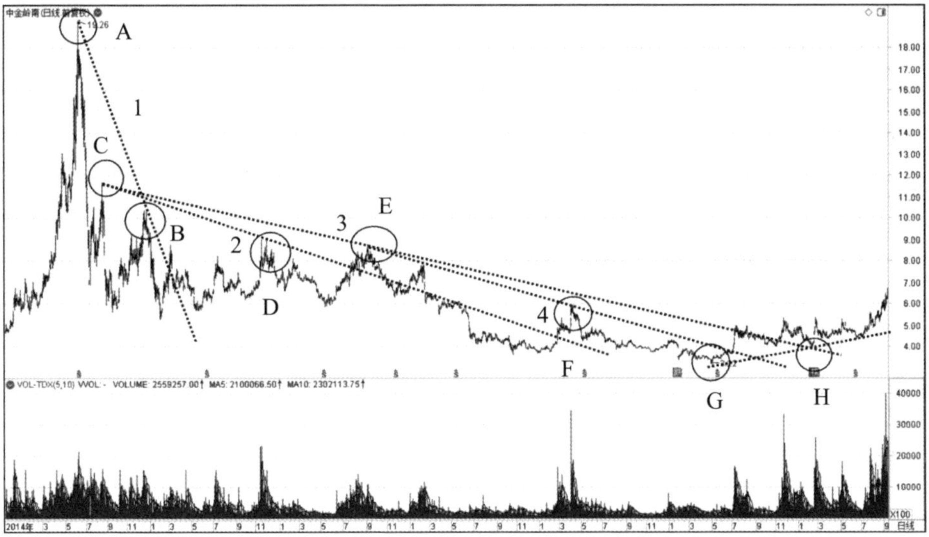

图 3–7

关于趋势拐点的认定，并不在于是否形成了一条上涨趋势线。某条刚刚形成的所谓上涨趋势线，也极有可能只是下跌趋势中因股价反弹而形成的变轨。实战中认定趋势拐点有几个要点。

（1）趋势转承关系。

起，一势的开始；落，一势的结束；转，势与势之间的连接动作；承，后势对前势的承接。一势起，一势落，起落转承关系形成。这种转承关系符合哲学思想中的因果关系，前势为因，后势为果，后势之果，又成为下势的因，因果如此转换，形成趋势的环环相扣，势势相接，连绵不断。

趋势转承必然是从短期趋向开始，然后过渡到中期趋向，最终对长期趋势产生影响，改变趋势方向。

如图 3-8 所示，在下跌趋势运行过程中，股价的短期趋向会多次出现与趋势相逆的现象，即力度不等的反弹行情。在上涨趋势形成及运行过程中，股价的短期趋向也会多次出现与趋势相逆的现象，即回落调整行情。

短期趋向尤其是中期趋向出现上述变化时，可能就意味着趋势拐点已经形成。趋势转承关系的认定，还需要从股价运行重心等技术环境上进行综合分析研判。

图 3-8

（2）趋势线突破及均线系统支撑。

股价对于趋势线的突破并不是一蹴而就的。在突破的最初阶段，往往会让人认为这只是一波反弹，反弹完毕带来趋势线的变轨，股价将继续下跌。

希望总在失望中发生，如图 3-9 所示，A 处股价上涨触及下跌趋势线和下行中的长期均线，随后遇阻回落。这个回落调整非常重要，它是测试股价是否能够扭转趋势的关键。

通常来说，下跌趋势运行过程中，股价强势反弹往往都会在下跌趋势线或长期均线附近受阻回落，继而结束反弹，继续下跌趋势。

经过一段时间的回落调整后，B 处股价最终在趋势线上得到支撑并突破长期均线，由此进入到上涨趋势运行过程中。

实战中，股价突破趋势线继而突破长期均线，最重要的是能够在突破后的趋势线上和长期均线上获得支撑，那么基本可以确认趋势拐点已经出现。

必须明确一点，趋势拐点出现并不意味着股价都会一马平川，之后往往还有曲折而漫长的路要走，交易者要做好股价反复折返，尤其是大幅度回落调整的心理准备。

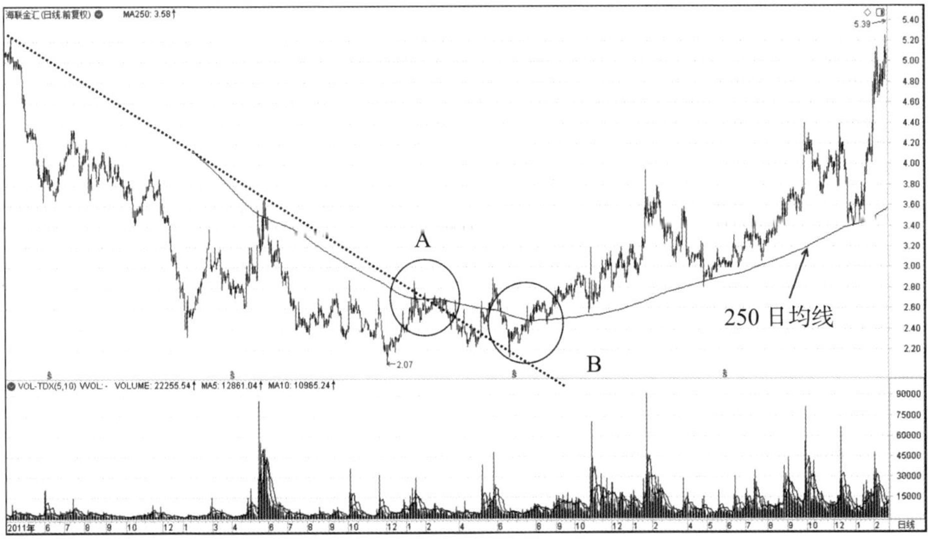

图 3–9

（3）成交量明显增多。

趋势拐点出现的前后，成交量也会出现明显的增大，迥异于下跌趋势运行期间的量能。下跌趋势中总体量能呈缩减的常量态势，而转折形成前后成交量明显增大。这也是趋势拐点形成的常规成交量形态。

实战中我们要注意一点，有时成交量会在拐点形成之前就出现激增的情况，然后慢慢缩减至拐点突破形成时，才再度放大。这是主力出于运作需要所致的一种情况。交易者对于下跌趋势中成交激增的个股，应根据相应追涨或低吸技术来确认是否具备介入条件。如果并不具备介入条件，可保持观望，并密切追踪其后市变化。

第二节 技术指标有用吗

对于技术指标的认识通常存在两种极端，一种认为技术指标毫无作用，另一种则将技术指标神化，这两种认识都存在偏颇之处。

公允地讲，技术指标只是一件工具，同样的技术指标，在一部分人手里是获取盈利的工具，在另一部分人手里却成为自戕的凶器。

技术指标只是一件工具，就像是钳子或者螺丝刀，在适合的条件、对象上，才能够发挥作用。你用螺丝刀去绣花，那么不管你多么用心和刻苦，都难以取得最佳效果。

在交易市场上，某些技术指标能够显示出行情的纤毫变化，却并不能百分之百准确地告诉你应该买入或者卖出，因为那是需要你去做的工作，并不是技术指标的。

布林线指标发明人，美国最重要的证券分析专家之一约翰·布林格（John Bollinger）曾说："没有一套技术分析系统能自始至终地发挥作用。为什么呢？道理很简单，即任何分析体系都有它的时效性和地域性。现在有效的分析系统过一段时间就可能失效。这个市场中很有效的分析系统，一旦放在另一个市场中也许就不适用了。"也许就是因为技术指标适用性的问题，导致一些人在交易中套用技术指标继而发生亏损，于是从此认为技术指标对于交易并无任何作用。

曾经做过一个调查，你相信技术分析吗？答案具有很大的模糊性，大部分人模棱两可，个中原因无外乎都出在技术分析的准确性上。

实战中一些交易者可能会遇到这种情况，技术分析得出后市行情将趋于下跌，但实际上行情仍旧如火如荼地上涨，部分因此踏空行情的交易者由此对技术分析产生了怀疑，甚或从此不再相信技术分析。

技术分析之所以存在诸多应用上的问题，原因在于几个方面。

其一，应用者漠视了技术分析的适用性和局限性问题，同时也源于单一技术分析形式天生的缺陷。没有技术环境分析尤其是在极端市场条件下，缺失心理倾向，情绪宣泄分析因素，那么得出的结论可以想象会有多大的偏差。

其二，对于技术分析，至少笔者经历过从痴迷到弃之若敝屣再到推倒重来的过程。初入股市对技术分析充满好奇，如牛饮水般不加选择地吸纳所有相关知识。然而，知识的积累并未给实战带来翻天覆地的变化，甚至会因技术分析的误判造成重大损失。

2001 年的大熊市教育了很多人。时光荏苒，时过境迁，从传统哲学的角度重新认识技术分析，忽然发现“世上没有不管用的工具，只有不会使用的人”。技术分析就是一件工具，你至少该搞懂它该用在什么地方，你拿一把菜刀去拧螺丝，还说菜刀真是不好使，是菜刀的错，还是你的错？

无论技术指标是谁发明的，你都必须把它变成你自己的，因为你是为自己的交易来使用它。无论发明人为某项技术分析方法设定了什么样的规则，你都必须用自己的方法重新诠释，即便结果与发明人的规则相悖，请记住一点，实战中能够盈利的规则就是最好的，没有其他。

技术指标不是万能的，也不是放之四海而皆准的真理，其对股票基本面的并购重组、突发自然灾害等，更是没法预测，甚至意外事件突发时，技术指标会因为出现钝化而失去判断意义。

如果投资者过于神化技术指标的作用，一味地死抱着技术分析理论，数据来按图索骥，追求所谓的神奇作用，往往会因此跌入主力的陷阱。

在理解和掌握技术指标应用时，既不神化也不全盘否定，仅把技术指标定位于一种交易参考的工具，只有认识到这一点，才能真正走出技术指标认识上的误区。

世界上没有任何一种技术分析手段，可以只依靠简单套用而不需要思考和理解就能在交易市场上获取盈利。交易市场是人与人之间智慧博弈的角斗场，赢家永远是勤于思考、善于辩证看待问题的人。

第三节 成交量理论

一、成交量

成交量是指交易市场的多空（买卖）双方，在某个单位时间内对某项交易成交的数量。

成交量的计算单位为手或股，1 手等于 100 股。

成交量能够直观反映出交易的状况。成交量稀疏、低迷，说明参与交易的人或资金屈指可数，价格走势多呈萎靡、盘整的状态；成交量密集、高涨，则说明参与交易的人或资金众多，价格走势必然亢进大开大阖。

成交量分析是技术分析中不可或缺的组成部分，漠视成交量的状况，仅仅专注于其他技术分析形式，则很容易脱离实战，坠入为技术而技术的死链中，最终得到的结论很难对实战产生有益的帮助。

同样，单一的成交量分析也难以胜任和负载对于价格趋势或趋向的判断，必然会在实战中出现这样或那样的错判。综合性的技术环境分析，才是所有技术分析形式得以发挥和展示不同作用的大前提。

实战中，不仅有放量上涨，也会有放量下跌等多种模式与形态，成交量的放大与缩小并不能决定价格的涨与跌，只能起到关键性的催化作用。这一点必须有一个明确的认知，也是正确认识和分析成交量的技术基础。

技术分析中观测成交量的变化，主要通过 K 线图、分时图以及量比、换手率、技术指标等不同的形式。在最为常用的 K 线图、分时图上，通常以成交量柱状图来表示成交量及其变化的情况。

如图 3-10 所示，上方为 K 线图，下方则为代表成交量大小的柱状图，每一根 K 线对应一根成交量柱。

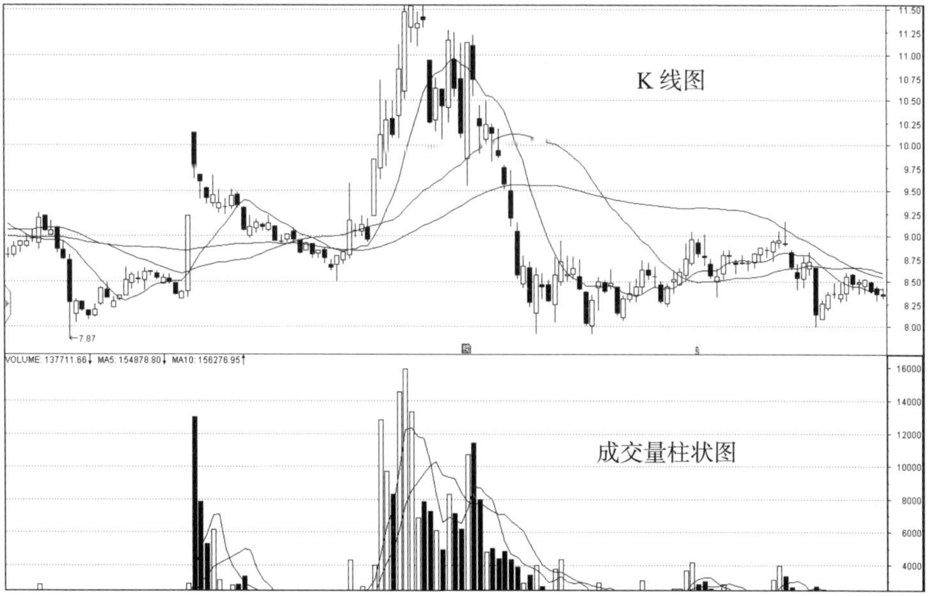

图 3-10

在不同周期系统的 K 线图中，每一根成交量柱代表着不同时间周期内的成交量。例如，案例中为日线系统，则每一根量柱代表某一日成交的情况。周线、月线、分钟系统上的量柱则分别代表一周、一月和某分钟的成交量。

与 K 线图类似，分时图上同样以成交量柱状图的形式来显示成交量的变化情况，不过分时图中的成交量柱相对较细，更像一条线，通常也称之为成交量柱线。

如图 3–11 所示，上方为分时图中的现价线、均价线、昨日收盘线，下方则为成交量柱线图。

每一条长短不一的柱线代表每一分钟的累积成交之和。柱线越长，表明在这一分钟里的总成交量越大。

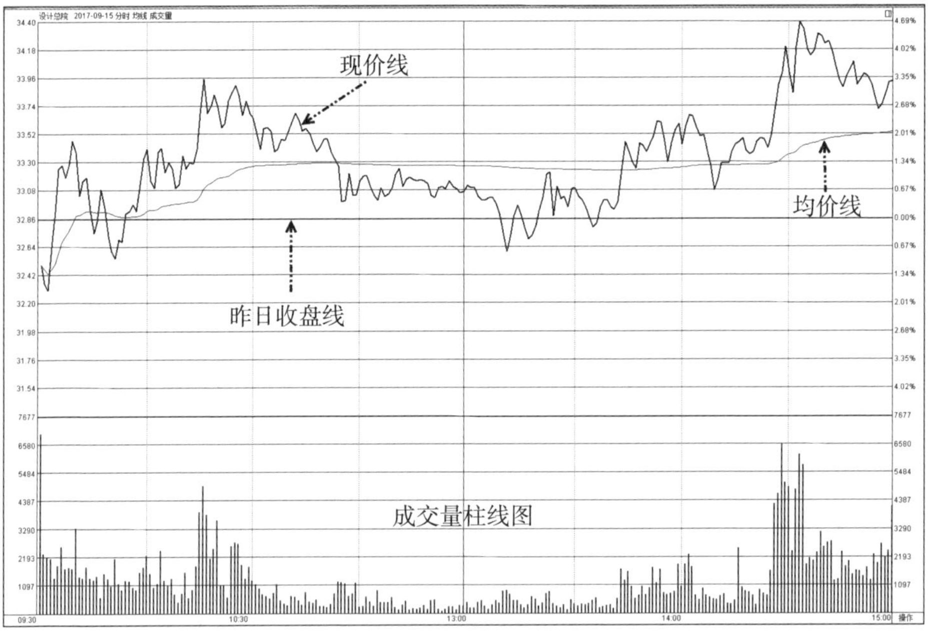

图 3–11

无论是 K 线图还是分时图，都有各自的缺点和优点。例如，K 线图中成交量柱的优点是可以简单明了地看到一段时间内成交量的高低变化。其缺点是与K线的阳线或阴线相匹配的量柱，虽然也会呈现“阳量或阴量”，但是阳量并不完全等于买入，阴量也不完全等于卖出，其中的变化绝不会像图示中的“阳量或阴量”那样简明易辨。

分时图所显示的是当日的即时走势，量柱线会随着即时成交数据而变化，其优点是能够及时观测到交易中成交大单的出现和其密集程度；缺点和K线图很近似，即并不能完全确认成交大单的真实指向。

实战中，无论是K线图还是分时图，最基本的成交量观测点，就是量价契合形态以及后市发展在逻辑上是否具有合理性。

二、常量

常量是指某一时间段成交量的平均值。常量并不完全等同于地量，对此我们要有明确的认识。

常量并非静态的，而是动态的，随着行情的不断发展，某一时期的聚量、变量等形态会逐渐转化为新的常量，所以常量的值并不恒定，而是处于不断变化之中。

当某一时期的成交量处于极度低迷期，超过或接近历史最小值，那么这个时期的成交量既是地量，也是常量。见图3-12中A处，随着行情的发展，价格转升，成交增量，当量能达到较高数值后，不再增加也并未持续缩减时，这个时期的成交量也称之为常量。

当价格下跌，成交缩减后稳定在一定的水平上，而此时成交量仍远大于地量，这个时期的成交量也被称之为常量，见图3-12中B处。

如图3-12所示，A处成交量值达到历史地量的标准，这个时间段内的低成交量平均值，也称为常量。随后股价出现一波快速上涨，成交量也随之激增，至B处时，成交量再次稳定下来，不再持续增加和减少，这个时间段的成交量，则是新的常量。通过图中成交量柱状图可见，B点新常量的值大于A点常量的值，这种现象我们也称作常量升级。

图 3-12

不仅常量这一种成交量形态存在升级现象，后面将要讲到的聚量、变量等也存在升级的现象，其实这也是行情持续往更高阶段发展的一种必然现象。

常量是一种相对稳定的成交量形态，这种形态下的价格多数时候会在某一方向上平稳持续运行，但是常量形态并不意味着价格必然就会波澜不兴。

对于常量形态下出现的价格波动，称之为常量攻击和常量过顶。

常量攻击是指常量形态下，价格出现的上涨（向上攻击）或下跌（向下攻击），这种攻击只是在原有趋向或趋势内的波动，很难对趋势形成方向上的改变。例外的是控盘庄股，这类个股处于常量是因为主力的高控盘使然。

常量攻击极其常见，在个股构筑价格顶底形态过程中，具有背离分析的作用，但大多数独立的常量攻击并不具有太大的分析价值。多数的常量攻击会在形成压制或支撑的均线、价格关口上结束。

常量形态下出现对于价格关口的突破，即为常量突破（过顶）。

除了控盘庄股，常量突破在其他个股中也会出现，但是在实战中我们需要注意分析个股的技术环境。比如，适用常量过顶的个股最好是上涨趋势明确的，而不是处于盘整状态中的个股。

很多盘整状态中的个股有时也会出现常量突破形态，但在确认过程中会出现失败走势。个中原因在于，趋势或趋向不明确的个股中出现常量过顶形态，可能只是价格波动的产物，或主力资金诱多行为等。

当然，鉴别常量过顶的真实性，成交量和主力行为分析相结合最为理想。

三、变量

变量，顾名思义是指成交量出现重大变化，或是可能引发价格出现重大变化的量能形态。

变量是成交量的一种突变形式，既指成交量激增，也包括成交量骤减。实战中比较常见的类型，多为成交量的突然性增大。如图 3-13 所示，A 点成交量突然性激增，与之前的常量形态有着天壤之别。变量的具体数值越是巨大，其引发价格巨变的可能性越高。

变量预示着多空双方的力量对比关系处于高度不稳定的状态中，价格可能因此出现较大的变化。变量必然不会长时间存在，否则变量也就不是变量，而是新常量或其他形态。变量究其根本是一种量能对于价格的催化形态。

一个变量形态存在着成交量激增，而后又迅速减少的过程，图示上的量柱显示极为突兀（如图 3-13 所示）。变量成交骤减后的值，和激增之前的成交量值相仿。

如果变量出现之后，在随后行情中成交量并未发生明显骤减，或虽有减少但仍旧明显大于变量出现之前的成交量值，那么这个变量将有可能会演化成为新常量或进一步形成聚量。

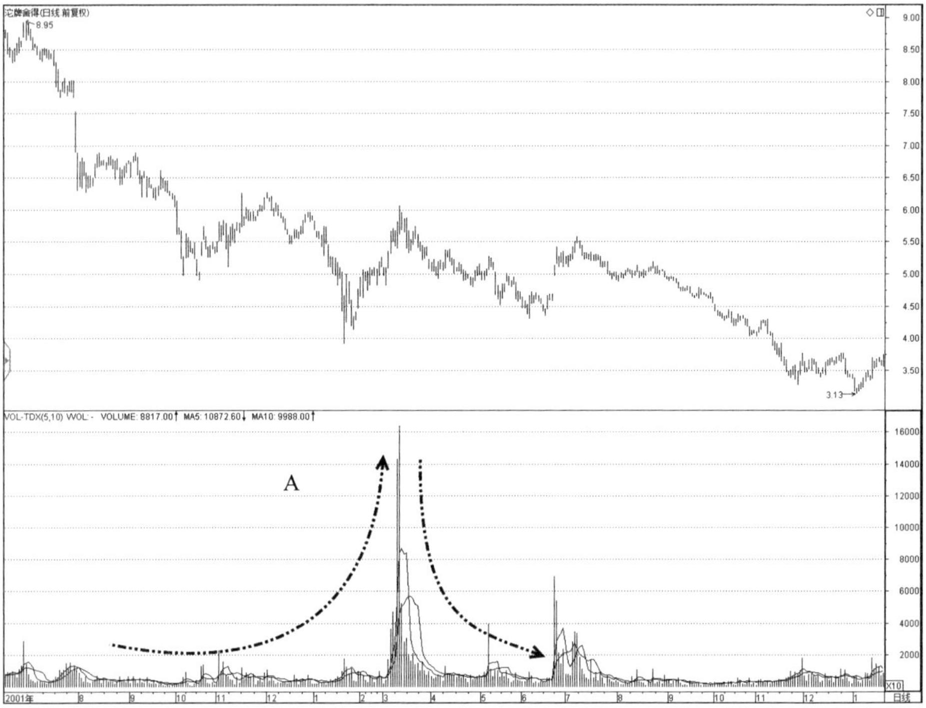

图 3–13

变量的出现，意味着必然存在资金的攻击，且不论资金攻击的真实性程度（可能存在对倒），仅就变量形态本身而言，是对之前量价运行节奏的改变。这种改变既有可能是趋向性的，也有可能是趋势性的。换言之，变量发生之后，个股可能就此出现趋势的拐点，但也可能仅仅是原有趋势中的一个次级波动。

鉴别这种改变的性质非常关键，因为其中涉及交易者将如何制定交易策略。

比如，某股出现变量后，如果确认变量将会引发价格趋势由跌转升，那么交易者必然会因此制定自己的买入或加仓计划。如果确认变量仅仅是跌势过程中的一次强烈反弹，那么交易者就可以借势抛空仓位或选择时机做空。

通过变量本身是否存在形态转化的特点，再结合技术环境分析，我们可以确认变量的性质。如图 3–13 所示，A 点的变量出现在下跌趋势中，成交量激增后骤减，显示这是一个单独变量，并不存在转化。

实战中，大多数的变量不会对趋势带来改变，所能够起到的作用是延缓或迟滞趋势的运行节奏。换句话说，即在跌势中形成一次强力反弹，在涨势中形成一波回调，随后仍旧会回归原有趋势。

四、聚量

聚量是指成交量由小到大逐渐增加和集聚的形态。聚量是动态概念，随着行情的发展会转化为常量或变量，也会随着价格的连续飙升或急跌，出现更大级别的聚量。

如图 3–14 中的 A 处虚线所示，就是成交量由低到高不断增加和集聚的过程，这个过程称为聚量形态。

聚量是价格最容易出现发起攻击的一种量能形态，所以也将价格和相应的量能统称为聚量攻击。

聚量形态并非在所有个股或阶段都会出现，比如，控盘庄股运行中，某些涨升阶段仅具有常量形态。同时聚量形态也在常量、变量等不同量能形态间转化，并不是始终保持“增加和集聚”的形式不变。

如图 3–14 所示，聚量不断增加集聚的过程中，多次出现变量，但在价格回调、量能缩减后，整体成交依然呈增加集聚之势。这就说明聚量形态并未结束，而是处于不断升级之中。当某一时点出现变量或其他形式后，成交不再增加和集聚，而是呈消减的态势，则意味着聚量形态的结束。

聚量形态是价格发起攻击的基本形态，符合成交量对不断上涨的价格进行确认的原则，意指价格上涨得到源源不断的资金，使之认可和参与的形态。

一个从常量阶段初步形成的聚量形态，所能引发的聚量攻击必然是有限的，在接下来出现变量或新常量之后，能否继续形成更大级别的聚量形态，

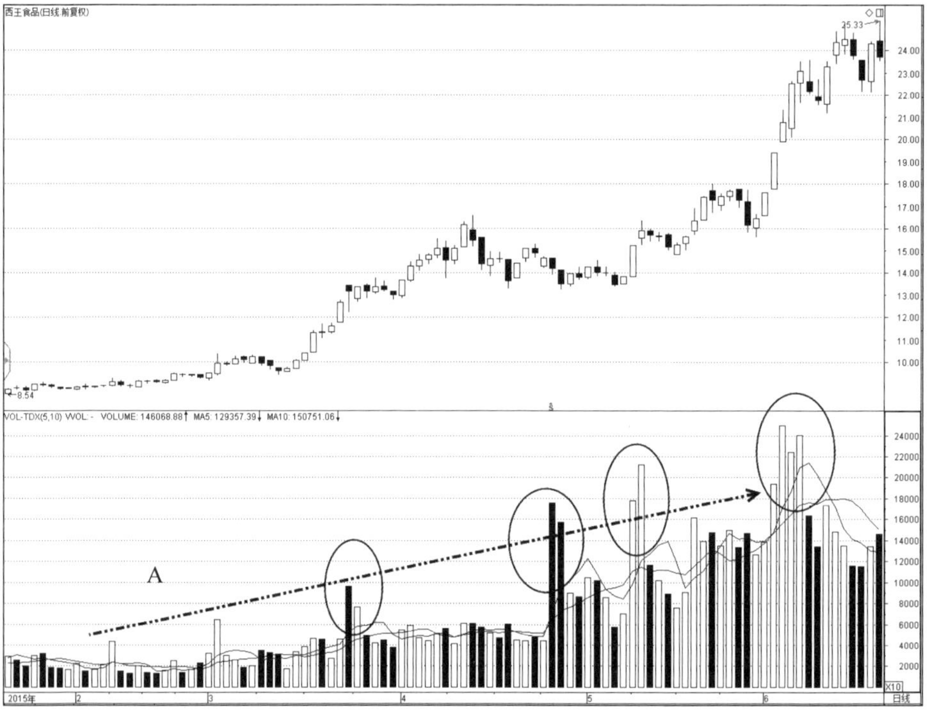

图 3–14

将预示着该股是否具有广阔的上涨空间。

在进行细节分析时，我们还需要注意不同时间周期系统上的聚量攻击，因攻击层次的不同，攻击级别也会有较大的变化，相应价格能够达到的高度也会有极大的差异。

聚量形态还包括股价下跌过程中形成的阴聚量，即随着股价的连续下跌，成交量呈逐渐聚集增大的形态。这种由阴量柱组成的聚量，称为阴聚量。

阴聚量的出现，说明在股价下跌过程中恐慌情绪正在不断漫延，抛单逐渐密集。当某日 K 线实体明显缩小，而阴聚量仍在聚集增加，则股价不同级别的反弹可能已经近在咫尺。阴聚量在有些技术环境上，可以让我们区分哪些是恐慌盘的抛单，哪些是主力的打压单。

五、量能消散

量能消散是指成交量由高到低逐渐缩减的一种量能形态。

量能消散经常在聚量攻击或变量之后出现，也就是一波价量高涨之后的回落调整过程中。作为一种调整性质的量能形态，量能消散的出现，说明涨势至少暂告一段落，行情正处于回落调整之中。

世上没有不散的宴席，股票市场上也没有永远高涨的成交量。成交量聚与散的过程，显示的是资金从热情高涨买入，到意兴阑珊退出的过程。

在不同的技术环境中，量能消散形态存在的时间并不一致。

在上涨趋势较为明确的行情中，一波聚量攻击或变量出现之后，随之而来的量能消散不会很长，很快就会迎来第二波聚量攻击或变量急拉，如图3-15所示。

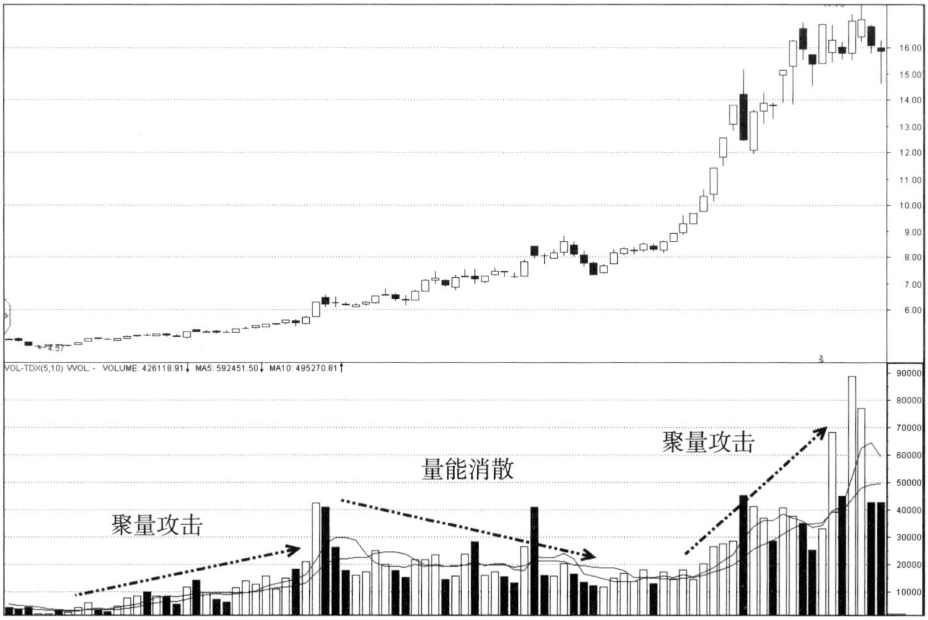

图 3-15

而在价格拐点或跌势的各级别反弹行情中，一波聚量攻击或变量出现之后，接下来的量能消散会较为漫长，即使中途出现价格的强弹，也多伴以变量形态，之后量能仍会继续处于消散状态中。

如图 3-16 所示，A 处聚量攻击中出现变量，随后的 B 处股价大跌，而成交量呈量能消散的形态。B 处量能消散形态中出现的变量，是由股价的急速反弹所带来，在随后的跌势中又多次出现这种具有短期属性的变量强弹。

当聚量攻击或变量结束后，成交呈量能消散的形态。在之后的行情运行中，如果仅仅出现变量形态的上涨，而聚量攻击形态难以再次出现，那么价格的趋势性上涨已经结束，成交量也将由量能消散的形态，逐步过渡到较低水平的常量形态。

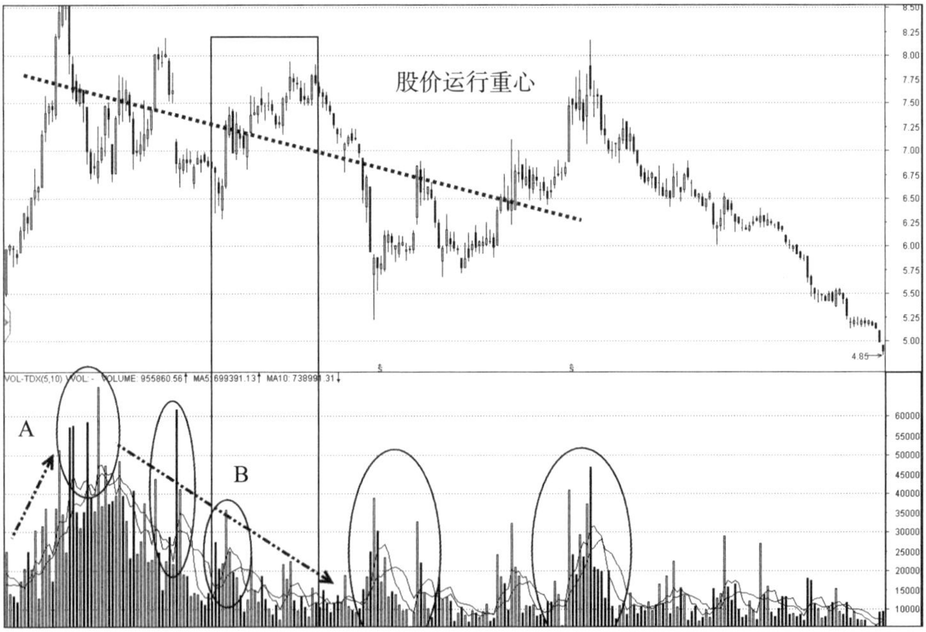

图 3-16

在量能消散形态和价格涨跌的对应关系上，多数的量能消散形态下，价格处于回落调整的状态中，当然也存在量能消散形态下，价格上涨或横向振荡。

图 3–15 中的量能消散阶段，股价处于稳定上涨中，这和个股所处的技术环境有关。再比如，图 3–16 中 B 处的量能消散阶段，股价也出现了涨升。

两张图中的量能消散阶段都出现了上涨，但是却有着性质上的不同。

图 3–16 中 B 处的涨升，可以看到是由变量下强弹所引发，整体升幅并不大，且不久就重回跌势。同时该股运行重心向下，强弹下的股价虽然穿越重心线，但缺乏必要的量能支撑，最终还是无功而返。

技术环境上该股于 A 处形成价格拐点，之后 B 处的多次变量强弹，我们可以将之视为对价格拐点的确认或反抽。

而在图 3–15 中的量能消散阶段，即使不画出股价运行重心虚线，也可以轻易看出其运行轨迹。技术环境上该股处于价格低位，这个阶段股价的缩量涨升，可以视为各方惜售的结果。

量能消散形态下，价格如图 3–15 中的稳定上涨很少见，更多的是图 3–16 中变量强弹的形式。

当然，如果是技术环境处于下跌趋势中的个股，出现类似图 3–15 中的上涨，技术意义则可能完全不同，极有可能出现的只是一个弱性的反弹。

限于篇幅，成交量的内容只是简要介绍，有兴趣的朋友请参阅《成交量核心技术》一书（中国宇航出版社出版）。

第四节　市场心理倾向

技术环境分析中，市场心理倾向可以说是核心组成部分。无论是股票市场还是期货、现货市场，都是由人在制订交易策略或完成操作，而人的心理总是随着环境的改变而变化。

一个市场中，大多数参与者对目前行情所形成的大致相同的认识，即为市场心理倾向。

市场心理倾向可以是上涨的洪流，也可以是下跌的洪流，倾向形成时对于单一方向的助推力极其惊人，任何单一资金都无法在其情绪宣泄期与之对抗。

市场心理倾向是逐步发展、逐步扩散的，随着越来越多的反倾向者放弃原有主张而加入市场主流倾向中来，最终汇聚的洪流达到了极端一致化，市场开始进入情绪宣泄阶段，即涨必然涨过头，跌必然跌过头。

正如美国投资大师约翰·邓普顿（John Templeton）的一句名言，“牛市在悲观中诞生，在怀疑中成长，在乐观中成熟，在兴奋中死亡。”

市场心理倾向具有以下三个阶段。

一、萌发阶段

处于萌发阶段的市场心理倾向是混乱的，或者说并没有形成市场主流认知倾向，市场上存在各种对未来行情的预测或期待，反映到 K 线图形上，多呈现横盘振荡，小角度上升或小角度下跌形态，趋势并不明确。

人的心理总是随着环境的改变而变化，当外部技术环境发生明显变化时，市场认知倾向就会随之做出反应，但这种反应往往具有不可延续性。

外部价格暴跌暴涨、忽上忽下的技术环境，势必会让市场大多数参与者日益谨慎，继而减少操作，并选择观望的态度，以等待局势进一步明朗。

虽然大盘趋势并不明朗，但在有心人的眼里却会发现总有那么一部分股票和大盘运行的方向相逆。正如乱战之中，忽然冲出一哨人马，虽然数量不多，但旗帜鲜明与众不同。

这部分特立独行的股票在对抗大盘趋向上极其顽强，总是能够摆脱大盘的影响，大盘涨，则其大涨；大盘跌，而其依然涨。几番抗衡之后，这部分股票已然卓立不群，自身趋向悄然成型。

随着越来越多的资金开始关注并介入到这部分股票之中，大盘趋向也会随之发生变化，二者之间由对抗走向渐趋一致，这时的市场心理虽未显露出明确一致的倾向，但已暗流涌动。

就像第一个吃螃蟹的人尝到美味后大快朵颐，其他旁观的人虽未行动，但也已经垂涎欲滴、蠢蠢欲动。

逆向而为是交易者此时较佳的策略选择。对于逆向而为，应有一个正确和清晰的认识。

逆向不是指盲目地与大势或行情趋势方向相逆，而是指与某一阶段的市场心理倾向相逆。比如，市场心理倾向处于萌发阶段时，在没有市场主流认知倾向的混乱状态下，关注部分趋向或趋势明确的股票群体的表现，并力求在大盘趋向和这些股票之间辨析出行情未来发展的轨迹。

二、成熟阶段

在这个阶段的K线图形上，行情整体趋向或趋势一目了然，上涨或者下跌趋向并无太大争议，市场心理倾向已经明确，并被越来越多的人所认可，但对行情未来走势的预期上仍旧存在较大分歧。

市场心理倾向在成熟阶段对于反倾向者有一个逐渐吸纳，缓慢聚拢的过程，并非“势如破竹”地得到所有人的认可。当行情遭遇大级别调整时，市场心理倾向仍会出现一定幅度的波动和反复。

交易者此时的策略应是顺势而为。

必须明确一点，市场心理倾向并非总是处于错误之中，只有当倾向走向极端或处在混乱之中时，才是我们选择逆向而为的时间。

交易策略在不同的市场阶段有着不同的选择。

约翰·邓普顿有一句关于逆向投资的名言，“最悲观的时刻正是买进的最佳时机，最乐观的时刻正是卖出的最佳时机。”

关于这句名言，必须厘清一点，即所谓最悲观的时刻或最乐观的时刻，并非仅指交易者个人情绪而言，其所指向的应是市场主流心理倾向。个人情绪与市场主流心理倾向，并不一定每一时刻都完全同步一致。

实战中不乏以己度人者，以为自己恐惧时别人也会恐惧，自己兴奋时别人也会兴奋，于是生搬硬套逆向理论，将技术分析中的其他分析因素和结论弃之不顾，仅以个人情绪为中心，揣摩预测行情运行的趋向。殊不知已经进入误区，交易成绩可想而知。

逆向理论既不是要求与大势相抗衡，也不是仅以逆反个人情绪为中心。我们常说，在行情最悲观时要藐视恐惧，逆向理论的精髓在于：藐视恐惧，只有在大众都处于恐惧之中时才有作用，藐视恐惧必须按部就班才有底气！

三、情绪宣泄阶段

情绪宣泄阶段的市场心理倾向是疯狂的，也是高度统一的。

这个阶段市场群体对于行情目前运行趋向和未来行情预期上都处于高度统一的状况，市场各方争议较少，行情运行受到的阻力就小，单一方向上呈快速运行的态势。

反映到K线图形上，K线往往表现为连续的阴线或阳线，成交极其密集，价格不断创出历史新高（低）或阶段性新高（低）。

情绪宣泄阶段是市场心理倾向走向极端的表现，物极必反这个成语不是说着玩的，是事物运行规律的历史总结。极端情况下，危险和机遇是并存的，回避并不必然就是最佳选择。在情绪宣泄阶段，股价容易出现超涨、超买或超跌、超卖的情况，这两种情况会给交易者带来短线做多或做空的机会。

此处有必要将超涨、超买和超跌、超卖的概念讲一下，有助于读者理解情绪宣泄在技术分析中如何认定和利用。

所谓超涨，是股价短期内的过度上涨，这种上涨超出大多数人的预期，人们对于股票价格的上涨心存疑虑。而所谓超买，是股价的上涨为大多数人所认可，并且人们认为股价仍旧还会保持继续上涨的势头。这是二者之间最大的区别。

从这个角度来说，超涨的股票有可能继续维持上涨势头，即便遇到调整，仍旧存在“挖坑”后继续升势的可能性。但是超买的股票大多会遭遇“头部”，即便不是股价的最高点位，也大多离此不远。

对于短线交易者而言，超涨的股票是中线追踪、短线回避的目标，而超买的股票应当坚决予以回避。

超跌是指短时间内股票价格超出人们预期的持续下跌。这种下跌往往是由恐慌情绪或其他意外事件所引发，短期内价格跌幅与跌速都极为惊人。超卖是指对某种股票长时间过度卖出，大多数人认为股价的下跌趋势仍旧还会继续保持，并且短时间内不会有起色。

和超涨超买一样，超跌和超卖也是具有等级区别的。超跌更多的是代表股价短期极限点位的临近，而超卖所蕴含的是交易者心理承受极限的到来。

笔者认为，超跌是市场产生短中期反弹的主要动力，而超卖才是反转行情的催化剂。换句话说，只有市场中的失望情绪达到顶点时，才有可能产生重要行情的低点或转折点。在情绪宣泄阶段，依据单一技术分析形式（不含市场心理倾向分析等），必然得出错误的结论，都会被狂暴的行情碾压得粉碎，这也是笔者强调技术环境分析重要性的原因。

缺失分析因素的技术分析结论必然四处碰壁，缺失市场心理倾向的技术分析是天生的畸形儿。

例如，某交易者判断价格将在年线上止跌企稳并展开反弹，理由是经过技术分析，年线具有较强的支撑力度，但在实际行情运行中，价格轻松跌破年线并继续下跌，年线并未体现出技术分析中应有的支撑作用。

这种情况发生时，往往会导致交易者惊慌失措，认为自己的技术分析是错误的，并放大对于下跌的恐惧感，认为行情将由此万劫不复，于是瞬间推翻之前所有的理性分析结论，加入恐慌情绪宣泄的大军之中。

然而不久之后价格便止跌回升并重新回到年线之上，年线还是体现出了之前分析的较强的支撑力度。

年线既然具有较强支撑，那之前为什么还会被跌破？技术分析有效还是无效的问题，让这位交易者疑虑重重，并在接下来的交易中不知所从。其实这位交易者遇到的并不是技术分析有效还是无效的问题，而是技术分析因素缺失带来的问题，一句话，漠视了技术环境，市场心理倾向分析。

尤其是在情绪宣泄阶段，价格的上涨或是下跌，往往都会轻易洞穿技术压制位或技术支撑位，但随着情绪宣泄过程的逐渐平复消亡，这些技术压制位或技术支撑位的作用仍会显现，价格必然随之回归正常态势。

第四章

短线追涨技术

短线主动性买入交易的方式无外乎两种，即追涨和低吸。仅就追涨而言，并不是所有正在上涨的股票都值得追。我们在技术理论中所提及的追涨，仅指股价目前的上涨能够在技术上确认是升势开始的那一类股票。追涨，追的是股票上涨的连续性，而不是“一昔如环，昔昔都成玦”。

第一节 短线买高不买低

短线主动性买入交易的方式无外乎两种，即追涨和低吸。仅就追涨而言，并不是所有正在上涨的股票都值得追。我们在技术理论中所提及的追涨，仅指股价目前的上涨能够在技术上确认是升势开始的那一类股票。追涨，追的是股票上涨的连续性，而不是“一昔如环，昔昔都成玦”。

短线交易中谈到追涨，最容易联想到的另一个词是——杀跌！尤其是追到的股票不涨反跌时，很多交易者便会“操刀割肉”。追涨杀跌导致亏损的惨痛经历往往会让人在很长时间里缩手缩脚，哪怕遇见较稳妥的买入良机，也不敢再度出手交易，只因为追涨所带来的亏损及其所附带的畏惧心理，交易者在短时间内难以平复。

上述这种情况在股票交易中应该是比较常见，之所以出现这种情况，原因就在于：很多交易者追涨，是因为股价的上涨引发了追买的冲动，即交易者内心希望股价持续上涨，于是主观愿望主导了交易行为，那么结局必然是或赢或输，与赌博无异。

追涨绝不是追高，也绝不能被个人主观愿望所驱动，而应该是理性分析的结果。短线交易中之所以需要追涨买入，是因为有一类股票只有上涨才能确认支撑和起涨结构是否构筑完备。当股价开始上涨，并能够在技术环境上为我们提供确认起涨细节和条件时，才是追涨在实战中的真实含义。

一、资金攻击的层次和级别

通过对追涨的讲述，我们已经明白追涨的真实含义以及并不是所有目前上涨的股票都具有追涨的价值。而区分哪些股票可以追涨，哪些股票不能追涨，则是作为一个短线交易者必须具备的基本技能。

这项基本技能是通过大量实盘训练，总结其中的经验教训而获得。笔者将其概括为三个基础要件，即攻击层次分析、起涨结构与真假突破分析、超涨与超买分析。通过应用这三个基础要件的分析方法，交易者再从技术环境分析入手，结合实战不断的演练和加深理解，就完全可以拥有对于追涨对象性质识别方面的交易技能。

在股价起涨的过程中，资金的攻击力是有周期性的、多层次的。不同层次、不同级别的攻击力，对于股价的影响存在着极大的差异，也对交易者判断股价起涨力度和上涨持续性有着不同的作用。

我们将不同周期上的资金攻击分为以下几个层次：月线系统攻击、周线系统攻击、日线系统攻击、分钟系统攻击。在短线交易的技术范畴内，分钟系统攻击和日线系统攻击将是我们分析讲解的重点，月线系统攻击、周线系统攻击作为辅助判断工具，我们将略做了解。

1. 分钟系统攻击

分钟系统上资金攻击波次出现的最为频繁最为普遍，即便是交易极其清淡的股票，每个交易日至少在 1 分钟系统上多少都会有攻击波的出现。研究这些攻击波的目的，并不是让我们去猜股价的涨跌，而是从资金进出的逻辑上分析股价可能出现的运行趋向。

当 1 分钟系统显示股价出现迅速上涨时，就意味着资金攻击的出现。如图 4–1 所示，图中 A 处股价出现小幅上涨即为资金攻击，但 A 处成交增量并不明显，和常量（某一时期内成交量的平均值，即为常量）很接近，所以我们将其定义为常量攻击。常量攻击极其常见，它在起涨结构构筑过程中具有一定作用，但独立的常量攻击并不具有决定性的分析价值。

短线交易中最具分析价值的是聚量攻击，因为聚量攻击大多和主力行为脱不开关系。如图 4–1 中 B 处所示，股价迅速上涨，均线系统明确多头指向，成交量呈逐渐增大的态势，即为聚量攻击。B处该股的聚量攻击导致股价在8分钟左右的时间里拉升2%以上，这种强势状态应该能够说明攻击资金绝非泛泛之辈。

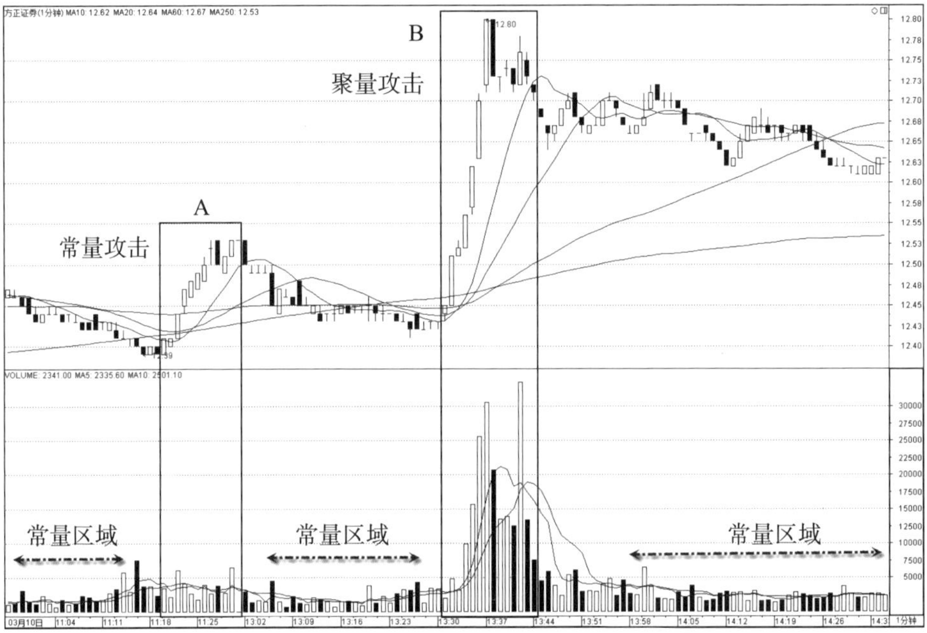

图 4-1

有一点必须明确，即便是出现聚量攻击，也并不代表股价必然就会立刻出现持续性上涨。如图4-1中B处所示，聚量攻击结束后，成交量重新回到常量区域，股价再次处于回落的态势。单独的资金攻击分析，不能告诉我们起涨点是否到来，资金攻击分析只是分析股票起涨的一个部分，有资金攻击的出现，也就可能会有起涨结构的出现，而起涨结构才是捕捉股票起涨点的关键点。

1分钟系统上显示出的聚量攻击，有时候在其他分钟系统尤其是日线系统上，可能只是常量攻击的级别。因攻击层次的不同，攻击级别也会有较大的变化。

图 4-2 为 5 分钟系统，图中 A 处即为攻击时的 K 线和成交情况，我们可以确认这次攻击在 5 分钟系统上依然是聚量攻击的级别。

图 4-3 是 15 分钟系统、图 4-4 是 30 分钟系统，这两张图中的 A 处为攻击发生时的 K 线，图中 K 线都表现为实体较大，成交量激增，但是均未形成聚量，仅是单一变量。

图 4-5 是 60 分钟系统，图中 A 处即为攻击时的 K 线和成交情况。在这张图中我们可以看到攻击级别仅表现为常量攻击。

通过上述分析，我们可以发现 1 分钟、5 分钟系统上的聚量攻击在更高层次上的级别逐步下降，这种情况说明该股存在资金攻击，但攻击层次和级别较低，尚处于营造起涨结构的初期阶段，后期是否能够成功完成起涨结构的构筑，还存在不确定性。对于类似股票，交易者应跟踪观察，直至该股起涨结构构筑完成或者构筑失败。

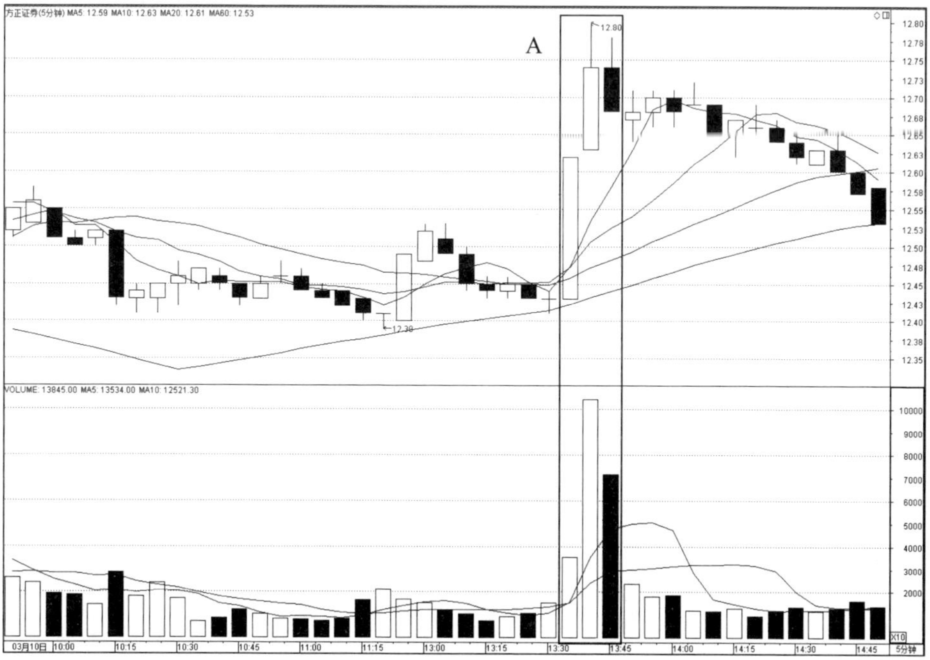

图 4-2

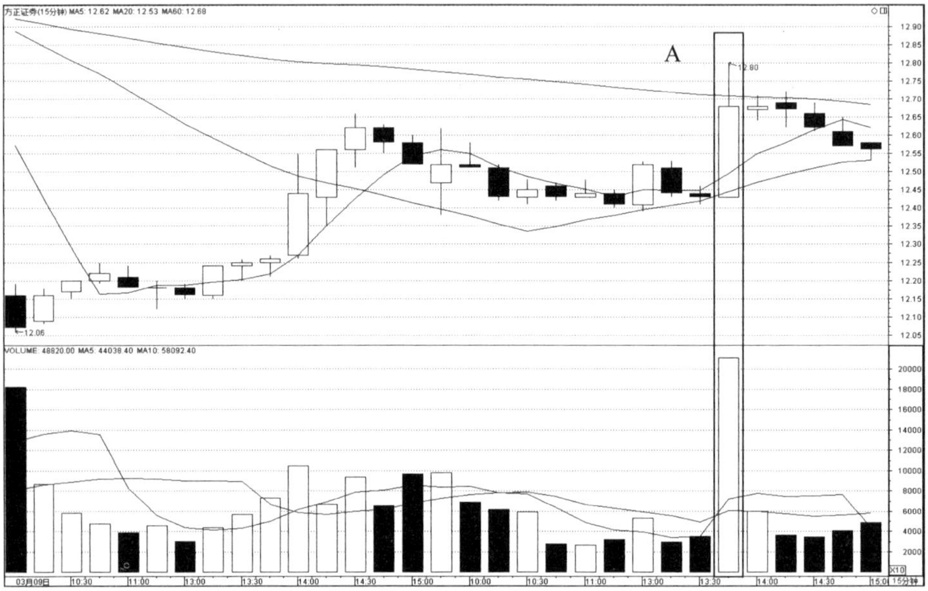
方正证券(15分钟) MA5: 12.62 MA20: 12.53 MA60: 12.68
A
12.80
12.06
VOLUME: 48820.00 MA5: 44038.40 MA10: 58092.40
X10
03月09日
10:30
11:00
13:00
13:30
14:00
14:30
15:00
10:00
10:30
11:00
13:00
13:30
14:00
14:30
15:00
15分钟

图 4-3

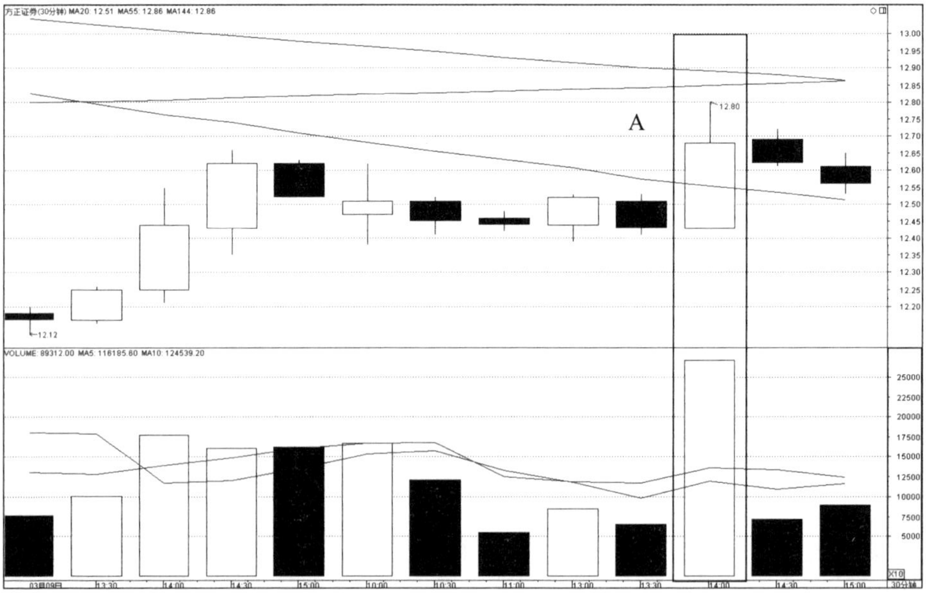
方正证券(30分钟) MA20: 12.51 MA55: 12.86 MA144: 12.86
A
12.80
12.12
VOLUME: 89312.00 MA5: 116185.60 MA10: 124539.20
X10
03月09日
13:30
14:00
14:30
15:00
10:00
10:30
11:00
13:00
13:30
14:00
14:30
15:00
30分钟

图 4-4

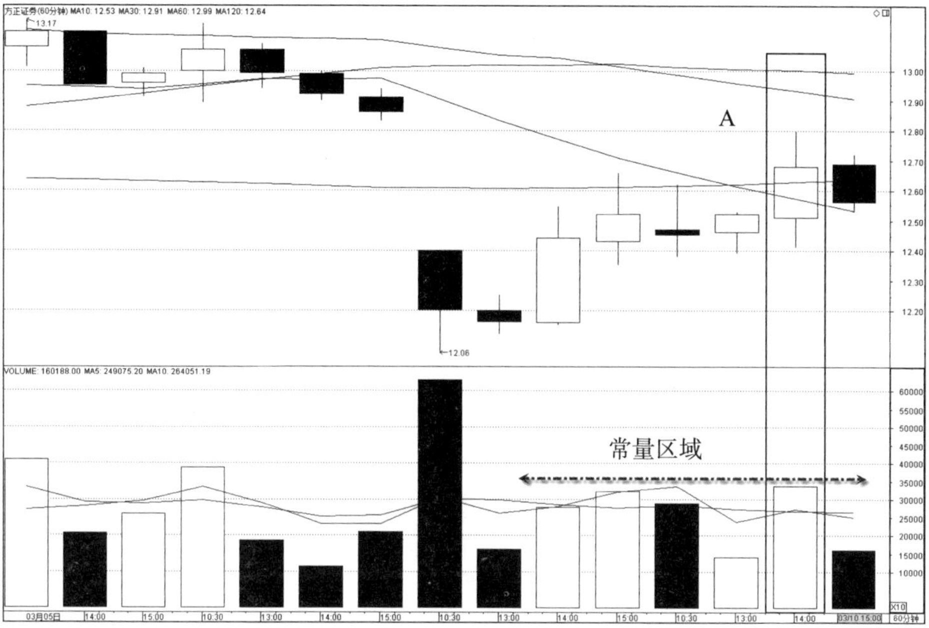

图 4–5

2. 日线系统攻击

能够在日线系统上显示出聚量攻击形态的个股，其分钟系统上的起涨结构必然已经构筑完成。就短线交易而言，日线系统上的聚量攻击形态是继续持仓的信号，而不是最佳的短线买进信号，因为起涨点信号必然早已出现在分钟系统里。

也就是说，当个股日线系统出现聚量攻击形态时，说明你至少已经错过了最佳的短线介入时机（相关内容见下文起涨结构）。有一点必须说明，这里所说的最佳介入时机，仅指短线或超短线交易。对于中长线交易者来说，日线系统的聚量攻击形态，也许仅仅是构筑更高层次起涨结构的开始。

如图 4–6 所示，A 处出现聚量攻击形态，但仅维持 9 个交易日左右便进入量能消散、股价回落阶段，这种情况在个股日线系统起涨阶段较为常见。如果交易者在 A 处聚量攻击期间介入，则很难有较佳的收益。相对于之后的 B 处而言，A 处的聚量攻击是低层次的，是为之后 B 处的起涨做结构的。

图 4-6 中 A 处和 B 处之间以及 C 处的量能消散（成交量逐渐减少的现象）区域，也是一个重要的技术分析形态。实战中，当聚量攻击结束后，接踵而来的大多是量能消散阶段。量能消散在技术分析中是个中性概念，既不偏向多方，也不偏向空方，但其出现在不同的阶段，分别蕴含不同的技术含义。

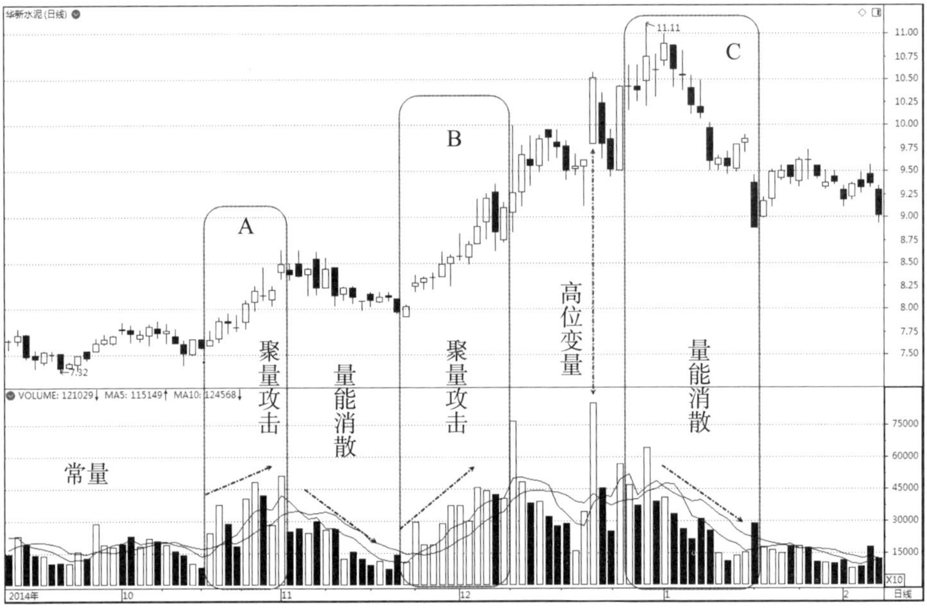

图 4-6

图中 A 处和 B 处之间的量能消散出现在常量区域——聚量攻击之后，显示行情处于初始阶段。在这个量能消散阶段的分钟系统上，其起涨结构不会被有效破坏，并会再次提示交易者又一个较佳的介入时机到来。

图中 B 处再次出现聚量攻击，但这次攻击过后并未出现量能消散，而是呈现出高位变量的态势。高位变量是指价格运行至相对高位之后，成交量出现不规则忽大忽小的情况，价格也相应出现较大起伏的技术形态。

高位变量是一个相对的概念，高位不一定就是股价顶部最高位，也可以是指股价相对阶段性的高位。变量也是阶段性的，随着行情发展，量能的不断演变，变量也有可能演化成为常量或聚量。

通过图中 B 处以及 C 处可以看到，聚量攻击结束后行情进入高位变量阶段，之后才进入到量能消散阶段。当实战中出现这种技术组合形态时，往往说明股价可能见顶回落或进入到大级别回落调整阶段。

3. 周线系统攻击

周线系统攻击在短线交易中主要应用在短线个股性质的认定上。当我们在选择个股交易时，至少应当知道这只股票目前所处的技术环境，即这只股票是处于上涨的高位还是仍在低位，是刚刚启动还是已有较大升幅。同时通过周线系统分析，还可以大致判断出某一只股票主力的持仓成本和建仓时间周期，用以确定是新庄入驻还是原有老庄。这些内容对于我们研判某一只股票的技术走势特质具有重大意义。

如图 4-7 所示，该股在 A 处时处于下跌周期，成交量逐渐缩小，至 B 处时出现聚量攻击形态。在周线系统上出现聚量攻击的技术意义，迥异于日线等更低层次的系统，这里显示的是至少一轮中级上涨行情已经展开。C 处股价振荡盘整，成交量未出现量能消散和高位变量，而是以 B 处聚量攻击时的平均量能演化为常量的态势，显示上涨行情方兴未艾。D 处再次出现聚量攻击，股价升幅和涨速都出现增加、增快的情况。

分析图 4-7 中的周线系统攻击，交易者知道该股处于行情启动的初期，那么在交易策略上就有了大局观。在心中有底的状态下，无论股价短期内是涨是跌，操作上都可以较为从容地应对。

4. 月线系统攻击

月线系统攻击的技术意义和周线系统攻击大致相同，但月线系统攻击的层次更高，展示的周期更长更稳定。月线系统上的这些技术特点，可以为交易者在短线交易中研判股价关键转折点时起到一定的参考作用。

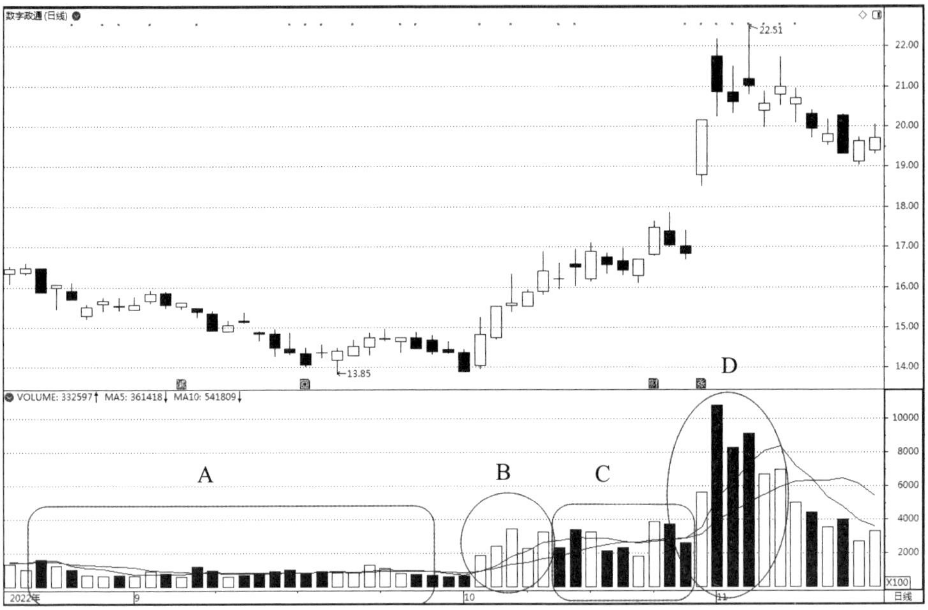

图 4–7

二、起涨结构与真假突破

每个交易日都有股票处于上涨态势中，可并不是每只上涨的股票都值得追涨。很多时候盲目追涨所带来的是大幅被套，追涨——被套——杀跌，这样一次次地循环往复，最终资金必然出现巨大的亏损。

短线交易中的追涨不是这么个玩法，追涨追的是股票上涨的连续性，而不是“一昔如环，昔昔都成玦”。能帮助我们区分哪些股票可以追涨，哪些不能追涨，就在于起涨结构分析。起涨结构是确定一只股票是否具有追涨价值的关键性因素之一，具备起涨结构或者说起涨结构刚刚构筑完成的股票，才是我们追涨的目标，而不是那些目前涨得非常好的股票，毕竟能够给我们带来利润的是买入之后涨得好，而不是买入之时或之前。上文讲述了资金攻击的概念、层次和级别，这些内容是理解起涨结构分析的基础。起涨结构是由资金攻击开始构筑的，没有资金攻击也就没有起涨结构。有资金攻击出现，就可能会有起涨结构出现，但是仍有起涨结构构筑失败的可能性，也就是实战中经常会遇到的真假突破的情况。

起涨结构构筑成功，则价格突破上涨是真实可靠的，适宜交易者追涨。如果起涨结构构筑失败，则为假突破，价格在短暂冲高后会出现回落，交易者需要回避。真假突破和起涨结构构筑是相生相依、互为变化的，短线交易者必须明确认识到这一点。

股价上涨的外在表现形式可谓花样繁多，不一而足，如果我们用按图索骥的方法来寻找其中的起涨点，也许正中主力下怀，一个假突破就可以将追涨资金套在高位。那么，如何识别起涨结构并利用其进行短线交易呢？

主力拉升股价的意图不论是真是假，都脱不开利用资金攻击的外在形式。交易者运用资金攻击分析，可以初步探知股价的真假突破，同时通过分析股价在运行过程中表现出来的得到支撑或压制的情况，就能够进一步确认起涨结构的构筑是否成功。

起涨结构内在构筑模式通常是三段式，即初期阶段、确认阶段、起涨阶段。

个别极端强势的股票只存在一段——直接拉升至涨停并连续涨停，这种极端形式存在但不常见。从资金攻击层次和级别的角度来说，其实这种极端强势也存在起涨结构，只不过其结构已迅速在短时间内被提升至高层次和大级别上，脱离了短线交易的技术分析范畴。

很多个股在确认阶段会走出失败形式，随之进入股价下跌或振荡。还有一些个股在起涨阶段会出现假突破或挖坑等复杂变化。

如图 4-8 所示，起涨结构的初期阶段往往较为平缓，成交量处于常量态势。这个阶段一般并不适合短线交易者介入，因为股价走势存在较大的不确定性，尤其当市场整体处于趋向不明朗的横向波动阶段时，更不宜轻率介入。

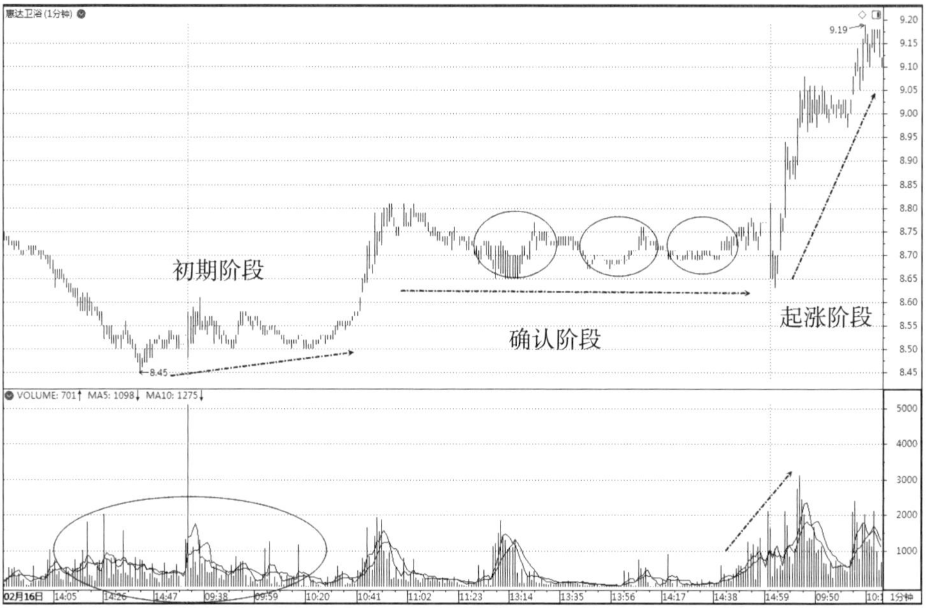

图 4-8

如果市场整体处于熊市之中，那么这个阶段是应当完全放弃操作的。在牛市市场趋势中，初期阶段交易者可试探性介入，但在这个阶段介入更接近低吸的形式。

当行情继续运行至确认阶段时，股价变化更为复杂。运行趋向上多采取如图 4-8 所示的横向波动的频繁折返形式，实战中还有个股采取小角度回落的形式。这个阶段的成交量比常量略有放大，也有的个股会出现短暂聚量攻击后快速量能消散的情况。图 4-8 中圆圈标识的是股价向下“挖坑”的情况，这种小幅度的挖坑意在测试下方的支撑力度，同时清理不稳定筹码。

这个阶段股价的表现较为折磨人，实战中很多人就容易被主力在这时的频繁挖坑所困扰，导致卖出持股或者放弃追踪。其实这个阶段正是我们观察分析的关键时刻，股价能够就此得到支撑，预示着起涨阶段即将到来。

一般来说，在确认阶段的后半程，成交会持续出现量能消散的态势，而同期的股价却不再刷新低点。盘面上能够明显感受到主力不再故意打压，也不再刻意护盘，股价在随波逐流的状态下小幅波动着，这正是临近起涨阶段的信号。

实战中，确认阶段结束并不等于股价必然进入起涨阶段。一些个股主力在确认阶段如果发现上方抛压较重，或市场存量筹码过于凝滞，会放弃进入起涨点阶段，而转入下跌阶段，直至发现存量筹码开始松动，或已在下跌低点大幅“割肉”，整个盘面显示筹码已经被激活并开始迅速流动，主力才会重新开始构筑另一个起涨结构。

图 4-8 中确认阶段结束后，股价低开，并迅速进入起涨阶段，进入起涨阶段的明显标志，是聚量攻击的出现。聚量攻击出现后，股价起涨过程中出现的波动低点不能再度回落到确认阶段股价的平均高点之下（有种例外情况：当确认阶段维持较长时间，层次和级别都较高时，在起涨前主力有时会采取凶悍下跌然后快速拉升的方式，即“挖坑”的动作。关于“挖坑”的相关内容，后面章节会有详解）。波动低点的成交量呈量能消散形态为最佳，如果呈高位变量形态，则走势变化会更为复杂。这个阶段的均线系统必须具备明显的多头指向，即均线向上发散，按多头顺序排列。

并不是所有个股的起涨结构都和图 4-8 的案例一样，起涨结构三个阶段的维持时间、涨升力度都是相对均等的。实战中一些个股的初期阶段非常迅猛，或者确认阶段非常短暂，还有的个股在起涨阶段开始前会出现一个迅猛向下“挖坑”的动作，林林总总不一而足。

如图 4-9 所示，该股初期阶段和确认阶段都较为短暂，起涨阶段极为迅捷。这种类型的结构近几年非常常见，还有些个股的确认阶段只有一两个交易日，和起涨阶段相混同。这种起涨结构简略化的个股，后市发展一般会有这么几种结果：其一起涨阶段结束，也就意味着涨势结束；其二起涨阶段结束后，面临着长时间的回落调整。过于简化的起涨结构，多数意味着涨势也会相对“简化”。

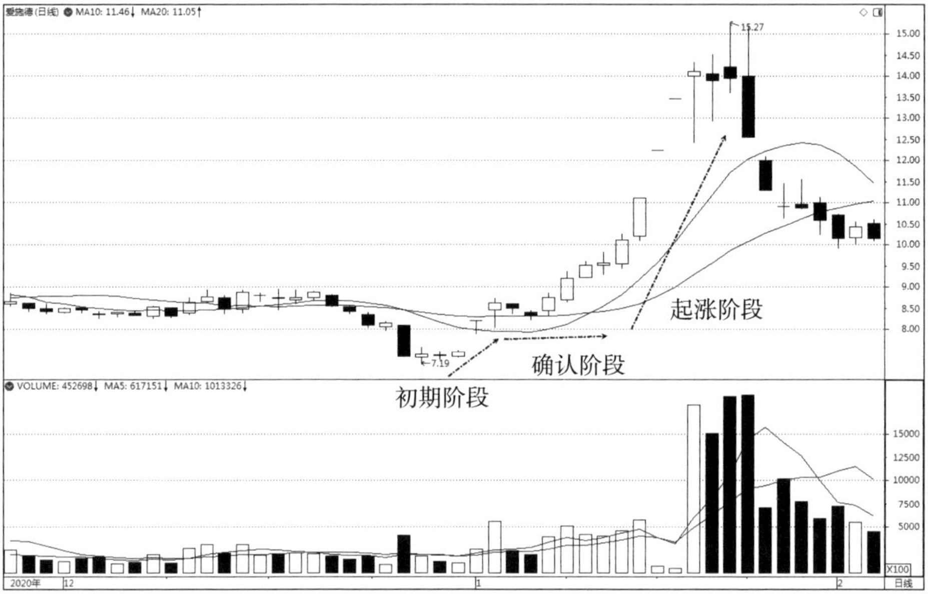

图 4–9

通过上述案例分析，我们对起涨结构有了一个基础的了解，实战中选择追涨时机，当然是起涨阶段最为适宜，过早介入可能会遭遇到起涨结构构筑失败等假突破的情况。

如图 4–10 所示，该股初期阶段股价表现较为正常，运行至确认阶段时，股价下跌，显示下方缺乏强力支撑，成交量也处于低位常量的态势。这种量价表现说明至少在这个时间段市场各方分歧较大，而主力无力（或故意不作为）控制局面。在这种情况下，我们还能指望股价短时间内会得到强力拉升吗？

同时，图中的均线系统较为紊乱，缺少一个聚拢的过程，总体并未能在确认阶段走出多头指向，这也是股价不能得到支撑的原因之一。随着股价的下跌，这个短命的起涨结构走出了失败的形态，也就是常说的假突破。

追涨选择在确认阶段结束、起涨阶段到来之际，这个时机的把握极为关键。技术环境上至少具备以下几点。

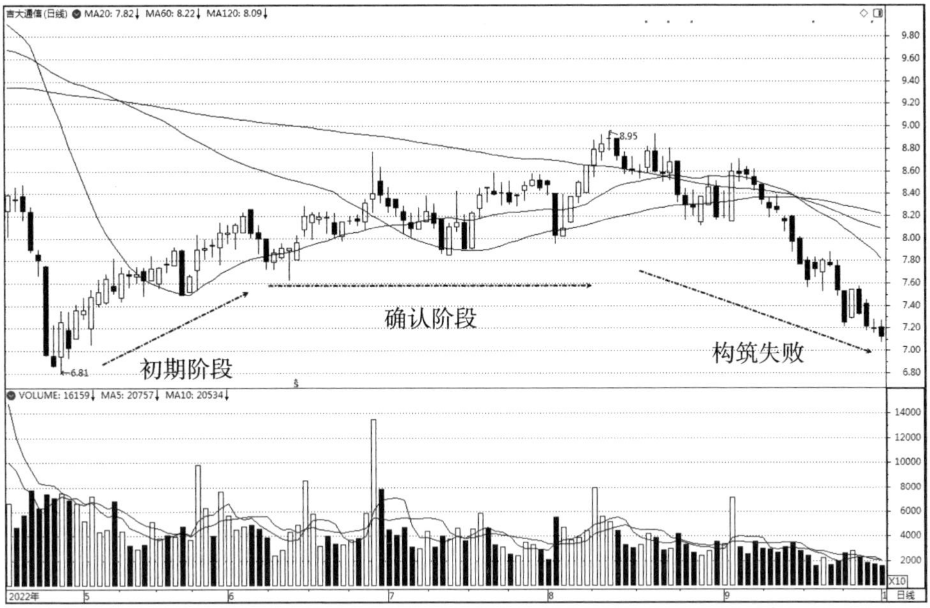

图 4–10

（1）均线系统由聚拢或黏合状过渡到具备明显多头指向（出现越早越好）。

（2）确认阶段尾声成交呈量能消散，同期股价整体波动极度平缓，单K线越小越好。

（3）初期阶段和确认阶段的总体阳线量能大于阴线量能。

（4）起涨阶段到来必须同时出现聚量攻击。

三、超涨与超买

短线追涨的技术环境分析中，目标个股的上涨幅度和上涨周期也是一个重要的考量指标。对于处于巨幅上涨的个股，即便短线具备追涨的条件，我们仍应保持清醒的头脑和理性的分析，毕竟高处不胜寒，主力也会因为“高空氧气稀薄”再加上获利丰厚而做出跑路的决定。这种情形一旦发生，往往超出正常技术分析的范畴，我们无法估量后果会有多严重。这也是短线交易者必须学会回避的类型，即超涨或超买的个股。

很多人对于超涨和超买的概念不加区分一概而论。其实超涨和超买这两个概念并不完全相同，至少在我们的技术理论中，二者之间是有等级区别的（详见第三章第四节）。

说了这么多，那么在实战中如何判别超涨或超买的股票呢？仅仅依据股价涨幅是否巨大这一条，是很难准确把握和区分这两种类型股票的。一般来说，区分原则包括以下几点。

（1）股票从底部开始涨升后，第一次升离 5 日均线 5 个交易日，则定义为超涨。这种类型超涨的股票，往往在之后会出现一个短期调整，交易者可根据起涨结构的相关构筑理论来寻找再次起涨的追涨时机。

如图 4–11 所示，该股从低点起涨，于 A 处连续 5 个交易日升离 5 日均线，之后出现一个短暂调整后，股价再次开始上涨。

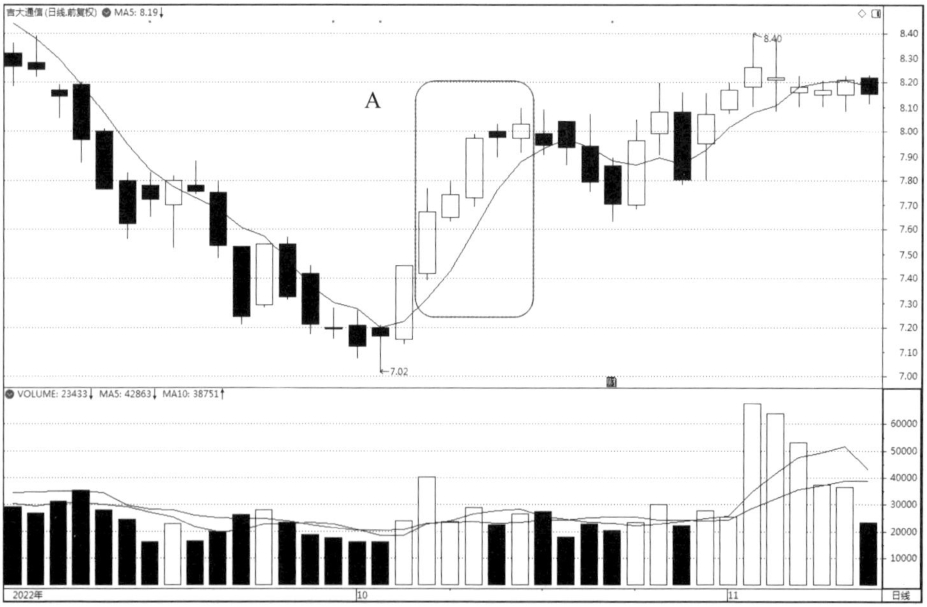

图 4–11

有一点需要说明，并不是所有的股票必须超涨才会出现调整，很多股票并不超涨也可能进入调整，但超涨后的股票出现调整的概率更高。超涨的股票也并不必然都会马上进入到调整阶段。如图 4-12 所示，该股连续涨离 5 日均线 8 个交易日之后，才进入到调整阶段，这有时取决于追涨资金的疯狂程度，股价从超涨直接进入到超买阶段的案例也并不罕见。

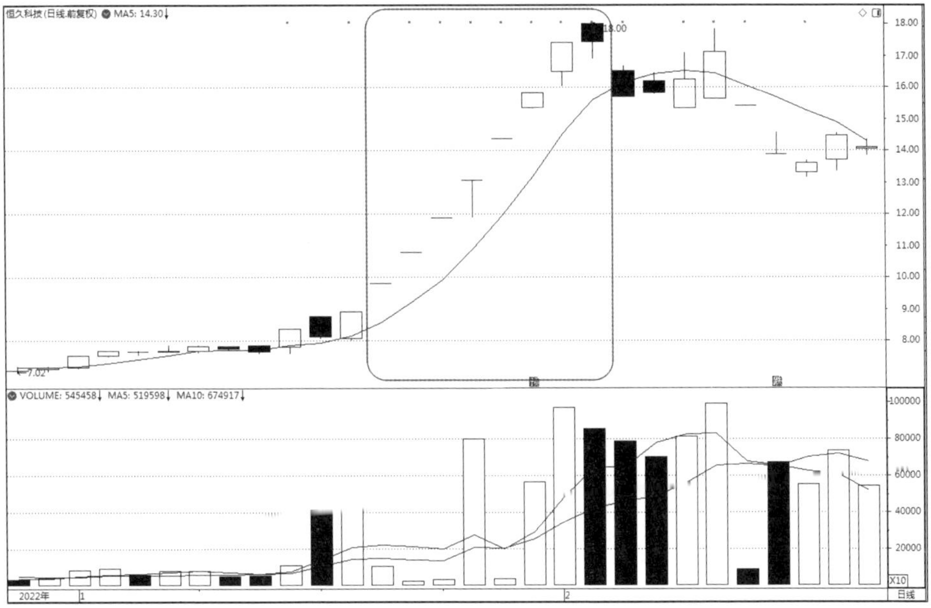

图 4-12

（2）股价出现超涨后回落并完成构筑起涨结构的，交易者仍可根据起涨结构的相关构筑理论来寻找再次起涨的追涨时机。

如图 4-13 所示，该股在初期阶段的 A 处出现超涨，随后在振荡回落中进入确认阶段。所谓的确认阶段，就是确认目前的上涨究竟是波段性或者趋势性的，还是仅仅就是一个短线涨升。图中股价回落后再次上升，股价在 B 处又一次出现超涨，经过短期调整后股价展开急速上涨趋势。

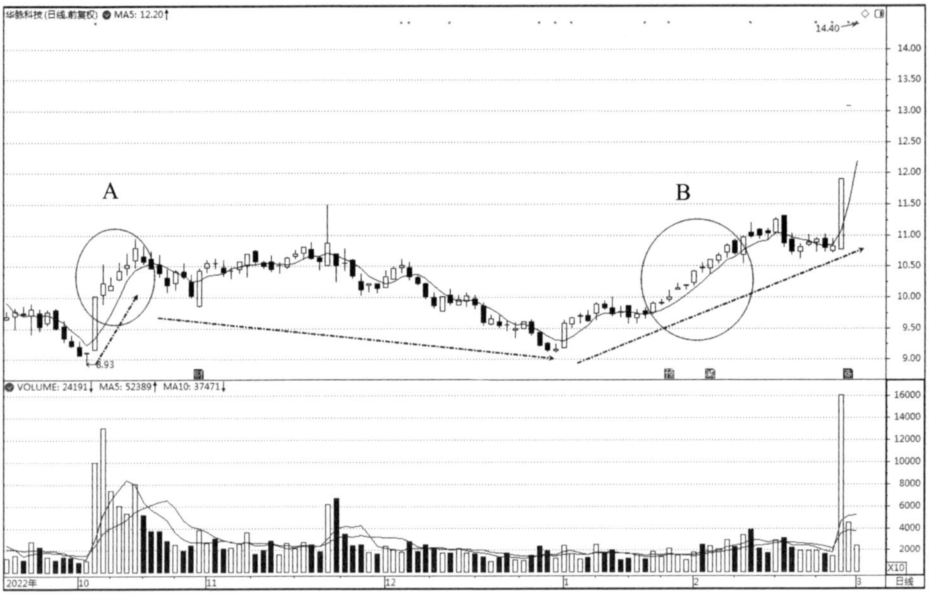

图 4–13

（3）经过长期大幅度的涨升后，股价在高位出现超涨或者虽然未出现超涨，但成交量显现出变量的形态，单日增量创出该股的历史天量，而股价不能站稳新高，量价表现背离。同期均线系统和 K 线运行重心横向或趋下移动，并不与股价上涨势头相一致，这时候股价的超买极有可能就会出现。

如图 4–14 所示，该股涨幅巨大（图中非全貌），其中多次出现超涨。至 A 处再次出现超涨，但股价仅仅小幅振荡后就继续上涨。B 处股价高开低走，当日成交量为变量形态，这种量价表现显示出有资金大幅逃逸。

B 处之后，股价重心突然下移，跌落在短期均线之下，显示涨升强度已经荡然无存。如果说 B 处开始的下跌尚不能使交易者明确超买已经发生，那么 C 处股价出现的萎靡局面足以使交易者确认超买已经到来。

通常来说，当股价运行到 B 处至 C 处阶段时，分钟系统上是不可能构筑出完整起涨结构的，交易者如能遵循起涨结构理论进行操作，便不可能在这个阶段对该股进行追涨。技术分析有时候你只要严格遵守其中的关键点，也就会在行情的关键处不会犯下大错。

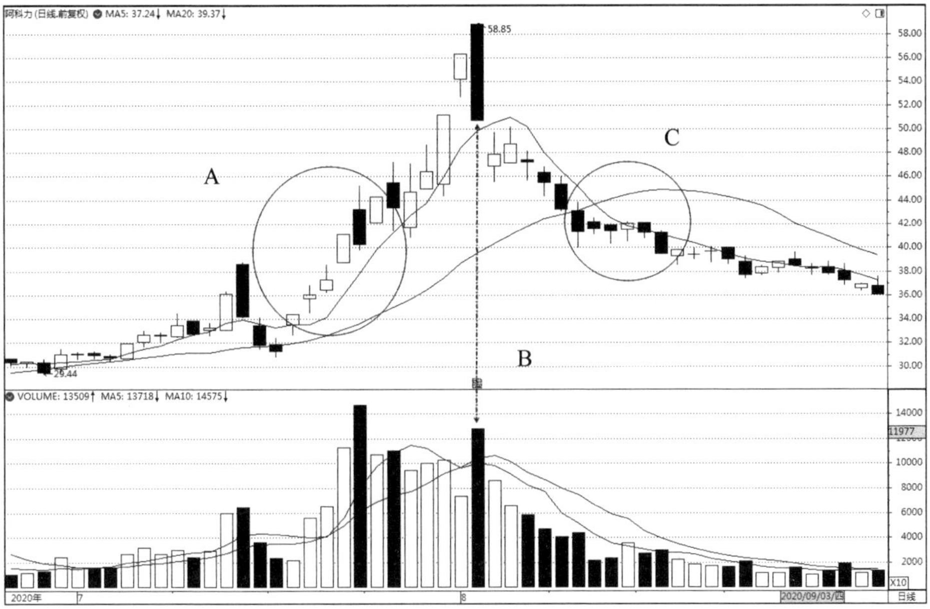

图 4–14

第二节 常量过顶

量能是技术分析的基本因素之一。在某些特定的技术环境下，量能对技术分析能够起到决定性的参考作用。必须明确一点，量能不是股价走势的决定性因素。

一、实战中的关键常量

常量，即某一时期内成交量的值相对均等，即为常量。常量并非静态的而是动态的，随着行情的不断变化，某一时期的聚量、变量会逐渐转化为新常量，所以常量的值并不恒定，而是随着行情变化得以增大或缩小。

常量在技术分析中的地位很一般，通常都是被忽视的对象，但是在某些特定的技术环境下，常量却能够对分析判断起到决定性的作用。

如图 4–15 所示，该股在上涨趋势运行过程中，于 A 处成交放出大量，之后股价开始回落调整。至 B 处时，股价再次上涨并突破 A 处和 B 处的价格高点创出新高，但是同期的成交量却保持着相对稳定的常量态势，并没有放出超越 A 处的成交量值，之后股价继续保持整体上涨的势头。

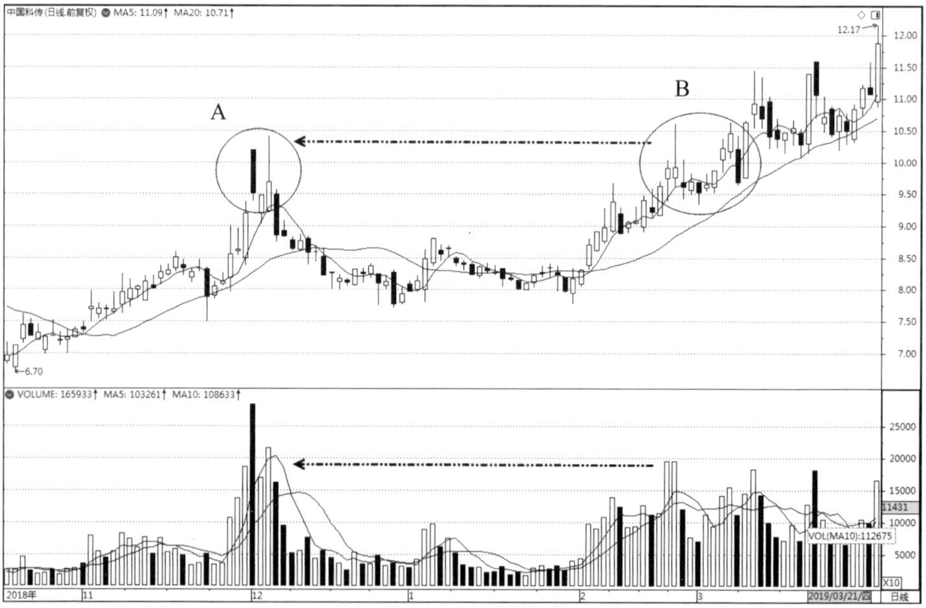

图 4–15

常量过顶是交易者在实战中需要关注的追涨对象。一般来说，常量过顶形态有两个追涨的介入点：其一是过顶当日，如果K线能够保持中阳线，而不是尾盘回落的小阳或长上影线、星线等，同时起涨结构维持良好的向上态势，则较为适宜追入；其二是在常量过顶之后股价多数（不是必然）都会出现一个小幅回落确认的动作，如图4-15中B处所示，这个确认过顶有效的动作结束之际，则适合交易者追入。至于确认过顶有效与否，可通过分钟系统来分析判断。

常量过顶之所以符合追涨的条件，是缘于主力行为分析的结果。例如，图4-15中A处出现的大量成交，A处最大单日换手近15%，很难想象没有主力参与的情况下，当天高开低走后出现巨量换手，该股最终收盘还能保持上涨超过2%。

我们不需要猜测主力在这两个点位上是买还是卖，这两点能够确定告诉我们的是，这种巨量成交只能是主力行为。明确A处是主力行为，那么到了B处出现常量过顶时，一切真相就大白于天下。假设A处是主力全面大幅减仓出货，那么到了B处，是谁锁住了筹码？A处躁动的卖盘去了哪儿？

常量过顶的另一层意义就是轻松过顶。

应用常量过顶进行追涨操作时，交易者需要注意一个问题，即适用常量过顶的个股最好是上涨趋势明确的，而不是处于底部盘整的个股。很多底部盘整的个股有的也会出现“常量过顶”形态，但在确认过顶阶段会出现失败的走势。原因在于，底部个股的主力处于筹码收集阶段，股价的上下振荡非常频繁，容易给交易者带来误判。

如图4-16所示，A处股价放量后回落，至B处股价常量过顶，但在之后再次发生回落。经过一段时间的盘整之后，该股最终开始正式进入到上涨趋势运行过程中，并于C处再次出现常量过顶。

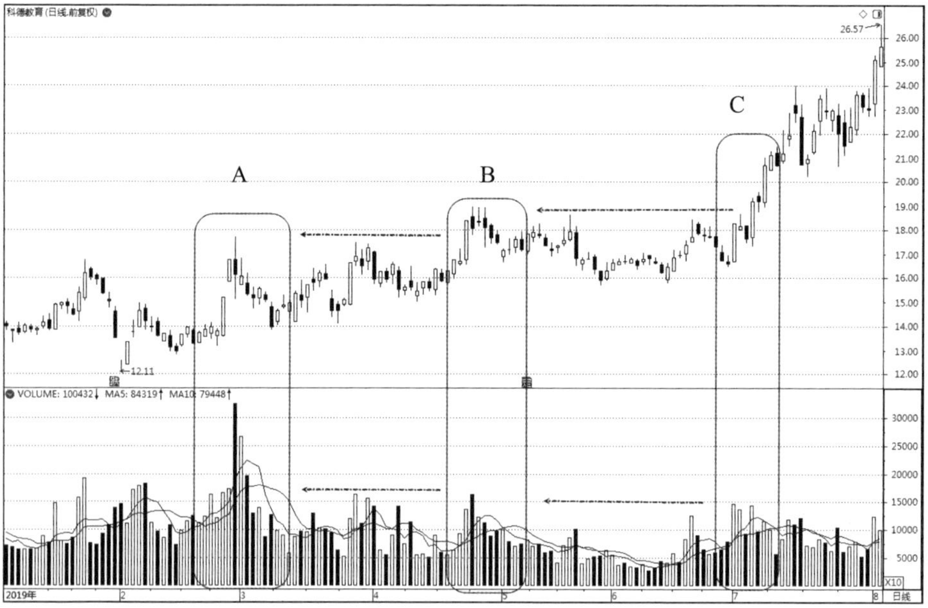

图 4-16

二、变量的机会

只要大盘或者个股不是处于超买的状态下，上涨趋势中出现的变量回落往往蕴含的不是风险而是机会。变量之后股价再度起涨，成交量保持为新常量态势为最佳。

如图 4-17 所示，该股在 A 处一度回落至 5 日均线附近，成交出现变量形态，当在之后的交易日，如图中 B 点时，股价再次回落，但在 5 日均线附近仍旧得到支撑，并开始盘整，同时相应的成交量并没有萎缩消散，而是保持着变量后的新常量形态。

实战中，如果个股出现类似于 A 处的巨量，我们首先应找到该股最近起涨低点所触及的均线位置，如图中的 5 日均线。如果该股在之后盘整过程中，回落低点能在 5 日均线附近得到有效支撑，也就是变量回落不破 5 日均线，交易者可在 5 日均线附近追涨或低吸。

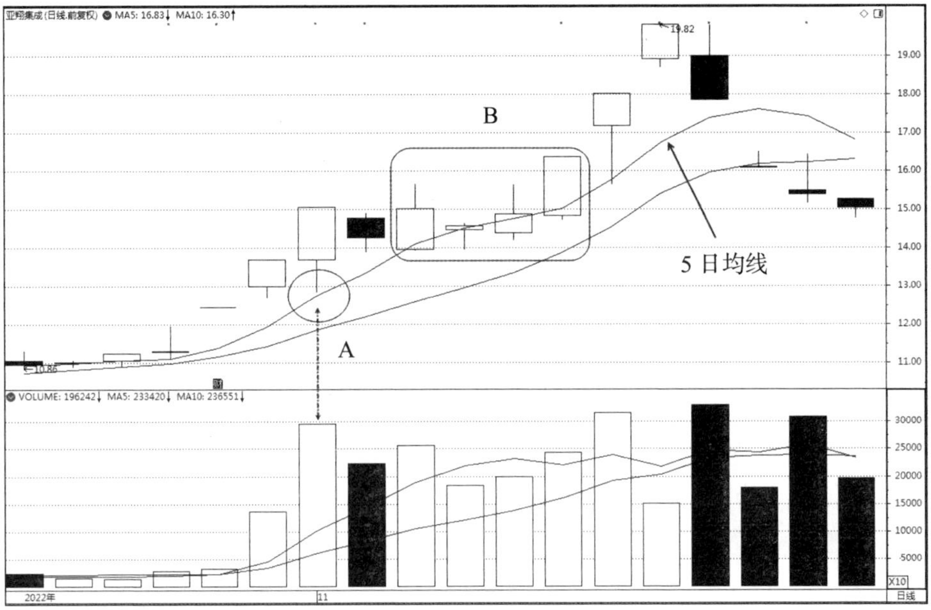

图 4–17

第三节　突破性涨停

涨停板的出现总是让人很振奋，但对于准备追涨的交易者而言，并不是所有的涨停板都值得关注，很多涨停板并不适合追涨。具备追涨价值，适宜交易者关注或者追入的涨停板，只有突破性涨停板。

一、突破性涨停的量能基础

突破性涨停，顾名思义，是指通过涨停板的方式突破原有股价运行趋势、趋向或股价阻力位，转变为一种新的股价运行模式。

之所以说突破性涨停板具有追涨的价值，原因在于当这种类型的涨停板出现时，主力在这一阶段的行为会使其操作的思路脉络出现不同程度的暴露，这就为交易者之后的交易提供了难得的分析判断依据。尤其是分析成交量的变化情况，将有利于我们进一步摸清主力的大致持仓成本或仓位变化趋向等。

突破性涨停板的量能分析是关键性的交易因素，也是决定能否追涨的重要判定依据。下面分析讲解突破性涨停经常出现的基础性成交量变化，分析的着重点主要在于短线交易。

1. 缩量

成交量的缩与放和个股股本、股性活跃度等有关，一般通过换手率和量比、量柱排列变化等来确认。短线交易中，通常用成交量形态和量比指标来衡量个股成交的缩量和放量情况。量比小于 1.5 可称为温和缩量，小于 1 则称之为大幅缩量，说明交易极为冷清。

在突破性涨停的过程中，成交表现为缩量是极为理想的追涨目标。涨停成交缩量，也包括前面讲到的常量过顶的情况，如果过顶时是以涨停板的形式出现，则是常量过顶的强势形态。

如图 4-18 所示，该股在 A 处走出涨停板，当日成交量较大，之后冲高回落振荡调整。在 B 处，该股再一次出现涨停板并一举突破 A 处的股价高点，这就是典型的突破性涨停板。

B 处涨停板的成交量与 A 处相比明显呈缩量的态势，显示当前突破前高的多空争斗中，并没有出现激烈交锋的情况。该股能够缩量涨停，说明盘中大部分筹码稳定性较佳。

既然主力意在拉升，交易者可选择积极介入。这种缩量的突破性涨停板才是交易者追涨的目标。

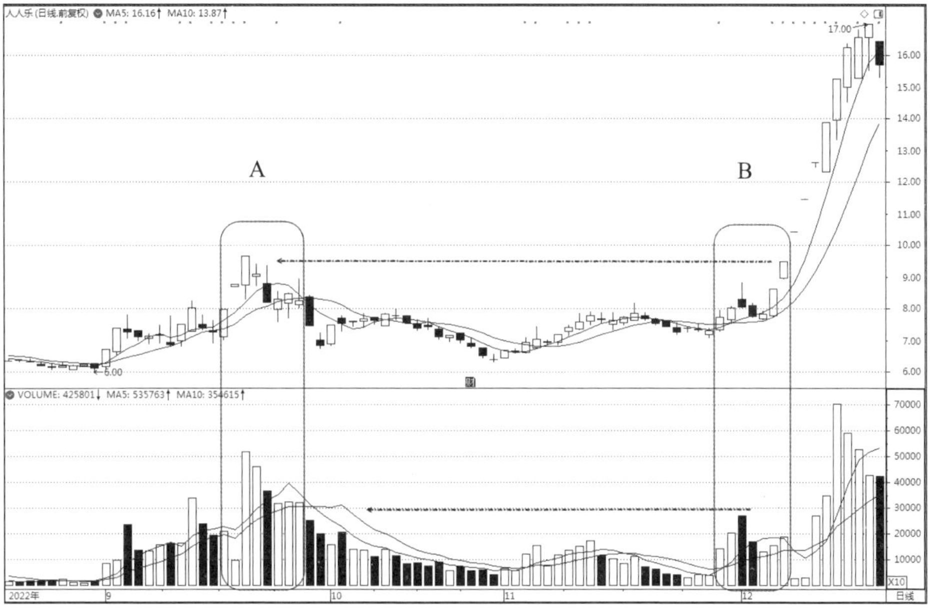

图 4-18

实战中也用量比指标衡量成交的缩与放。如图 4-19 所示，该股涨停收盘后的量比指标仅为 1.14。通过分时走势图我们可以看到，当天该股走势处于振荡上升的态势，直至尾盘才封住涨停板。

通常，这种走势下成交量都会出现不同程度的放大，但该股成交呈温和缩量的情况，说明盘中虽有振荡，但主动性抛单很少，股价上涨的压力并不大。在突破性的大前提下，对于股价的这种分时走势，交易者可在盘中寻机追涨。

对于连续一字板的个股而言，其量比往往极小，如图 4-20 所示。该股连续一字涨停板，量比仅为 0.05，对于这种情况的个股，量比指标已经失去分析的意义。

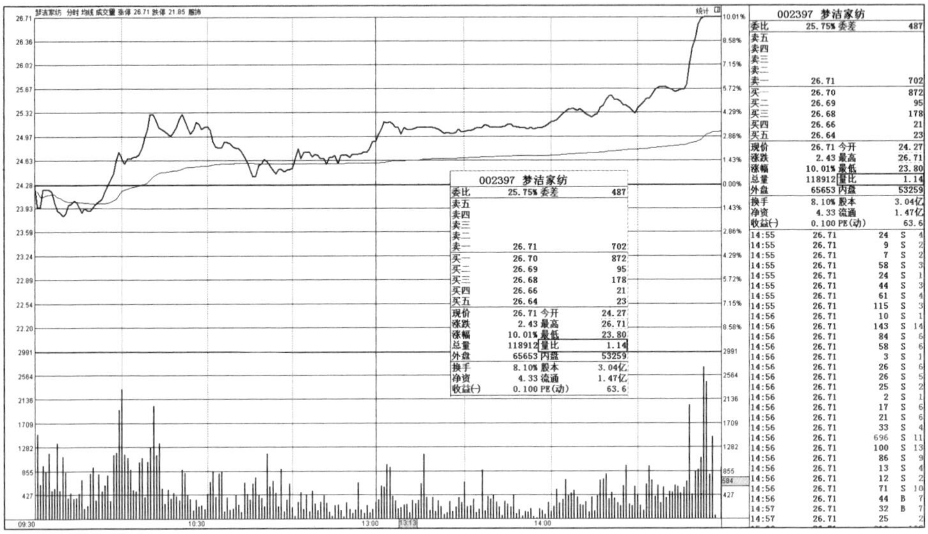

图 4-19

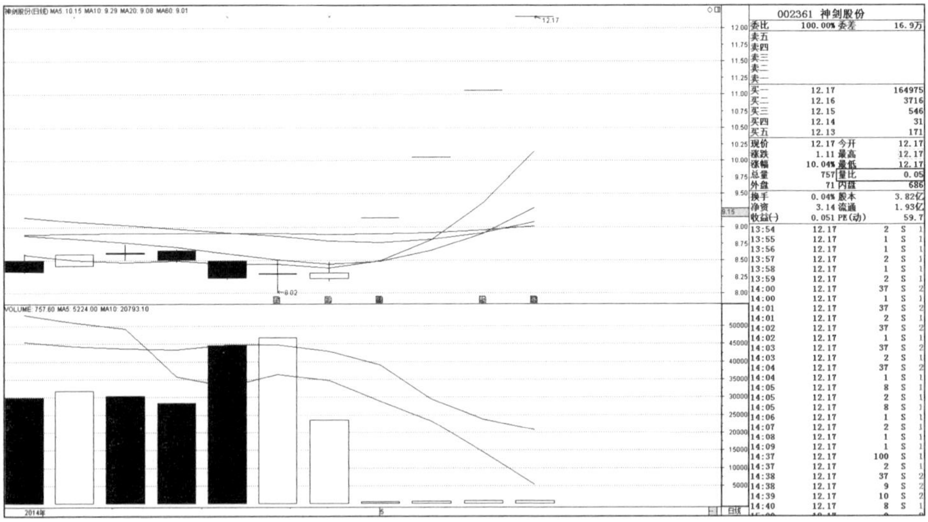

图 4-20

突破日缩量涨停之后，如果能够在接下来的交易日继续保持这种缩量的态势（在这种情况下，常量也可看作缩量），那么该追涨目标的后期走势仍旧值得期待。如果在之后的走势中出现成交量放大，但股价不能继续涨停或维持大幅涨升，同时随着股价的冲高回落，成交量呈量能消散的态势，则要警惕股价阶段性的回落调整。

如图 4-21 所示，A 点出现突破性涨停板和成交缩量，次日成交量激增，但股价却高开低走，难以继续保持强势上涨的势头。之后随着成交量逐步减少，股价步入回落调整。

对于图 4-21 中显示的涨停缩量之后短暂放量，之后再缩量的情形，交易者不可轻率追涨。

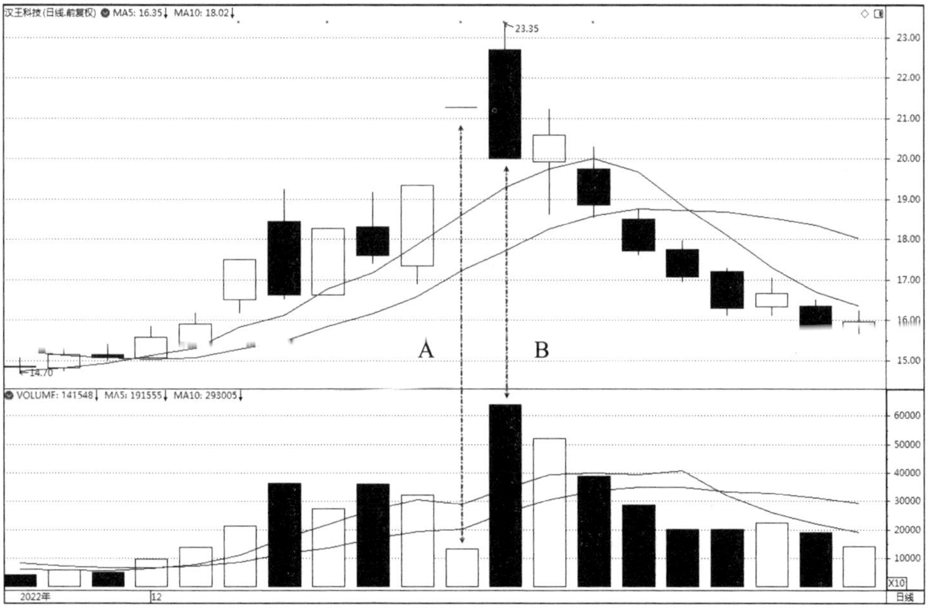

图 4-21

2. 放量

放量是突破性涨停板最常见的成交量表现形式。以量比指标来衡量，放量的情况为：量比在 1.5～2.5 之间时称为温和放量，在 2.5～5 之间时称为明显放量，在 5～10 之间时则称之为剧烈放量，达到 10 或 20 以上时，则为资金狂炒阶段，量比值在追涨技术上已经失去分析意义。

在涨停过程中，温和放量和明显放量都属于合理的范畴，而当成交出现剧烈放量时，交易者则需要警惕，在不能得出相对确定的判断结论之前，不可轻率追涨。突破性涨停板出现时，成交温和放量或明显放量，从技术上来说是多空激烈角力的正常表现。最终多方封住涨停板，宣告在角力中获胜。

把放量封板和缩量封板进行比较，能够显示出主力的控盘程度：缩量封板，说明场内的不稳定筹码已经很少，主力可以轻松实现操作意图；放量封板，有时说明主力的控盘程度尚不理想，仍有部分或较大部分抛盘会不时涌现。在实战中，也有主力虽高度控盘，但故意以对倒的方式做大成交量，用以迷惑交易者，致使其在分析判断上难以得出正确的结论，继而在交易行为上犯下错误。

如图 4-22 所示，该股在升势延续过程中平均换手约为 2% 左右，而 A 点股价涨停成交换手接近 8%。这种暴增成交量的出现，可以肯定是主力行为的结果，但主力的意图何在？不同个股、不同股价运行阶段，主力的意图有很大的差别。仅分析图 4-22 中股价的短期表现，我们难以判别主力的操作意图，但是从较长期股价运行变化中却可以发现其中的奥妙。

分析该股从底部转势起涨的时间周期，涨升幅度并不大，主力行为阶段应当仍处于吸筹震仓阶段，这种暴增成交量涨停的现象，更像是主力以对倒方式拉升股价，然后震仓吸筹的手法。

在图 4-22 中 A 点的位置上，主力对倒做量，使得一部分人选择了卖出，卖出的筹码大部分被主力收入囊中。还有一部分人选择追涨，这部分追涨的人大多都会选择在最后一小时左右的交易时间内，因为在这个时间段该股在走势上才显示出明确的涨升趋向。图 4-23 是 A 点涨停次日的分时走势图。大部分追涨的人无疑会在连续下跌中卖出亏损的筹码，而这正是主力希望达到的目的。

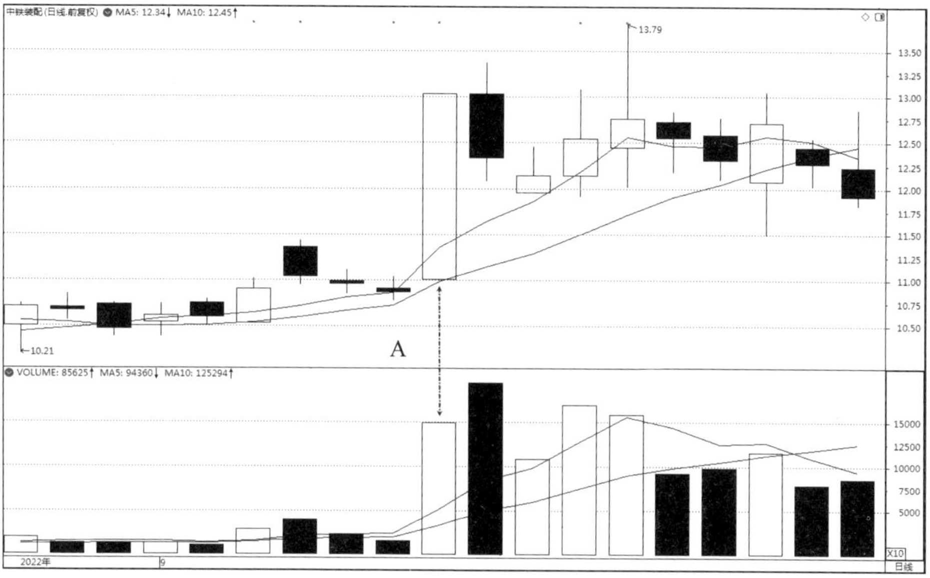
中铁装配(日线,前复权) MA5: 12.34↓ MA10: 12.45↑
13.79
10.21
A
VOLUME: 85625↑ MA5: 94360↓ MA10: 125294↑
2022年
日线

图 4-22

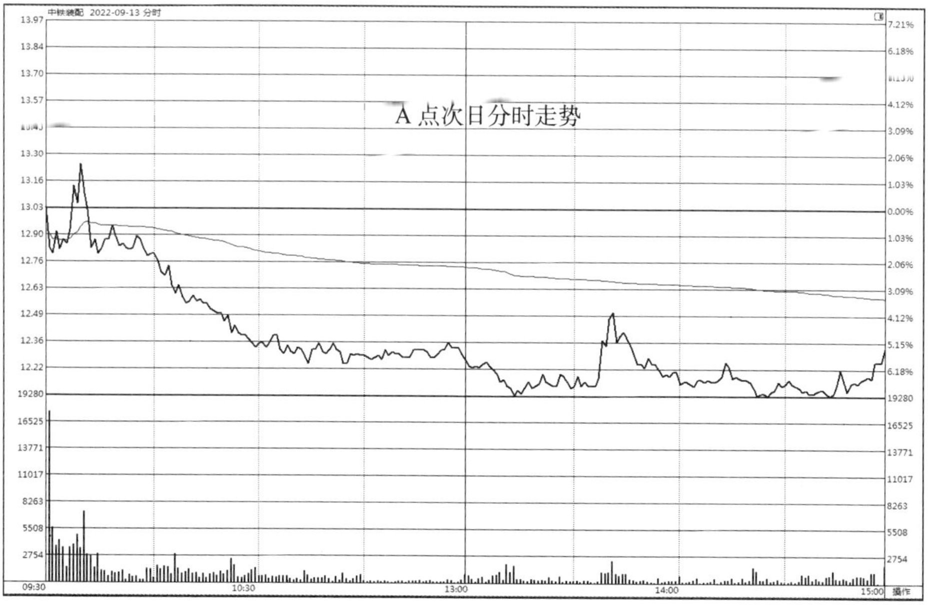
中铁装配 2022-09-13 分时
A 点次日分时走势
09:30
10:30
13:00
14:00
15:00

图 4-23

涨停板上的过度放量，应是交易者重视和警惕的现象，而绝不是适合追涨的条件。温和适度或稍有放大的成交量则是良性的。如图 4-24 所示，该股在 A 点走出涨停板，成交量逐次放大，但并无暴增和过度放大的情况。这种类型的涨停板是交易者关注的主要目标，但连续涨停之后不要再追涨。

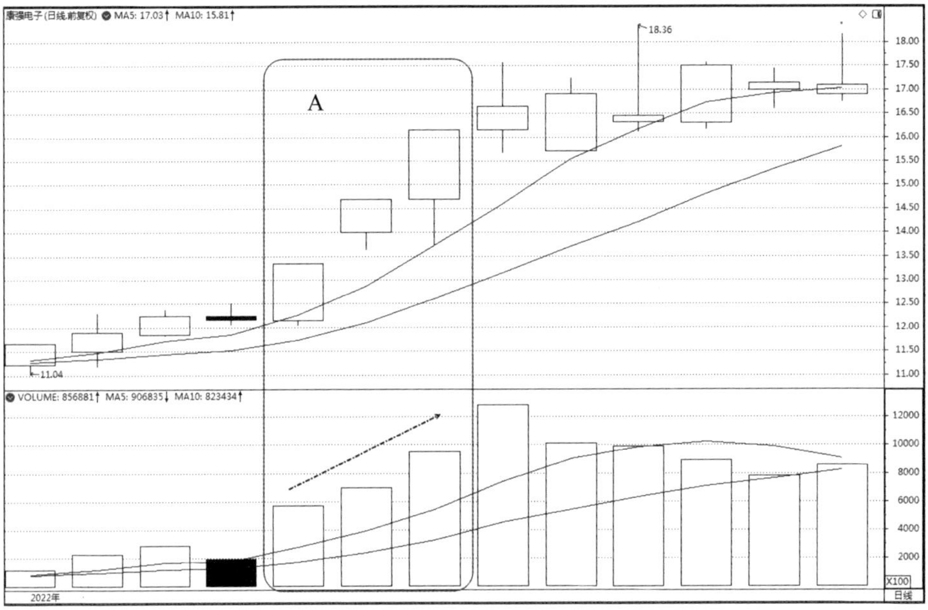

图 4-24

实战中，涨停板次日的走势和量能情况很关键。前面说过，缩量涨停后保持新常量最佳，缩量涨停后次日成交量暴增，股价表现疲软，则注意短线回落不可追涨。但变量回落不补当日跳空缺口，则说明可能升势未尽，或虽缺口被补，但股价重心一直保持在涨停板价位附近。

如图 4-25 中 A 点所示，该股缩量涨停后，次日高开低走量能放大，在短线调整中，下方的跳空缺口一直未被回补，之后股价继续升势。放量涨停后次日缩量高点盘整，缺口一直不予回补，或者虽然补缺但股价并未大幅偏离运行重心，后市仍有涨幅，再次起涨可分析后追入。

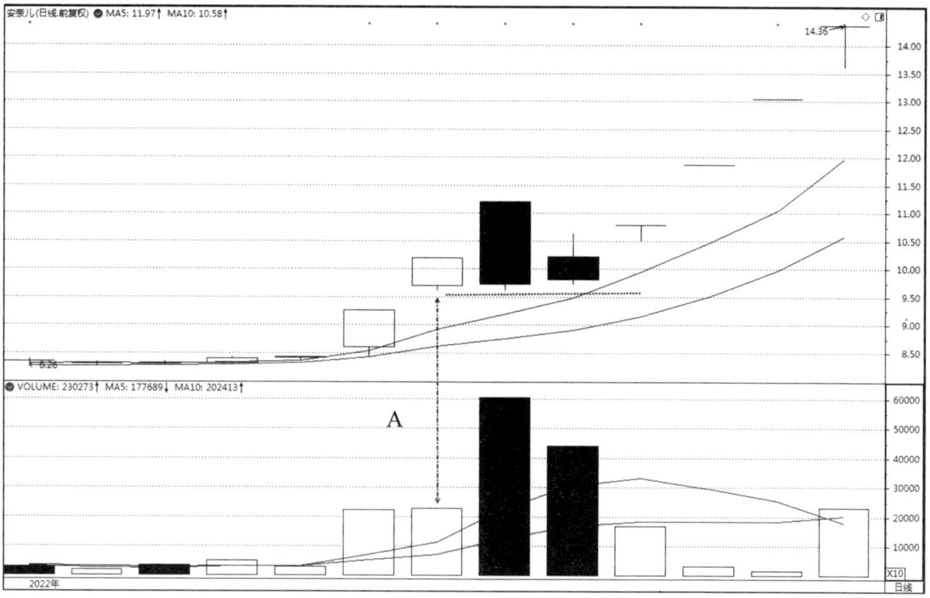

图 4-25

二、突破性涨停板的类型与主力操作逻辑

突破性涨停板主要有三种类型，即突破前高、突破调整平台、扭转回落趋向或趋势。这三种类型都与股价的压力位有关，谈到股价压力位，就不能不说支撑位，二者相辅相成不可或缺。支撑与压制是相互转换的，当突破发生时，压制转化为支撑（向上突破）或支撑转化为压制（向下突破），才能称之为突破成功。

1. 突破前高

上涨趋势运行过程中，股价会多次出现短线冲高回落的情况，回落调整结束后股价再次上涨并对前一高点进行突破，即突破前高。如图 4-26 所示，该股在 A 点封住涨停，成交量温和放大，股价轻松突破之前的高点。

这种量价形式的突破性涨停板，比较适宜在盘中择机追涨。从主力操作逻辑上来说，在温和放量的技术条件下，以涨停的方式使前高筹码全面获利，至少说明主力控盘已经达到一定程度，前高并无太大的压力，而前高的回落基本属于主力刻意为之，突破前高是涨升开启的信号。

这里所提及的突破前高不仅包括短线意义，也包括较长周期的高点。历史高点尤其是距今最近的历史高点，往往仍有较多套牢筹码，所以这些高点的突破成功，对于盘中分析判断有着重大的技术意义。

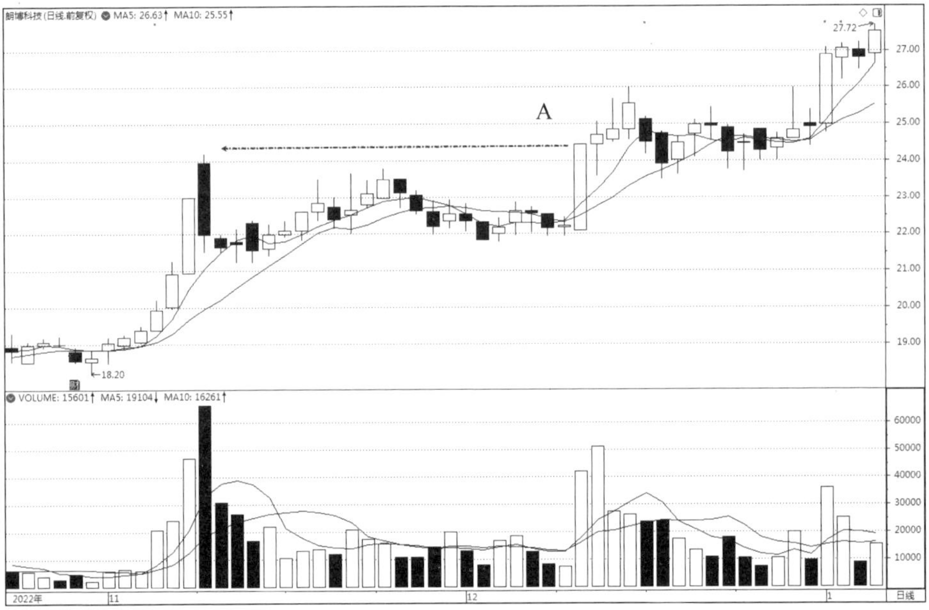

图 4-26

2. 突破调整平台

上涨趋势运行过程中，股价的调整形式既有明显下跌回落形式，也有横向平台形式。横向调整平台的构筑，在时间周期上有长有短，突破性涨停板所突破的横向调整平台构筑的时间越长，其之后股价的爆发力越强劲。

图 4-27 中，股价涨停突破近期走势的小平台，随后展开升势，但不久就回落。类似图 4-27 中的这种小平台，多数是涨势途中的小幅调整，交易

者可借机买入。如果出现在涨势高位，则不可追涨，并留心股价是否会由此发生转折。

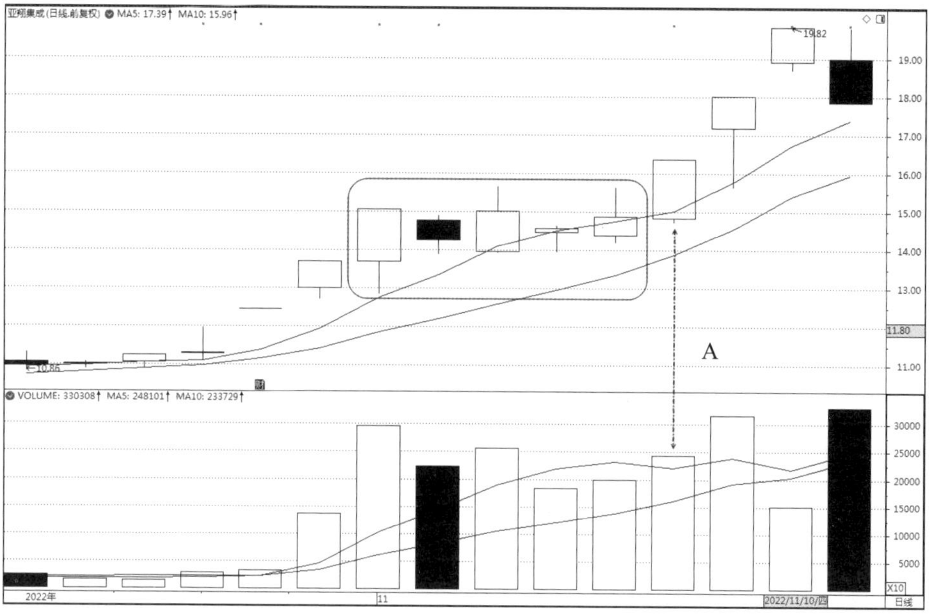

图 4-27

如图 4-28 所示，该股用 1 个月左右的时间构筑了一个横向调整平台，至 A 处时，股价以涨停板的方式向上突破，但随后股价出现回落。当回落过程中股价不破短期均线，同时并没有回落到横盘区域的低点位置时，就是一种确认突破性质的回落，交易者应选择追涨或低吸。

B 处时，股价以涨停板展开上涨趋势，量能温和放大，呈新常量形态，意味着股价进入到拉升阶段，交易者追涨应尽量选择第一时点。

从主力操作逻辑上来说，调整平台对于股价压抑的时间越久，越是有利于主力达到吸筹或清洗浮筹的目的。当主力在股价平台的操作基本符合要求时，这时候吸引市场眼球，引来跟风资金就是主力所希望的。于是股价短期内往往都会有上佳的表现。

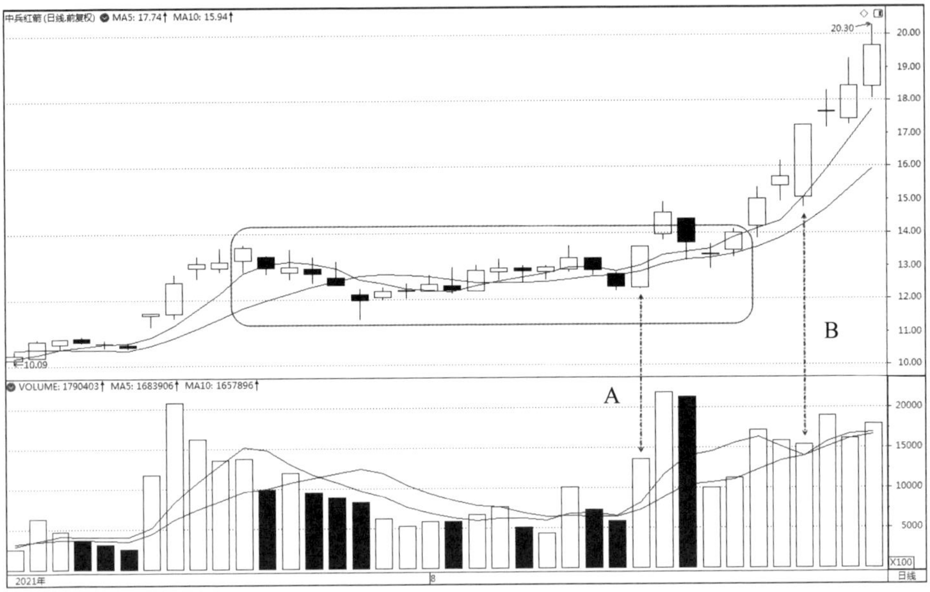

图 4-28

3. 扭转下跌趋向或趋势

上涨趋势中出现的下跌回落调整，或下跌趋势中出现的上涨反弹，一般称之为趋向变化。下跌趋势转化为上涨趋势或反之，则称之为趋势变化。

无论是趋向还是趋势结束之际，如果股价采取涨停板的方式，都象征着一种极端的强势状态，这种强势状态所蕴含的技术意义十分明确，即之前的趋向或趋势基本已被扭转。

图 4-29 中，该股处于下跌回落阶段，A 点股价涨停，该股的趋向扭转由此开始。对于这种性质的突破性涨停板，交易者可遵循前面所提及的量能变化的特点以及起涨结构的构筑情况，择机于盘中追入。

主力的操作总是变化多端，类似于图 4-29 的情况有很多，但并不是所有的个股都是由此转入股价上涨。形态的变化以及主力所处阶段的不同，也使得个股同样的涨停板却出现不一样的后期走势。

如图 4-30 所示，该股同样以涨停板结束下跌回落，但股价却在之后再

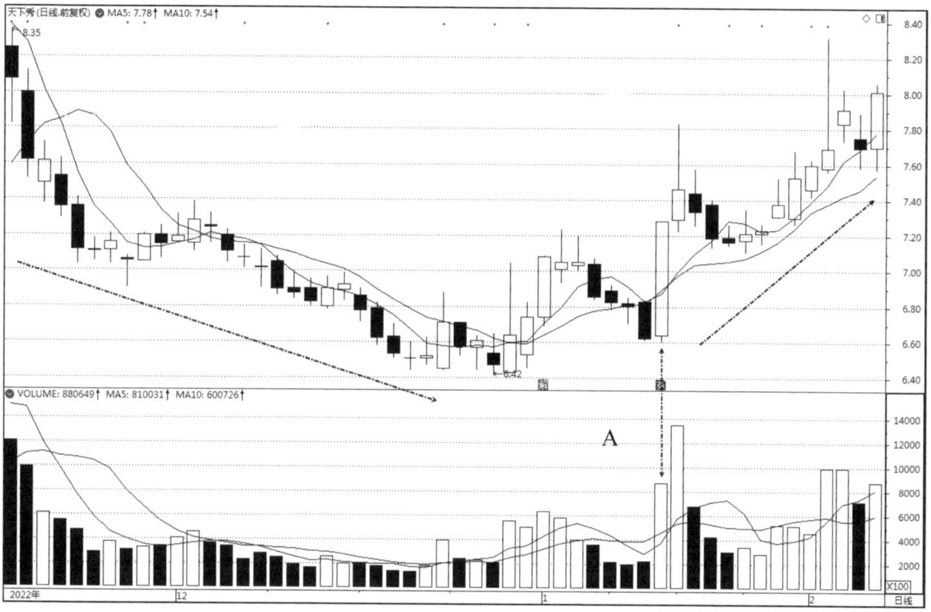
天下秀(日线,前复权) MA5: 7.78 MA10: 7.54
8.35
6.42
VOLUME: 880649 MA5: 810031 MA10: 600726
A
2022年
12
1
2
日线

图 4-29

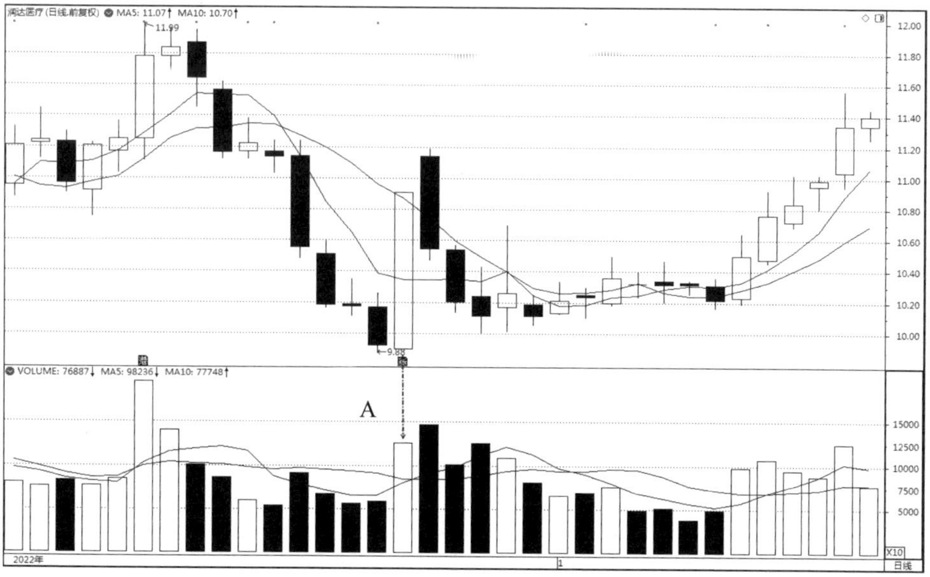
润达医疗(日线,前复权) MA5: 11.07 MA10: 10.70
11.99
9.88
VOLUME: 76887 MA5: 98236 MA10: 77748
A
2022年
1
日线

图 4-30

次探底，甚至接近涨停板当日的低点。这样的走势无疑会使持仓的交易者大为恐慌，抛售筹码的可能不在少数，而这可能正是主力想要的效果。图中该股再次探底后，最终还是振荡后进入上涨趋势中。

第四节 龙头股的介入手法

每一轮上涨行情中总有一些板块的个股成为最为耀眼的明星，在这些热门板块中，也总会有那么几只股票成为板块的龙头股。这些龙头股的地位一旦确认并被市场认可，那么它们的一举一动都会给整个板块甚至整个市场带来极大的影响。

一、龙头股的确认

龙头股并不是由某些人或某些机构认定和推出的，它们的形成和确认是市场资金的选择，是由涨幅、涨速等技术因素和市场概念所决定的。某一板块成为热门板块之后，其中必有那么一到两只股票成为龙头个股。

当这个板块热到万众瞩目的地步，其中的龙头股便能起到四两拨千斤的作用，对整个市场的涨跌产生影响。例如，2000 年网络科技概念成为市场的大热门，综艺股份、上海梅林（见图 4-31）等是其中的龙头个股。一时间，市场的眼球都在跟随这些个股转动，这些个股跌，则指数跌，这些个股涨，则指数也涨。

时光荏苒，2023 年股市相比 2000 年时的市场，无论是市值、股票家数还是每天的成交手数、金额，都不可同日而语，但是龙头股的影响却

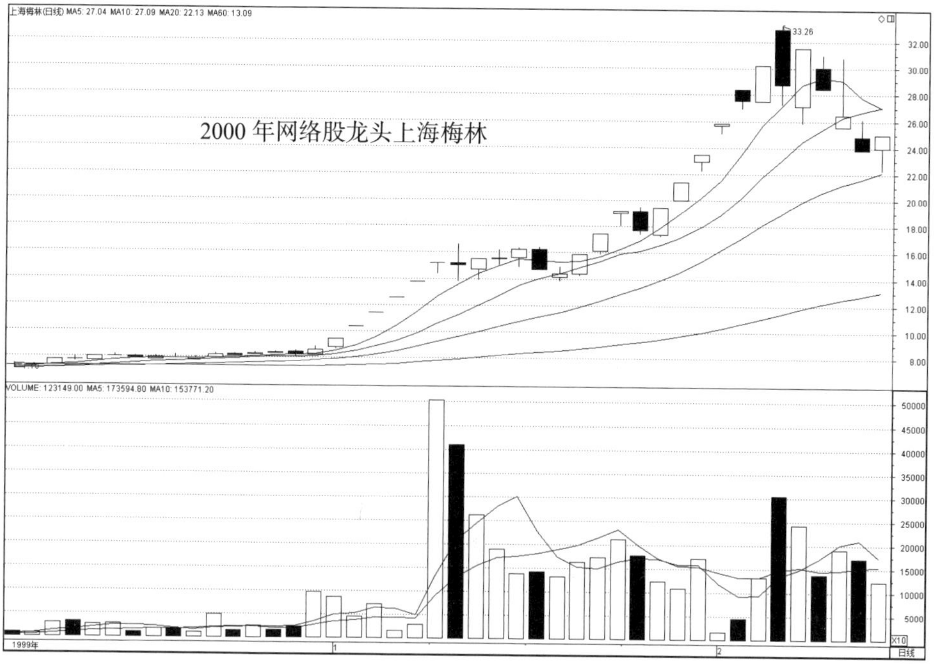

图 4-31

依然巨大。

2023 年生成式人工智能 AIGC（artificial intelligence generated content）板块风云突起，几乎所有沾边的个股都开始赛跑般地向上挺进，很多个股短时间内股价连翻数倍（见图 4-32）。市场的眼球被该板块吸引，资金重心也纷纷向其倾斜，AIGC 板块已然成为市场的核心，影响力不断扩散。

热门板块、龙头个股永远都是市场追逐的对象，财富效应是市场资金抵御不了的诱惑。当热门板块、龙头个股出现并能够形成市场影响力，说明这个板块绝非昙花一现的游资炒作类型，交易者在这个阶段追涨当然应当首选其中的龙头个股。

确认龙头个股一般可以通过以下几个原则。

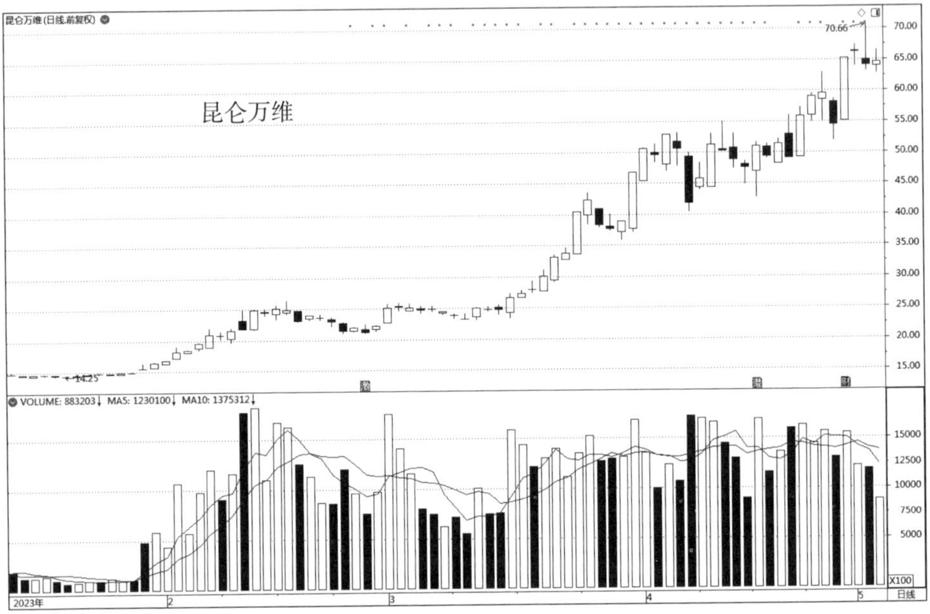

图 4-32

1. 具备相关题材或概念

股票操作中的题材或概念，即所谓师出有名或者说讲故事总要有个由头，才好把故事讲下去。这个概念可以是多方面的，既可以和业绩增长有关，也可以和新技术、新材料甚至是新理念有关。比如，往年的石墨烯概念、新能源汽车概念等。近年的一带一路概念、央企改革、元宇宙、AI 等概念。

图 4-33 是一带一路概念股的龙头股之一中国电建的 K 线走势图。该股自 2011 年上市以来一直运行于下跌趋势中，至 2014 年一带一路概念开始受到市场热捧，股价也随之一飞冲天。

交易者对于概念股的追涨，要注意遴选概念或题材的实质内容。一些阶段性热炒，似是而非传闻性质的概念或题材最好敬而远之。对于有国家政策支持，官方宣传的相关概念或题材，则可密切关注。

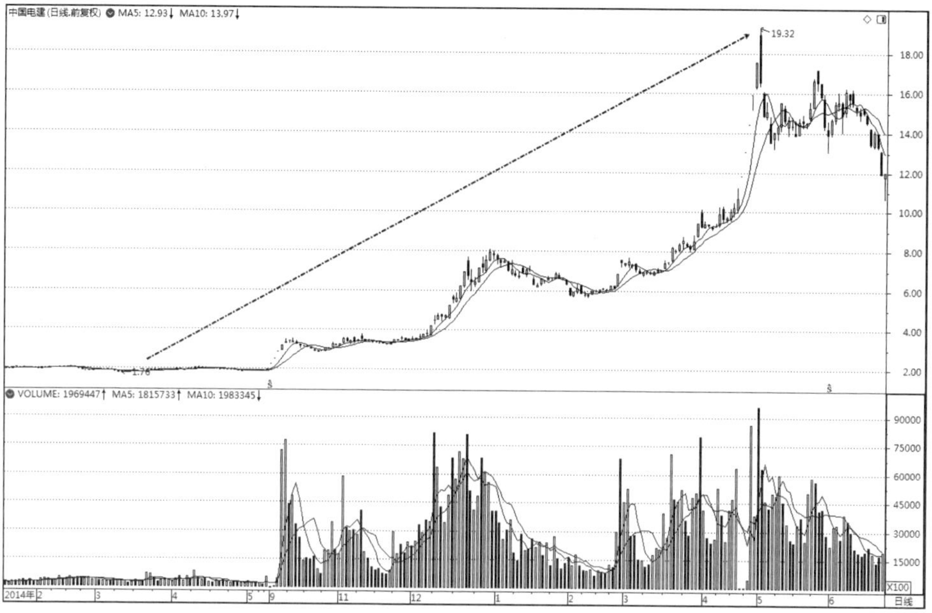

图 4-33

2. 长周期高层次起涨结构完备

能够成为某一板块龙头股的个股，几乎可以肯定其中必有主力资金潜伏。在主力开始正式拉升股价之前，该股高层次的起涨结构必然已经构筑完备。一些主力会试图用挖坑等手法掩盖这些结构或采用横盘、阴跌等手段消磨持仓者的信心，但主力的这些伎俩在股价开始拉升之后便云消雾散，这也为追涨的交易者提供了分析判断的便利条件。

如图 4-34 采用周线系统分析，能够从较高层次上看清主力运作的痕迹。图中 A 处之前，该股股价一直运行于下跌趋势中，至 A 处开始出现成交量异动，股价保持横向振荡的运行模式。其实这个过程正是主力刻意营造的，既为自身吸筹建仓提供便利条件，也可以借机消磨、打压持仓者的耐心，这个过程持续了将近两年的时间。

该股运行至 B 处时，股价开始向上爬升，成交量迅速放大，也就意味着该股周线系统的起涨结构也已经构筑完毕并进入拉升阶段。

周线上较高层次的起涨结构构筑完备，也就意味着股价升势并非短期趋势，这一点和分钟系统中的起涨结构分析有着极大的不同。之后的 C 处，当股价突破 B 处股价高点并随之聚量攻击再度出现时，意味着最迅猛的拉升阶段正在展开，追涨正逢其时。

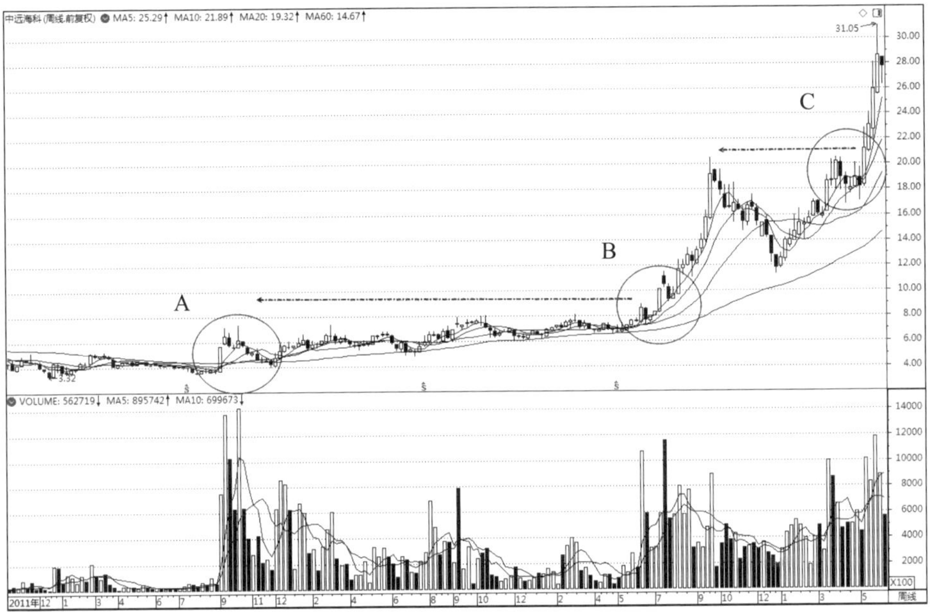

图 4-34

3. 均线系统多头指向

龙头股的起涨结构构筑完备之时，其相应的均线系统也必然会发出多头指向。如图 4-35 所示，在 A 处之前的下跌趋势运行过程中，均线系统保持着空头指向。A 处以后，股价起涨突破均线系统压制并逐渐得到支撑，这一点非常值得交易者关注。实战中类似的突破很多，但是真真假假难以辨别。不少个股在突破均线系统压制之后，随着股价再度下跌，仍会跌破均线，并再度受到均线系统压制。如图 4-36 所示，A 处股价上涨并一度突破均线系统的压制，但随着股价下跌再次受到均线系统的压制。

这种假突破是短线追涨交易者的大敌。避免陷入假突破陷阱的方法，就是均线与股价之间的支撑与压制的转化关系。有效突破压制的唯一鉴别原则，在于关注被突破的均线系统是否已由压制转化为对股价的支撑。

观察图 4-35 中 A 处及之后均线系统的表现，我们可以发现，股价对均线系统的有效突破后，均线系统支撑立现，股价运行重心向上。而图 4-36 中假突破后，因均线系统不能提供有效支撑，则股价运行重心向下偏离。

图 4-35

还有一种情况，主力在构筑起涨结构完备即将拉升之前，有时会故意挖坑打破均线系统的支撑，意图在于使心态不坚定的持仓者尽早离场。如图 4-37 所示，该股股价长期运行于均线系统之上，明显受到均线系统支撑，但 A 处和 B 处的股价却跌破均线系统。这种情况一般称为“散户坑”，即主力拉升前最后一次凶狠的震仓行为。

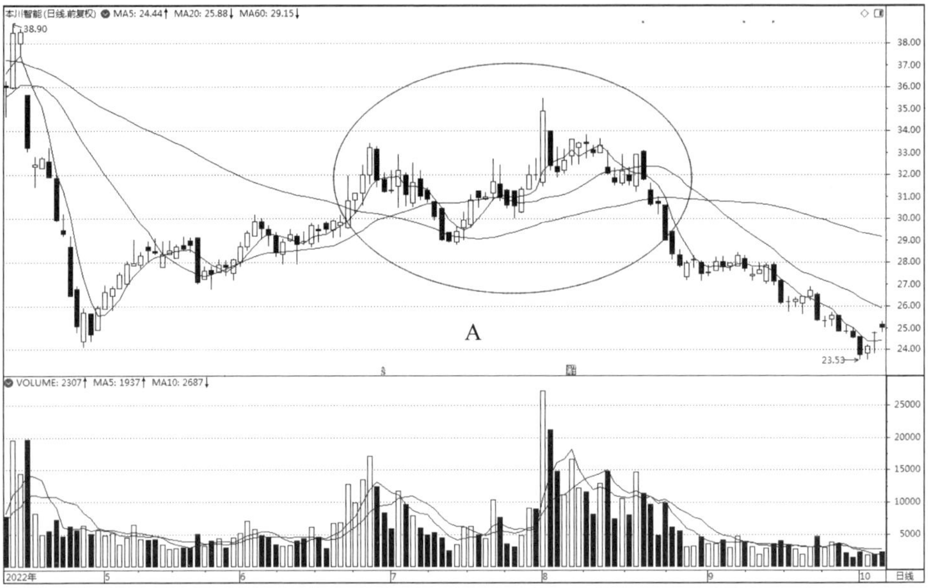
本川智能(日线,前复权) MA5: 24.44↑ MA20: 25.88↓ MA60: 29.15↓
38.90
A
23.53
VOLUME: 2307↑ MA5: 1937↑ MA10: 2687↓
2022年
5
6
7
8
9
10
日线

图 4-36

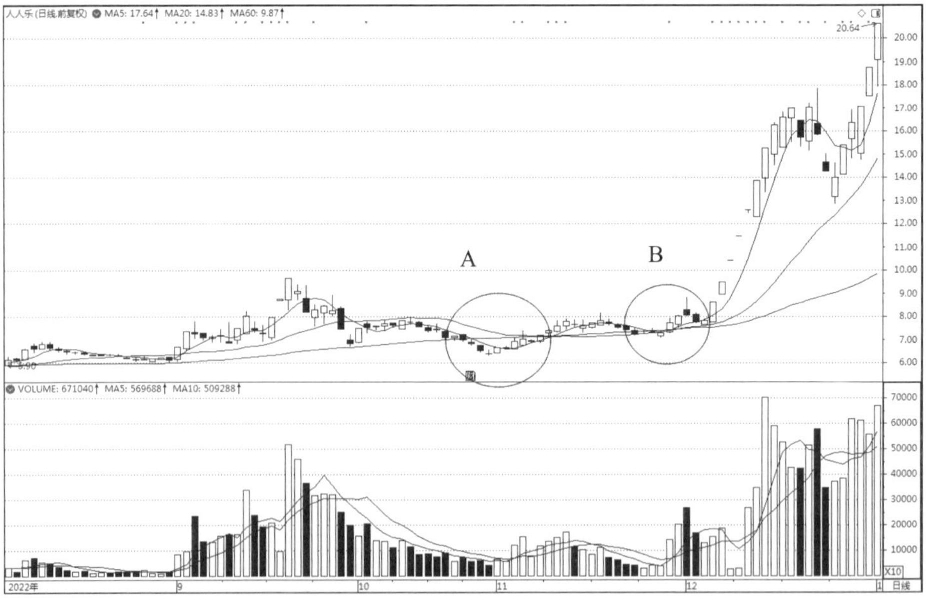
人人乐(日线,前复权) MA5: 17.64↑ MA20: 14.83↑ MA60: 9.87↑
20.64
A
B
5.90
VOLUME: 671040↑ MA5: 569688↑ MA10: 509288↑
X10
2022年
9
10
11
12
1
日线

图 4-37

鉴别“散户坑”的方法很简单，即股价虽然跌破均线系统，但很快就会回升，同时均线系统整体运行方向并不发生改变。跌破均线系统，并不意味着支撑不在，还是那句话：以支撑与压制转化关系为原则，关注被突破（向下）的均线系统是否已由支撑转化为对股价的压制。

4. 盘口及量价关系

交易者可通过查看沪深涨幅排行榜来发现即时涨幅靠前的热门板块及个股，如果在当日以及最近几日某一板块经常出现在涨幅排行榜前列，而这个板块中至少有三到四只股票涨停或排名居前，那么无疑这就是目前最热门的板块。其中涨停个股很可能就是该板块中的龙头品种。

如果当日涨幅榜并无板块异动，那么当前运行的只是普涨行情。如图4–38所示，当日涨幅榜前二十名中并无明显的板块特征，说明当日的这个时间段仅是普涨行情，没有板块出现异动。

	代码	名称	现价	涨幅%↓	换手%	量比	细分行业
1	000010	深华新	10.84	10.05	0.03	0.06	建筑施工
2	000692	惠天热电	8.44	10.04	0.10	1.25	供气供热
3	300460	惠伦晶体	14.92	10.03	0.01	0.00	元器件
4	000953	河池化工	14.27	10.02	4.92	1.48	农药化肥
5	000005	世纪星源	10.65	10.02	0.70	3.40	区域地产
6	000553	沙隆达A	18.23	10.02	13.16	2.86	农药化肥
7	000558	莱茵置业	19.66	10.02	3.15	1.21	区域地产
8	002708	光洋股份	33.39	10.02	13.13	1.28	汽车配件
9	000921	海信科龙	13.62	10.02	5.56	2.17	家用电器
10	300121	阳谷华泰	13.73	10.02	0.04	0.00	化工原料
11	002014	永新股份	20.65	10.02	4.21	0.97	塑料
12	000530	大冷股份	20.54	10.02	3.48	0.53	机械基件
13	002634	棒杰股份	34.93	10.02	12.75	2.39	服饰
14	300299	富春通信	35.70	10.02	14.30	11.69	通信设备
15	000717	韶钢松山	7.69	10.01	8.92	1.42	钢加工
16	002104	恒宝股份	41.42	10.01	1.02	1.63	元器件
17	300126	锐奇股份	26.04	10.01	0.13	2.65	轻工机械
18	300450	先导股份	44.72	10.01	0.01	0.00	专用机械
19	300041	回天新材	46.37	10.01	4.75	1.51	化工原料
20	002120	新海股份	29.01	10.01	5.51	1.19	家居用品

图 4–38

龙头股是涨出来的，而等到市场开始全面认可该龙头个股时，其涨幅往往已经超过 50%。不同的个股股性、不同板块、不同的市场环境，催生的龙头股具体涨幅有着较大的差别。某些情况下，50% 的涨幅意味着龙头股已经走上穷途末路；而另一些情况下，50% 的涨幅可能仅仅只是龙头股的“热身”阶段。基于上述原因，短线追涨的交易者应尽可能早地发现并介入到龙头股的交易中。

龙头股的技术特点包括如下几个方面。

（1）最先起涨。

当热点板块突现时，哪一只股票最先放量上涨，并且其涨幅在大多数交易时间里位于整个板块的前三名，那么这只股票就是我们关注的对象。如图 4-39 所示，当日公共交通板块涨幅排名第一，该板块中的北巴传媒排在领涨的位置上。通过交易软件中的板块分析功能，可以很方便地查询和关注到最新的板块异动和其中的领涨品种。

	板块名称	均涨幅%↓	权涨幅%	总成交	领涨品种	涨股比	市场比%	换手率%	市盈(动)
1	公共交通	6.02	5.45	33.6亿	北巴传媒	5/7	0.17	4.39	66.65
2	造纸	5.44	4.52	111.3亿	中顺洁柔	19/24	0.56	6.65	559.26
3	次新股	4.67	4.01	833.5亿	惠伦晶体	132/202	4.18	12.68	58.20
4	股份回购	4.36	3.66	188.8亿	精达股份	10/12	0.95	5.43	42.79
5	超导概念	4.35	3.35	102.0亿	永鼎股份	12/18	0.51	4.96	545.81
6	证券	4.33	3.58	1077亿	国海证券	22/22	5.40	5.08	23.41
7	家居用品	4.31	2.73	74.3亿	新海股份	11/17	0.37	5.06	90.31
8	067	4.26	3.69	825.9亿	国海证券	17/17	4.14	4.74	23.34
9	船舶	4.20	1.71	200.8亿	广船国际	6/8	1.01	4.61	444.25
10	ST板块	4.12	3.25	68.5亿	*ST阳化	34/56	0.34	2.65	--
11	山西板块	4.03	3.60	313.4亿	同德化工	29/35	1.57	4.48	47.62
12	多元金融	3.98	5.15	166.1亿	安信信托	7/8	0.83	7.86	50.83
13	商贸代理	3.95	3.49	162.2亿	如意集团	19/24	0.81	4.60	63.52
14	保险	3.87	3.23	284.8亿	新华保险	4/4	1.43	1.35	14.72
15	地热能	3.83	2.31	72.7亿	大冷股份	9/13	0.36	4.67	114.24
16	活跃股	3.69	2.42	643.1亿	拓普集团	67/100	3.22	18.81	94.83
17	聚氨酯	3.68	3.77	109.2亿	永新股份	19/25	0.55	5.30	104.33
18	碳纤维	3.67	2.63	113.4亿	中钢国际	10/17	0.57	6.32	94.42
19	上证超大	3.66	3.50	1242亿	复星医药	20/20	6.22	2.39	13.95
20	水域改革	3.66	2.79	23.9亿	武昌鱼	5/11	0.12	3.12	--

图 4-39

交易者必须注意一点，某一板块或领涨个股的活跃度，有时仅仅持续一两个交易日便偃旗息鼓，所以不能因急于介入而随意追涨，否则很可能被套。龙头股最鲜明的特征就是上涨具有持续性，交易者不妨多点耐心，多做准备工作，研判深度到了，成功率必然大增。

（2）聚量攻击升级。

当龙头股开始起涨时，成交量必会出现异动，换手率、量比等指标会明显异于平时。启动之初可能会有温和放量、常量过顶等常规量能起涨形态（某些个股直接以量能激增开始起涨），但很快就会有量能激增的情况，聚量攻击形态随之出现，然后转化为新常量或变量。如出现量能消散阶段，至少应保持在起涨之前的量能水准之上。当股价再起时，更大级别的聚量攻击则会出现，即聚量攻击升级。

如图 4–40 所示，A 处出现聚量攻击，随后股价处于振荡盘升状态中，量能呈现消散态势。B 处股价再起，更大级别的聚量攻击随之出现。对于龙

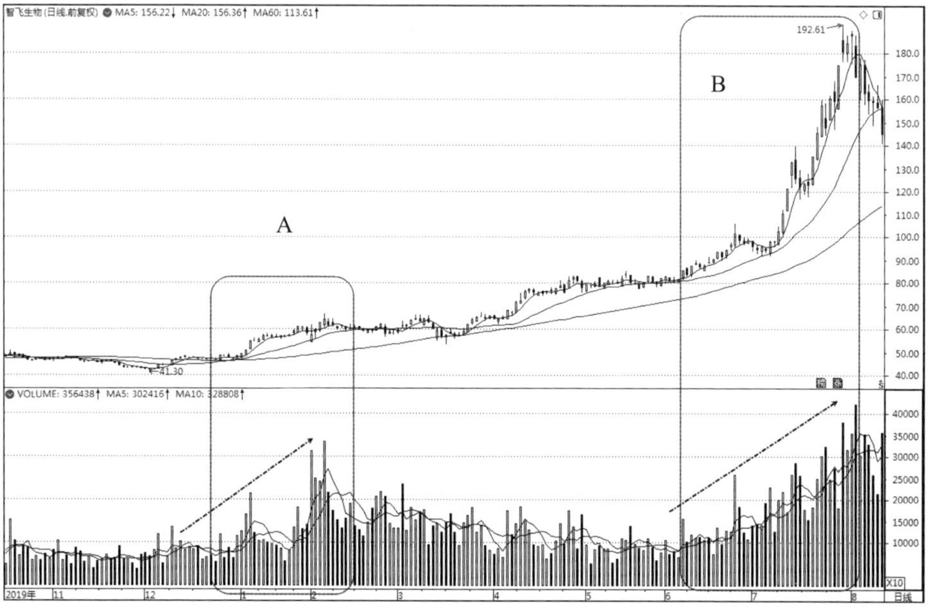

图 4–40

头股来说，这种量能形态是正常的，说明资金开始加码进入该股。短线追涨的交易者应慎用前面讲过的常规起涨状态下的量能变化来审视龙头股，否则面对龙头股时可能方寸大乱，无从下手。

聚量攻击阶段以及新常量、变量阶段，龙头股的换手率应能够维持在一个较高的水准上，即便是量能消散阶段，换手率也不应长时间过度低迷，至少应保持在起涨之前换手率水准之上。只有保证流通性良好，资金进出便利，龙头股才能维持短期内股价的持续大幅上涨。

某些个股仅仅出现一两天成交激增，其后重归沉寂，没有形成明显的聚量攻击升级现象，怎么可能是龙头股的风范。如图 4–41 所示，该股在 A 处成交量激增，但随后成交量便重归平静，甚至低于起涨之前。这种情况在股票运作的多个阶段都会出现，但是在龙头股被市场认可之后是不可能出现的，这也是鉴别龙头股真伪的标准之一。

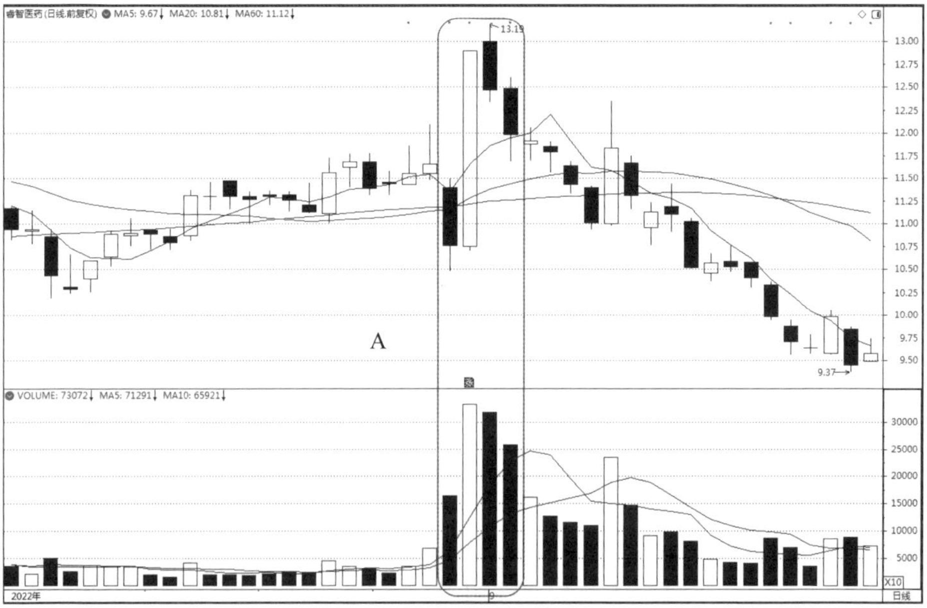

图 4–41

（3）逆市明显。

无论多么火热的行情，指数都会不时出现技术调整性质的急跌或暴跌，而这个时候也正是检验龙头股成色的机会，正如俗语所说“是骡子是马，拉出来遛遛”。

在大盘指数急跌或暴跌时，龙头股一般会出现三种情况：一是逆市上涨；二是保持横盘；三是受到大盘急跌影响下跌，但在大盘出现止跌迹象之前，反弹极其迅猛。

上证指数某日出现暴跌，整个调整幅度达 5.43%，跌 164 点。图 4–42 是上证指数当日的分时走势，图中可见，上证指数午后开始下跌，但至尾盘半小时跌幅和跌势迅速加大、加快，当日尾盘盘口十分恐怖。

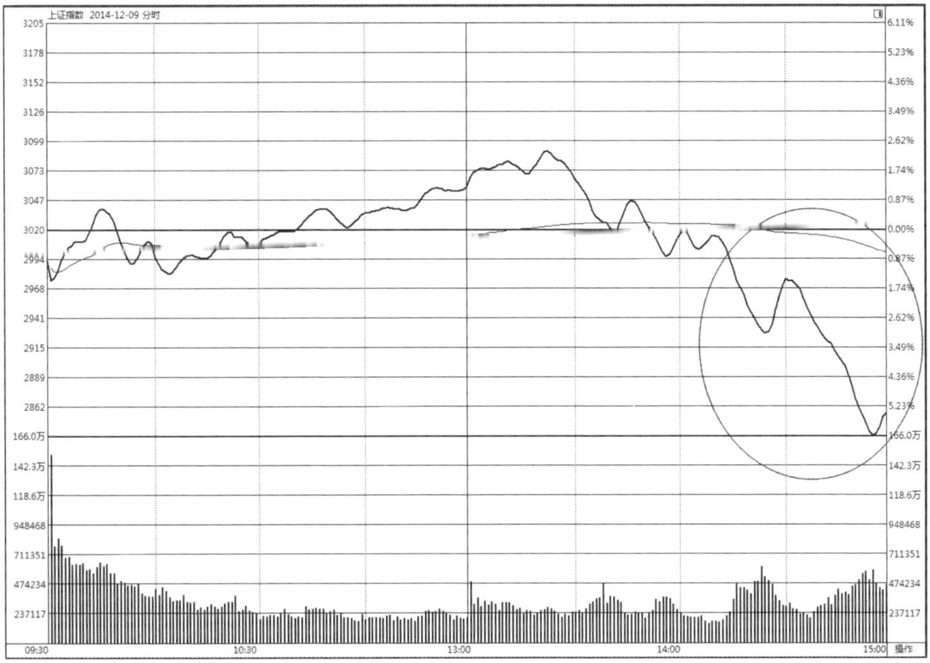

图 4–42

当时的热点板块是券商板块，而其中的龙头个股又表现如何呢？

图 4-43 是某券商股的 K 线图，图中标示的是与大盘同日的 K 线——一字线涨停板，可见大盘的暴跌对其并无丝毫影响，这是龙头股极端强势的表现。

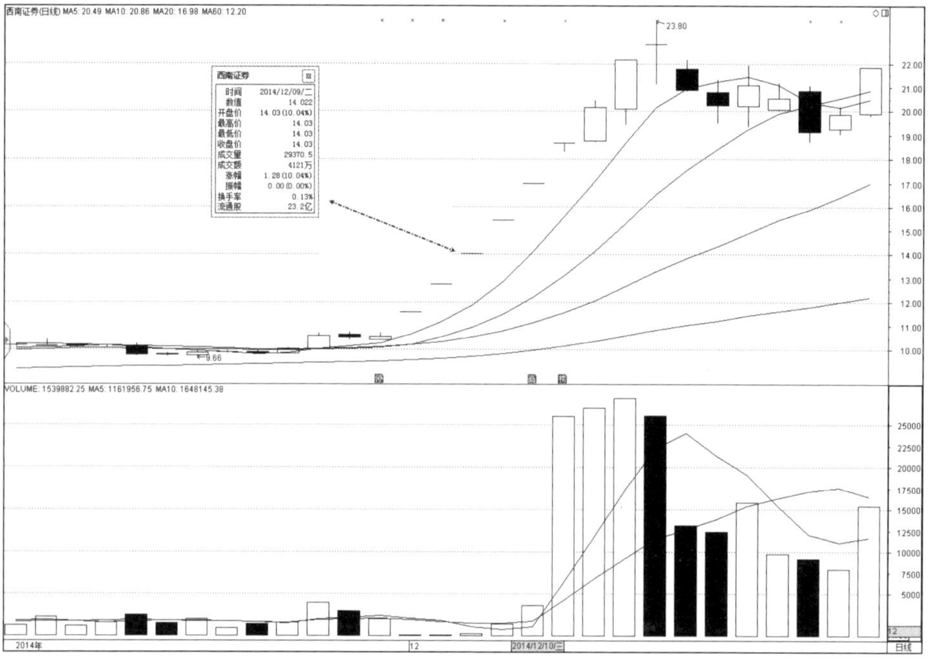

图 4-43

类似图 4-43 中个股这种强势的情况并不常见，更多时候龙头股也会受到大盘暴跌的影响。如图 4-44 所示，该股当时也是券商龙头个股之一，从其分时走势图可以看出，当日大盘暴跌对其还是有影响的。当日该股一度涨停封板，但大盘午后尤其是最后半小时的跳水还是给其带来较大的影响，股价一度跌至 5% 左右，但尾盘迅速回升并翻红上涨 4.08% 收盘，全天振幅高达 15.69。

龙头股是有主力倍加呵护的品种，自然不会任其随波逐流，龙头股的这种逆市特性也是交易者关注的重要技术特点。

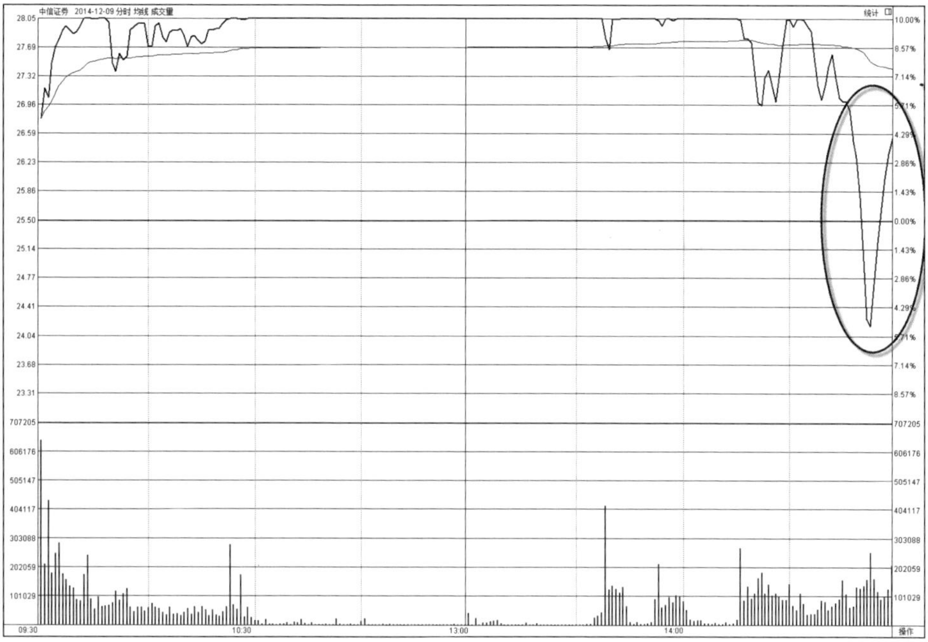

图 4-44

（4）大单如潮。

龙头股一旦为市场所认可，其每一波次的拉升都会有大量跟风资金追涨，显示在盘口上，就是 4 位数以上的买单如潮水般不断涌现，很快就会将股价推升至涨停板。封住涨停后，买一的位置上至少仍会有 5 位数以上的买单排队。

图 4-45 是某股尾盘封涨停时的走势，右侧边栏是当时成交回报。从成交回报中可以看到，4 位数大单不断涌现。在龙头个股中，大单成交是否有持续性，也是交易者需要关注的技术特点之一。偶尔冒出来几个大单，然后再无声息的情况，一般不可能是主力主动性拉升的动作，大单出现，股价劲升，量价相符的条件下，拉升才会持续。

（5）常态超涨。

龙头股是以涨幅、涨速来论英雄的，所以其在短期内经常会处于超涨的

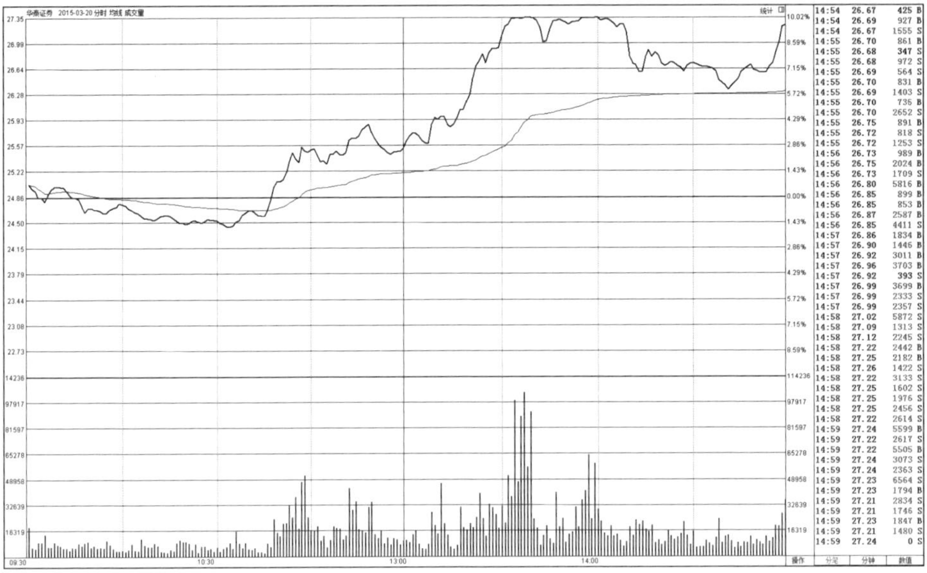

图 4-45

状态。前面讲超涨时说过，超涨的股票并不一定就会下跌，其上涨往往会超出人们预期。对于龙头股来说，超涨是一种常态，所以交易者面对这种情况时，要学会用非常规分析来应对。

龙头股从酝酿起涨到被市场认可，主力必然殚精竭虑，大费周章，其中不仅包括技术面上的筹谋，还包括基本面上对相关上市公司的深入评测估量。主力树立一只股票为龙头，绝非随意为之，而是有通盘考虑的，必然会竭力呵护。基于此，当某一只股票被市场初步认可其龙头地位时，这个阶段其涨幅可能已经超过 50%，交易者不必囿于已有的涨幅，要敢于在符合技术条件时及时追入。

技术上来说，当龙头股第一次超涨时，是极佳的介入时机，这时最可能出现盘中调整或短期调整，交易者可利用分钟系统上构筑的起涨结构来捕捉起涨点位。如图 4-46 所示，该股在一个上涨波次中出现两次超涨，A 处出现第一次超涨时，图中所标示圆圈处的两根调整 K 线会在 1 分钟系统上显示起涨结构是否有质的变化，交易者可根据这个变化来确定能否追涨。

当该股继续上涨至 B 处再次出现超涨时，调整的时间周期则相应延长。超涨之间出现的时间间隔越短，则之后调整时间可能会越长。

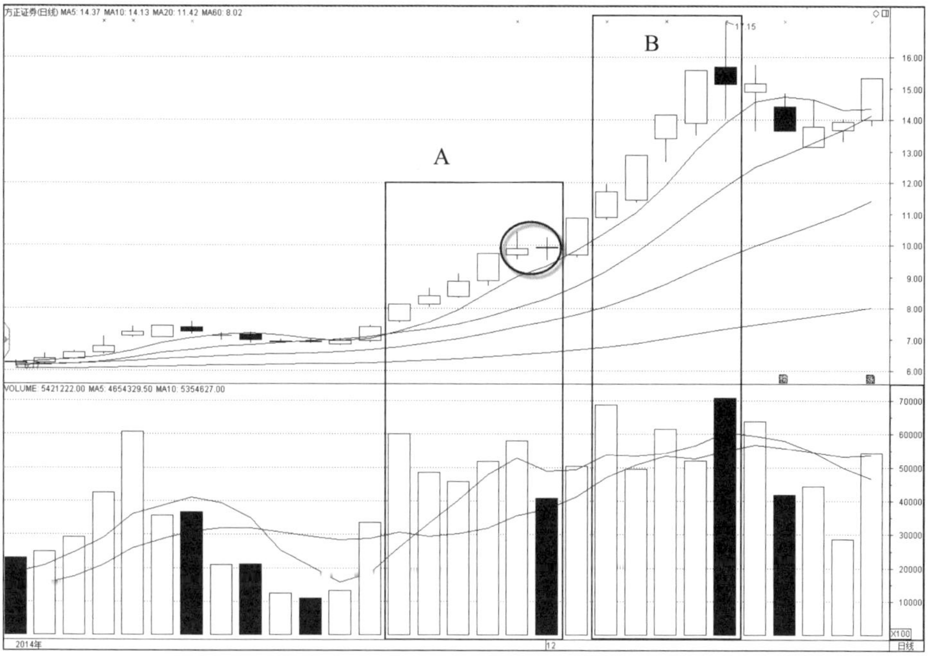

图 4–46

当第一轮涨升结束，经过中级调整后，龙头股第二轮的上涨会变得缓慢且波折较多。如图 4–47 所示，该股第一轮上涨无论是涨幅还是涨速，都极为凌厉，但经过中级调整后，第二轮上涨则缓慢许多，同时上涨持续时间缩短，调整阶段则相应延长。

当龙头个股经过第一轮的上涨后，已经成为万众瞩目的对象，这时很多持仓者不愿意轻易卖出，都准备坐等主力拉升，享受龙头股带来的丰厚收益，这就为该股的拉升带来沉重的压力，盘口会变得越来越呆滞、迟缓。所以龙头股的第二轮上涨通常都比不上第一轮凌厉，调整时间、调整幅度都会有所延长和加大。

当大部分持仓者受不了股价来回振荡和折磨，不再相信该股还会恢复龙头本色，纷纷选择卖出换股时，龙头股才会焕发出第二春。

图 4–47

二、重点在盘中交易

龙头股在主升阶段的涨幅和涨速都十分凌厉，交易者如果选择在这个阶段介入，无论是获利速度还是幅度，都非常惊人。但是此时的龙头股一般不会出现多日连续性调整，其调整形式多以单日调整或盘中调整的可能性更大。

交易者在龙头股主升阶段选择追涨点位时，通常会十分犹豫：看着股价飞升想买，却又担心买在股价转折的拐点上。盘中出现调整或单日调整时，想买却担心还有更低的价格或者股价已经真正转入跌势。如此一来，只能坐看龙头股暴涨而自己束手无策，却又不甘心只当回观众。那么当龙头股处于主升阶段时，交易者该如何操作呢?

选择在龙头股的主升阶段追涨，分析重点在于龙头股的盘中调整（单日调整可遇而不可求），主要从起涨结构和分时走势上捕捉起涨点。

如图 4–48 所示，该股处于主升阶段，在主升的整个过程中，股价调整所采取的都是盘中调整的方式，显示在 K 线图上则为带上下影线的阳线等。交易者如果选择在主升阶段追涨，那么在这些下影线出现的当日或次日，分钟系统上的起涨结构发出起涨信号时，就是出击的时机。

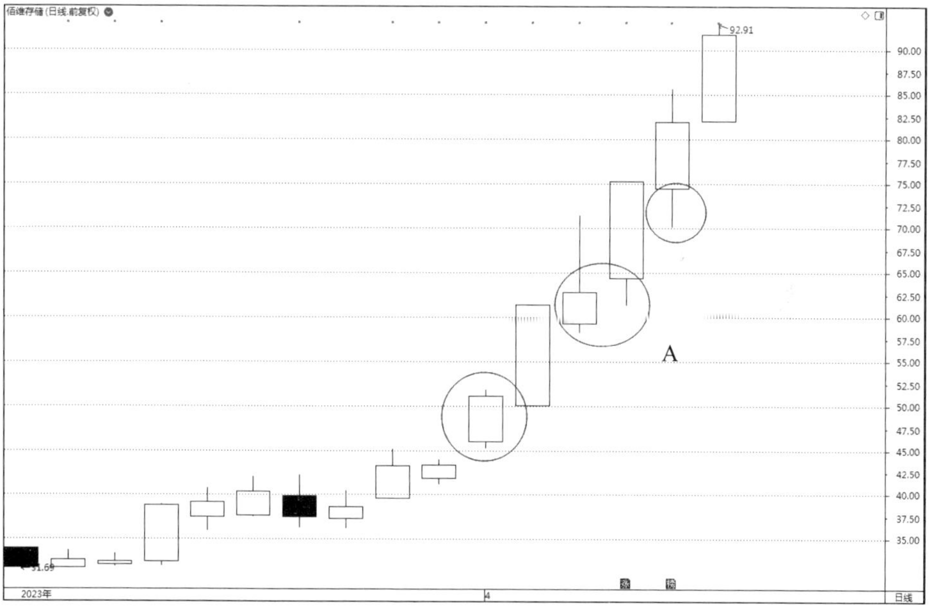

图 4–48

但是必须明确一点，追涨的性质和意义前面已经讲过，追涨追的是上涨的连续性，既不是调整，更不是下跌，起涨结构未发出信号之前，都不符合追涨的技术条件。

以图 4–48 标示的 A 处的两根 K 线为例，我们讲一讲追涨技术中起涨信号的判别。图 4-49 是图 4-48 中 A 处第一根 K 线（即长上影线）的分时走势。图 4-49 中，当天开盘后股价振荡后拉升，10∶30 过后股价呈现高位振荡，并一直延续到午后。

14∶00 左右时，股价出现迅速回落，并跌穿均价线和收盘线，但是股价跌幅并未由此展开，而是返身向上弹升，但受阻于均价线后趋向横移，尾盘在昨日收盘价附近振荡。

仅就图 4-49 中的分时走势而言，并没有出现适宜的追涨时机：分析开盘拉升中的成交量可以发现，量能在股价拉升时呈下降态势。分时走势上的量价背离，说明至少在这个时间段里并没有大资金主动性买入。

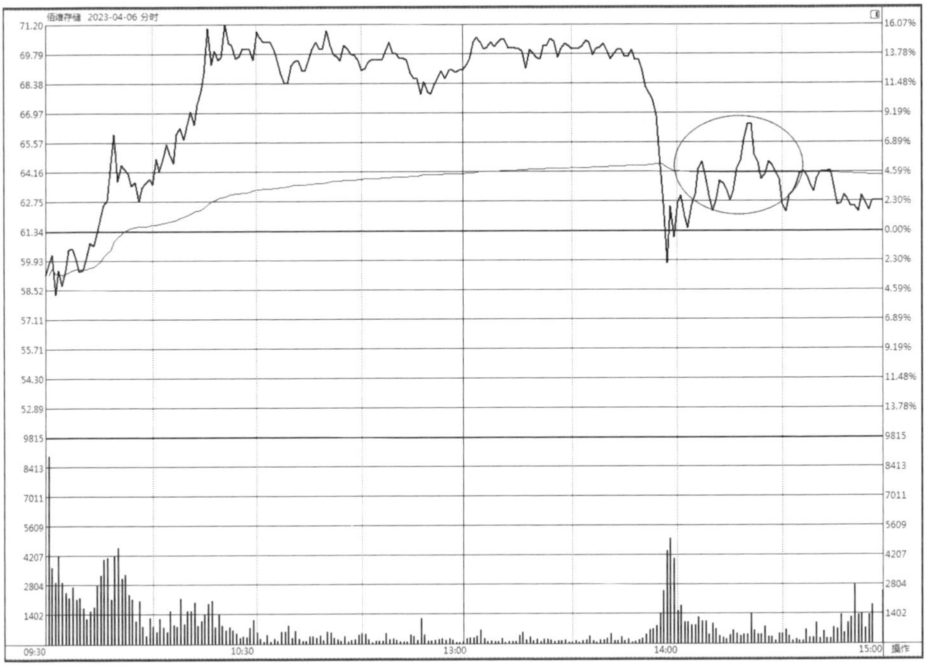

图 4-49

14∶00 左右股价跳水，成交小幅放大后再次缩小，股价试图收复均价线时，成交再次缩小。这种情况说明跳水必然是由少量大单诱发的散户持仓者恐慌性抛售，不然不会出现成交小幅放大后又缩小，而股价缩量向上反复挑战均价线，却没有发生再次急速回落创新低的情况，显示并非大资金主动性减仓行为所致。

综上所述，当天主力资金主动性行为极少，基本上是市场资金随机波动，主力隔岸观火。这种走势出现在龙头股的主升阶段，属于相对温和类型的清理浮筹和修复乖离性质的调整。追涨的交易者对于这种基本上是“无涨可追”的盘面，应耐心等待本次调整的结束。当然，对于喜欢低吸的交易者，这里应有机可乘。

图 4–50 是图 4–48 中 A 处第二根 K 线的分时走势，也即图 4–49 后一交易日的分时走势图。图 4–50 中，该股开盘承接前一交易日调整势头顺势低走，但随即便被快速拉起，之后小幅攀升，横向振荡，这个阶段成交量保持相对均衡的态势。

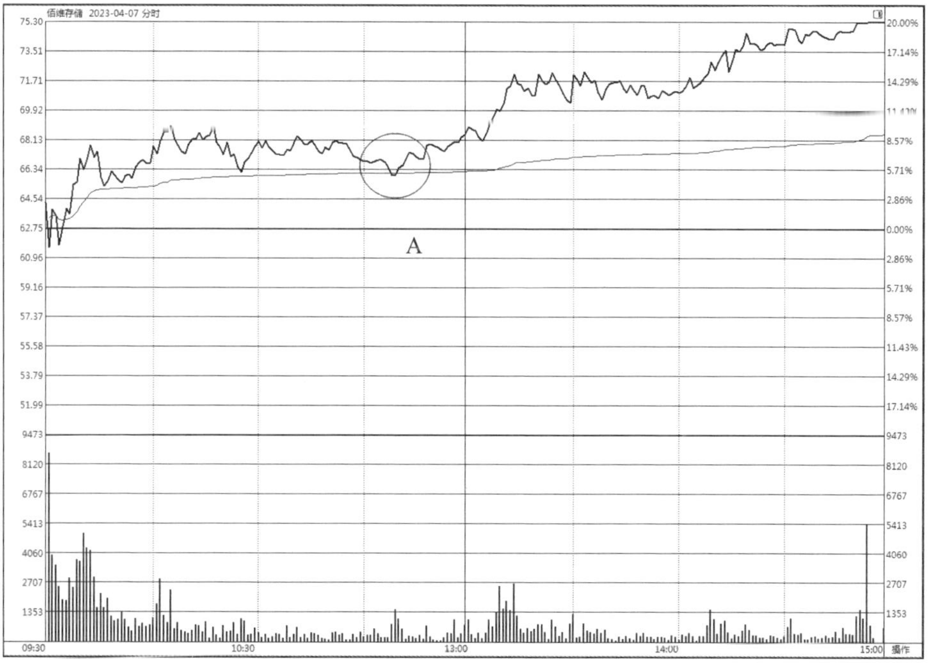

图 4–50

A 处股价小幅跳水并一度跌穿均价线，我们可以看到，在这个下跌的过程中，成交量相比开盘后的上涨阶段呈缩减的态势，这就说明此时盘中浮筹相较昨日已经大幅减少，没有多少抛盘还愿意杀跌，随后股价重上均价线。

这一点应引起追踪该股的交易者关注。

图 4-49 中也出现过股价跌穿均价线，又重上均价线的情况（见图中所示），但股价之后的表现明显显示出后继乏力的态势。而在图 4-50 中，股价跌破均价线随即便回升并放量走高。由此可见，并不是股价重回均价线就是追涨时机，还需要分析后续的情况，尤其是量能和股价潜藏的强度。

股价强度的概念，前面也讲到过，盘中股价的强弱，有时不是看出来的，而是交易者分析出来的。分析股价潜藏的强度，非常有利于交易者在股价涨升的第一时间抓住追涨的最佳时机。

第五节 补涨股的操作

如果说龙头股是一波行情的急先锋，那么还有一类个股平日里的走势总是慢条斯理，拖泥带水，直待如火如荼的行情运行到了灯火阑珊处，这类个股却出人意料地突然迸发出激情四射的涨升，这类股票就是补涨股。

一、补涨股及第一时价的概念

补涨股的概念其实很含混，既包括同一板块内最后上涨的股票，也包括一轮行情中最后起涨的板块或个股。

补涨股最鲜明的特征就是在行情主升段中的滞涨。持有这类股票的交易者，往往都会对与上涨行情失之交臂而痛惜不已，更加鄙夷手中持有的这类滞涨股，于是大多数人都会在不同阶段选择换股操作，以便尽快加入上涨的主流行情中。

随着大批持仓者的抛售，这类滞涨股的浮动筹码渐渐沉寂、集中，这就为补涨股的兴起打下了筹码基础。当多数人开始感觉到持有前期热门股票赚钱越来越难的时候，却不经意间发现之前抛售过的滞涨股早已扶摇直上，已非当年足下阿蒙。

补涨股在大小行情中都会出现，小行情如中级反弹行情中，补涨股的空间和时间都非常有限，而在大行情中，有些补涨股的空间甚至不亚于龙头个股。比如 2007 年至 2008 年大盘蓝筹股的补涨行情，可谓蔚为壮观。

2007 年 5 月 30 日，当日因上调印花税引发股市全面暴跌，史称“五三〇”。“五三〇”是当年行情的分水岭，之前的热门股票在此之后大多转入下跌趋势，继而进入漫漫熊市。而前期滞涨的大盘蓝筹股却由此开始补涨，并引领指数上冲至 6124 点的历史高点。

图 4-51 中的该股为 2007 年上涨行情的前期热门股之一，图中 A 点就是股价在“五三〇”前后的表现。A 点之前该股上升角度陡直，涨势极为凌厉。“五三〇”之后则转入大幅振荡走势，直至步入熊市的漫漫下跌路。

图 4-52 为大盘蓝筹股，图中 A 点之前该股走势相对平缓，整体升幅无法与当时的热门股相提并论，而 A 点在“五三〇”过后，该股却一洗往日疲态，股价走势竟似脱胎换骨，以陡直的角度急速劲升。

捕捉补涨股的实战要诀在于“第一时价”。

所谓“第一时价”，是指时间和价格的首次融合点。如上所述，这里主要讲的是一轮行情中最后起涨的板块或个股，所以有一点必须明确：并非所有的补涨股行情都像 2007 年“五三〇”之后蓝筹股的补涨行情一样波澜壮阔。

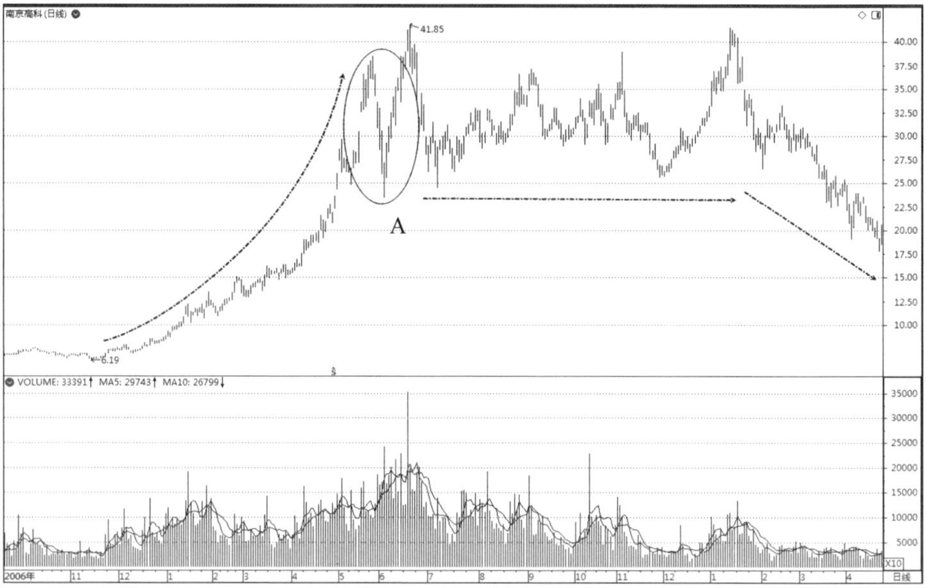
南京高科(日线)
41.85
A
6.19
VOLUME: 33391 MA5: 29743 MA10: 26799
2006年

图 4-51

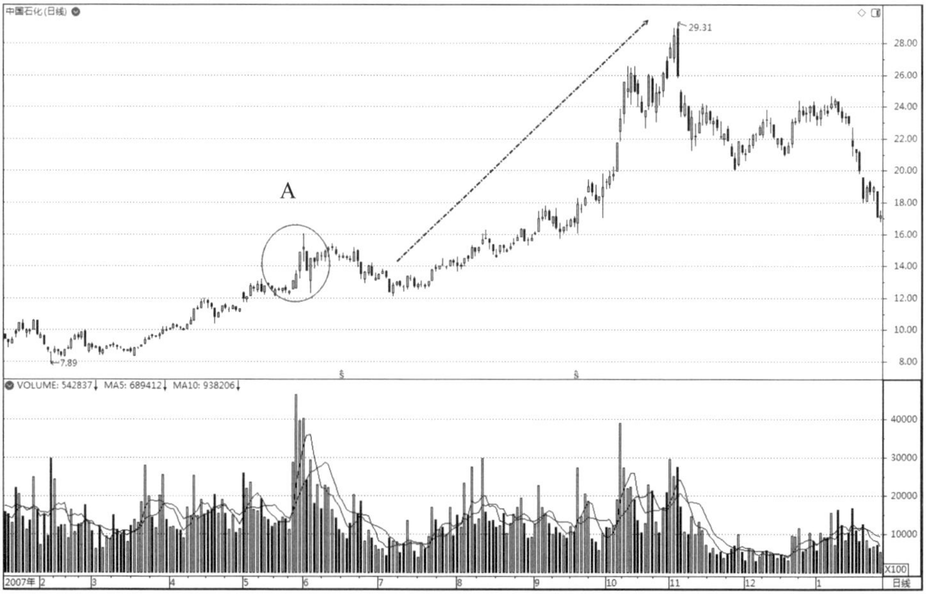
中国石化(日线)
29.31
A
7.89
VOLUME: 542837 MA5: 689412 MA10: 938206
2007年

图 4-52

通常来说，补涨股的行情都相对短暂，大多数都如烟花般转瞬即逝，如果不能在适合的时间和适合的价位及时介入，那么不是错过就是做错，这就是“第一时价”在补涨股行情中的重要性。以“第一时价”为基础捕捉补涨股，可以避免陷入之后趋势转换带来的亏损风险。

“第一时价”中的时间要素，这个时间并非仅仅指起涨时间，而是整体风格转换的时间。把握这个时间要素有三个阶段。

1. 整体上涨行情处于疯狂阶段

在整个上涨行情运行过程中，交易者理所当然首选龙头股及热门股进行操作。主流行情波折上升时，可耐心持仓，不要频繁换股。只有当整个市场开始沸腾，指数和个股处于疯狂上升阶段时，交易者所要做的就是一定要让自己保持清醒，把目光转向被众人所忽视和冷落的角落，开始追踪那些滞涨股。这个阶段不能急于介入滞涨股，市场疯狂的阶段具有一定的惯性，过早介入滞涨股，有时会错失主升行情中的大段盈利。这个阶段所要做的就是关注和追踪滞涨股。

2. 热门股的疲态

当热门股、龙头股在疯狂上涨阶段过后，随着部分大资金的流出，其走势上会尽显疲态。这些流出的资金不会轻易再次进入热门个股去替别人抬轿，而能够容纳这些资金的去处就是无人惠顾的冷门滞涨股。

如图 4-53 所示，A 处为该股的主升段，图中可见，随着股价不断攀升，成交量呈聚量形态，量价配合较为理想。经过一段时间的折返振荡后，股价在 B 处再次迅速上涨，但是这个阶段的成交量相比 A 处已经明显处于量能消散的形态中，这就说明尽管股价仍在冲高，但是大资金明显已经不再愿意加大仓位追涨。

综合 A 处和 B 处进行分析，A 处之后的折返振荡阶段，明显显示出有资金不断逃逸，但因为该股的热度仍在，还是有资金愿意入场承接，所以股价并未由此见顶，之后促成了股价的再次冲高，也到了资金之间击鼓传花游戏结束的时刻。

股价有时候并没有出现大跌，但是成交量却会提前显示出“疲态”来，当类似这种盘口出现时，交易者应放弃幻想，及时了结仓位。

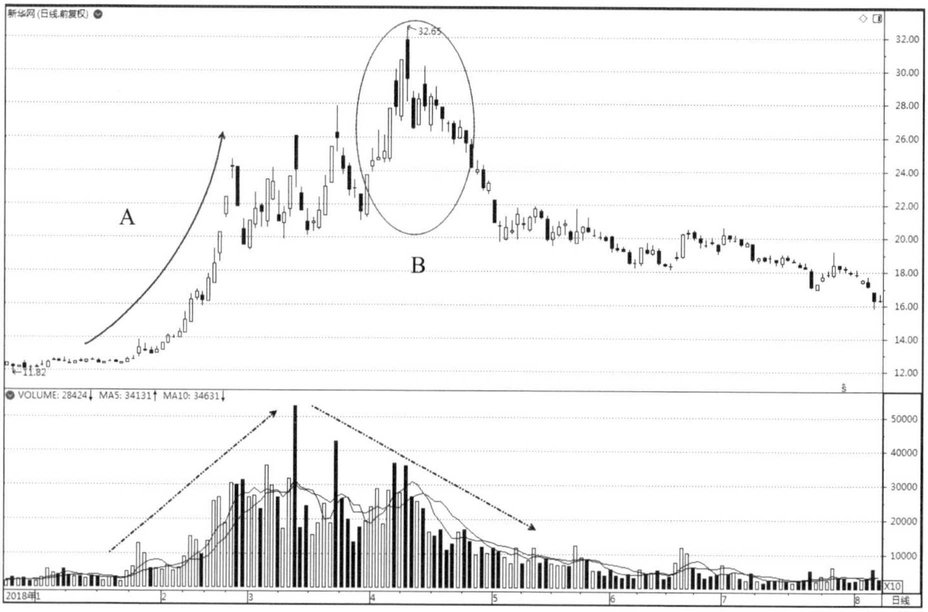

图 4–53

就像西汉史学家司马迁在《史记·货殖列传》中说的“贵上极则反贱，贱下极则反贵；贵出如粪土，贱取如珠玉，财币欲其行如流水。”这段话翻译成股市语言就是：涨得疯狂了就意味着要下跌，跌多了就意味着要上涨。股价疯狂的时候，要像扔垃圾一样卖出去，股价低迷的时候，要像看见珠宝一样买进来，这样操作下去想不赚钱都难。其实司马迁所说的就是经济规律，不但在股市适用，其他经济市场也同样如此。

3. 前期滞涨个股整体出现异动

当从热门股流出的资金开始流向冷门滞涨股，就如同向原本镜面似的潭水中扔了一块石头，必然泛起涟漪。交易者可以从成交量、股价波动等方面分析冷门滞涨股是否出现与前期截然不同的情况。

如图 4–54 所示，该股上市后大部分时间处于下跌趋势中，A 处股价突破均线系统，成交量激增，但是不久后股价转入下跌，成交量重归平静。当长时期处于冷门滞涨状态中的个股出现类似状况，应引起交易者的关注，因为这种情况极有可能是资金建仓所带来的波动。A 处之后，股价平稳运行，波动幅度越来越小，成交量处于地量状态中，同时均线系统呈收敛黏合的状态。上述就是冷门滞涨股在技术上出现异动的主要特征。

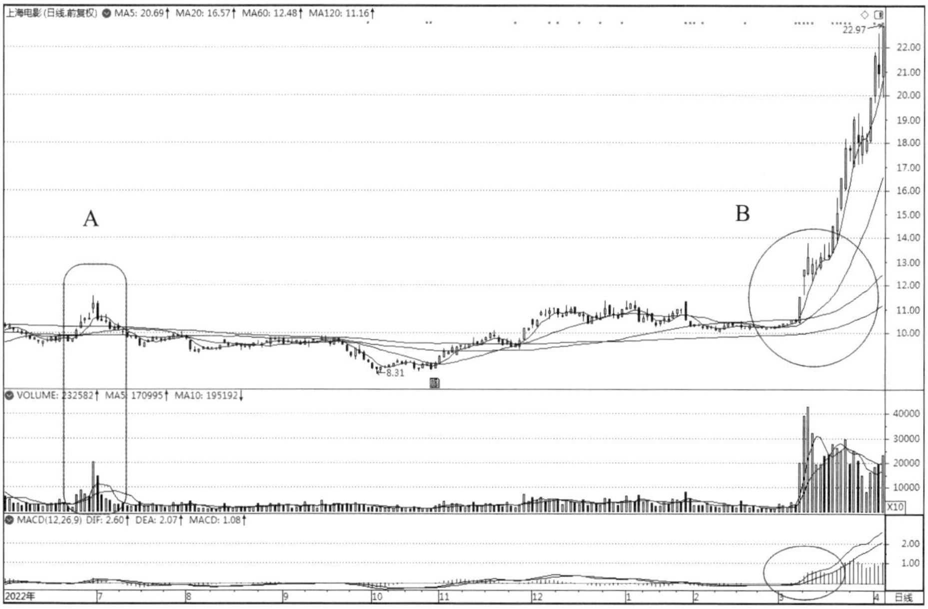

图 4–54

在交易者判断出滞涨个股出现异动之后，意味着时间要素已经确定，也就是说，从此时起可以开始关注该股了，而“第一时价”中的价位要素，就是下一个观测的要点。

价位要素的确认，主要在于起涨结构构筑的分析判断上，这个阶段主要从分钟系统上来确认起涨点的来临。主要还是以聚量攻击的出现，均线系统由黏合到向上发散，指数平滑异同移动平均线（moving average convergence and divergence，MACD）指标穿越0轴线之上等为价位因素确定的标准。

如图4-54所示（为方便理解，本图采用日线图），该股在A处出现异动，之后股价波动减小，均线开始聚拢、黏合，至B处聚量攻击出现，均线系统向上发散，MACD从0轴线之上向上运行，这个点位就是时间和价格的首次融合点——“第一时价”。

对于补涨股的操作，交易者必须谨记，“第一时价”中的时间要素出现后，并不意味着可以开始追涨（有些时候也无涨可追），只有等“第一时价”中的价位要素也出现时，才说明时间和价格发生融合的“第一时价”已经诞生，这时才可以择机追入。

二、不可恋战

大多数补涨股行情就像是正餐之后的鸡尾酒，目的是为餐后清新口气或促进消化，即便你仍旧饥肠辘辘，也不能用它来果腹，否则行情还没到高点，你可能已经“高了”。

经过前期热门股的操作后，当交易者参与到补涨股中时，盈利预期和持仓比例都必须有所控制。为什么在操作补涨股行情中提出“第一时价”的概念，原因就在于：如果不能在第一时间，适宜的价位介入补涨股行情，很有可能就不存在适宜介入的“第二时价”。毕竟像2007年“五三〇”之后蓝筹股的补涨行情史上少见，多数的补涨股行情都是一波突如其来的涨升过后随即转入下跌之中。补涨股行情，绝不可恋战。

第六节 利好选点

突如其来的利好消息总会对股价带来影响，只是影响程度上有着较大的区别。当利好消息出现，股价上涨，交易者可不可以追涨呢？

一、利好分析方法

交易者首先要区分利好的性质，其次分析个股或大盘的趋势、趋向以及之前短期的升跌幅度。

1. 利好性质

首先看是针对市场行业的政策性利好，还是上市公司发布的相关个股的利好。

针对市场行业的政策性利好，包括存贷款利率调整、存款准备金率的调整、重大政策、行业规划等。而上市公司的利好公告林林总总，不一而足。

其次看该利好是实质性的还是非实质性的。比如上市公司公告业绩提升，大合同订单，市场重大拓展等，就属于实质性利好。而一些规划、预期类的，则属于非实质性的利好，如参股成立公司，参与某类投资等，因为这类利好公告并不能确定未来会给公司带来多大的利润。但非实质性利好并不是说交易者就可以完全忽视，比如互联网 + 概念，很多上市公司不管是真是假，也不管参与到其中究竟能给公司带来多大的利润，只要宣布参股或涉及该概念，股价就会飞升。

如图 4–55 所示，该股于 A 点当日发布公告，参股某互联网金融服务公司占股 15%。图中可见，公告后股价略有调整便一跃而起，短期内从 80 多元一路飙升至 180 多元。

图 4–55

2. 大盘趋势

利好公告时，大盘的运行趋势也是交易者需要关注的，这里所提及的主要是政策性或决策性、决定性利好。

如图 4–56 所示，是沪指 2001 年至 2003 年的 K 线走势，A 处是 2002 年 6 月 24 日停止国有股减持利好发布前后的股指表现。沪指自 2001 年开始下跌，虽然 2002 年 6 月 24 日国务院出台实质性利好救市，但是经过短暂反弹后，股指仍旧继续下跌趋势。

由此可见，即便是政策层面上的实质性利好，如果与大盘运行趋势相违，也只能引发短期内的反弹，并不能逆转趋势。

当利好发布时，大盘趋势向上，则起到加速作用，若利好发布前已经大幅上涨，则要注意获利盘回吐。利好发布时，大盘趋势向下，则反弹后仍会回归趋势，但在长期下跌后有利好出台，可能会引发趋势扭转。

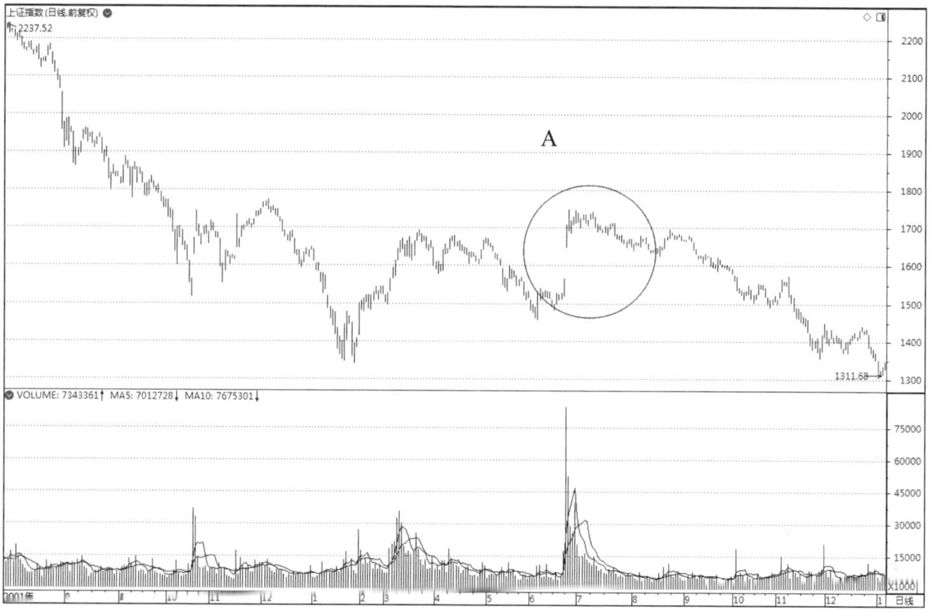

图 4–56

3. 利好个股趋向及短期的升跌幅度分析

上市公司发布利好后，交易者不必忙于对相关个股进行追涨，而是要做好以下工作：确认相关个股的趋势和趋向以及短期升幅等。

利好个股当前处于何种趋势、趋向，对利好后的股价走势有着极大的影响。如图 4–57 所示，该股在 A 点当日发布公告称一季度业绩扭亏，利好出台前，该股一直横盘整理，借助该利好，股价由此开始一波升势。

通常来说，当股价运行呈下跌趋势时，利好会带来短线反弹，但反弹结束仍会继续下跌。当股价运行呈上涨趋势，利好的出现会加速股价上涨，但若利好发布前该股已有较大升幅，则回落调整的概率较大。如图 4–58 所示，

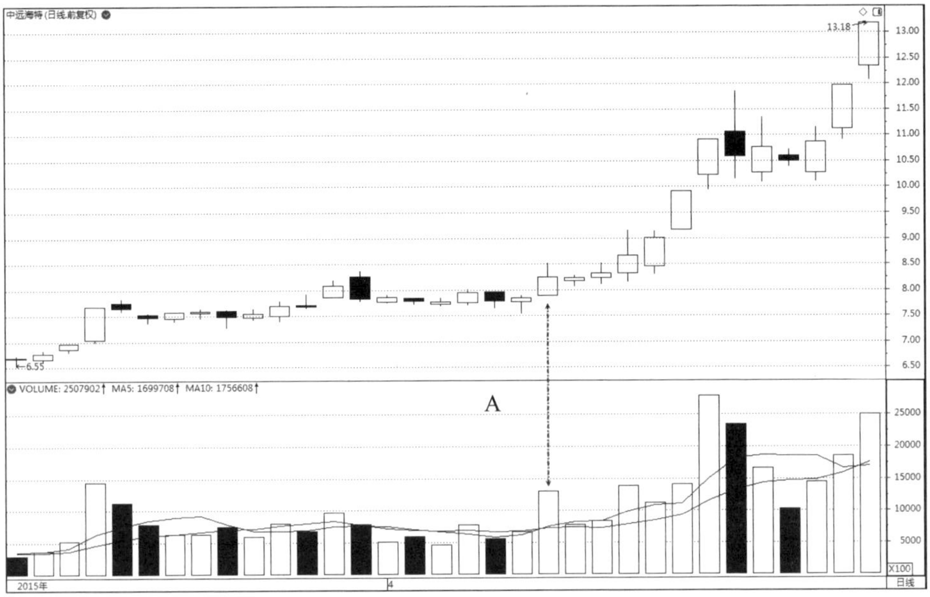
中远海特(日线,前复权)
13.18
6.55
VOLUME: 2507902↑ MA5: 1699708↑ MA10: 1756608↑
A
X100
2015年
4
日线

图 4–57

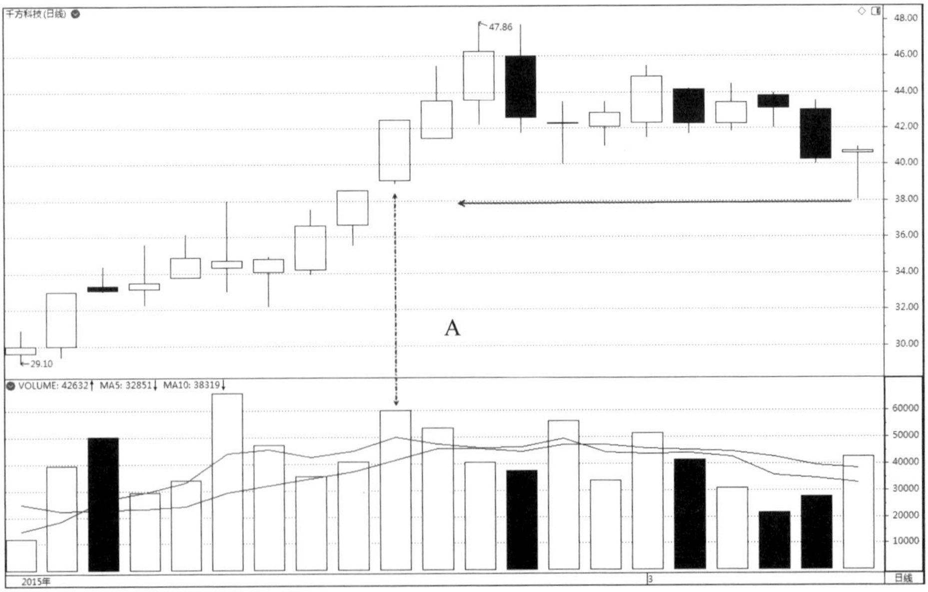
千方科技(日线)
47.86
29.10
A
VOLUME: 42632↑ MA5: 32851↓ MA10: 38319↓
2015年
3
日线

图 4–58

该股处于升势途中，A 点当日上市公司发布公告称与国际厂商签署战略协议，股价当日走出涨停板并继续上涨两个交易日后，便出现回落，整个回落幅度将利好带来的涨幅完全抵消。

上述所提及的只是常规情况下部分个股利好与股价的变化关系，实战中还有一些特殊情况下的变化关系，下文“被忽视的利好”就是其中一种。

4. 盘前的操作准备

上市公司发布利好，大多会在当日交易结束后或晚间，部分会在次日开盘前，交易者一般在开盘前可获知相关公司的利好消息，所应做的工作就是上文提到的几项分析。当确定某一只股票为追涨目标时，既可以选择开盘后观察其走势再做操作，也可以选择在开盘前挂单。

盘前的挂单竞价期间（如图 4-59 所示），并非可以等闲视之，其往往和盘中交易有着较大的联系。集合竞价阶段往往隐含着主力资金当日的一

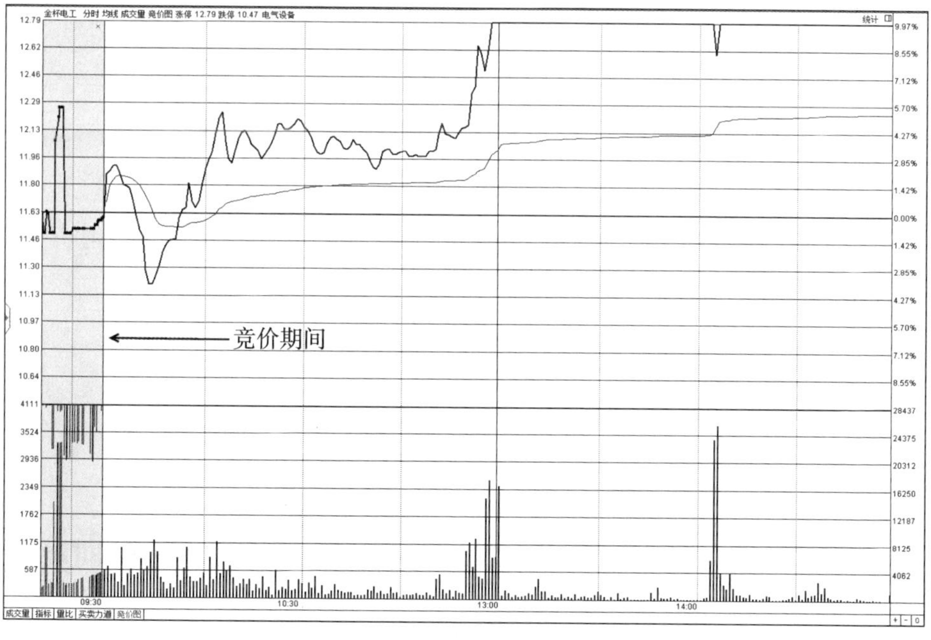

图 4-59

些运作意图，因此交易者应认真、细致地分析集合竞价情况，以便及早进入状态，熟悉最新的交易信息，掌握当天的交易先机。

二、被忽视的利好

上文提及的均为常规情况下个股利好与股价的变化关系，实战中还有一些极为复杂的特殊的股价与利好的变化关系。例如，在大盘向好的趋势下，某公司发布利好消息，但该公司股价却置利好于不顾，仍旧继续下跌。

如图 4-60 所示，该股运行期间，上市公司多次发布利好消息，如 A 点当日公告召开“移动终端安全解决方案”联合发布会，B 点当日公告成为中国工商银行 PBOC3.0 金融 IC 卡 / 国密供应商，C 点当日公告关于签署《人教数字教材（教师版）应用软件客户端软件系统开发协议》。

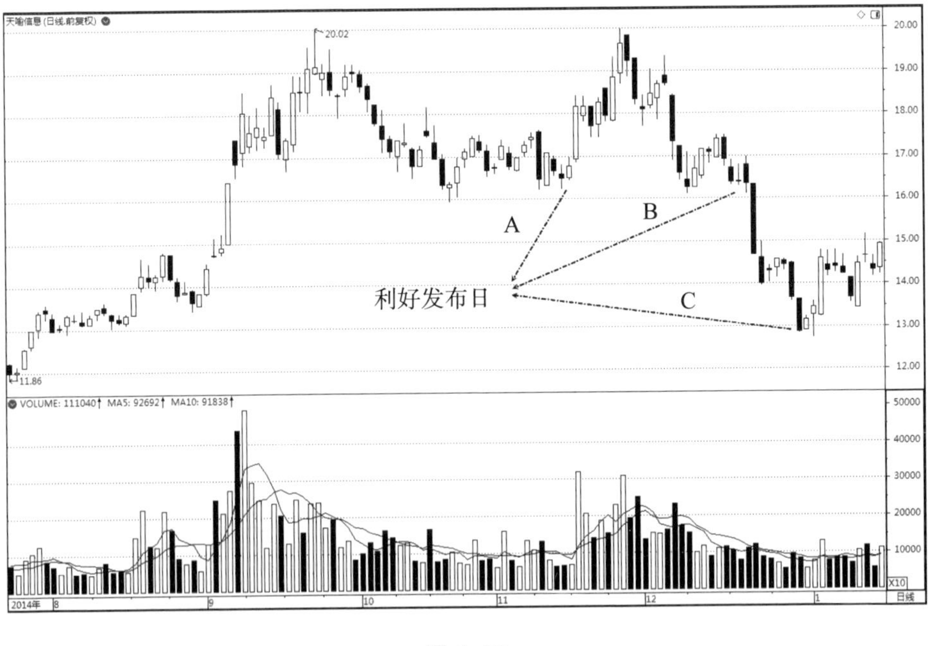

图 4-60

应当说，这些利好都处在当时热门概念的风口上，上述这三个公告无论哪一个，都足以让该股股价出现连续的上佳表现，但反观图中该股走势，除A点和C点出现小幅弹升，B点忽视了利好的存在，似乎当成利空来应对。

那是不是该股受到大盘技术环境的影响，继而导致对于利好的淡化和忽视吗？我们可以了解一下同一时间大盘的技术环境。

图4-61中的A处是沪指相对应的走势情况。图中可见，在这个时间周期内，大盘整体运行于上涨趋势中，并非处于恶劣的下跌趋势，所以大盘技术环境可以说是优良等级，并不会给该股带来负面影响。

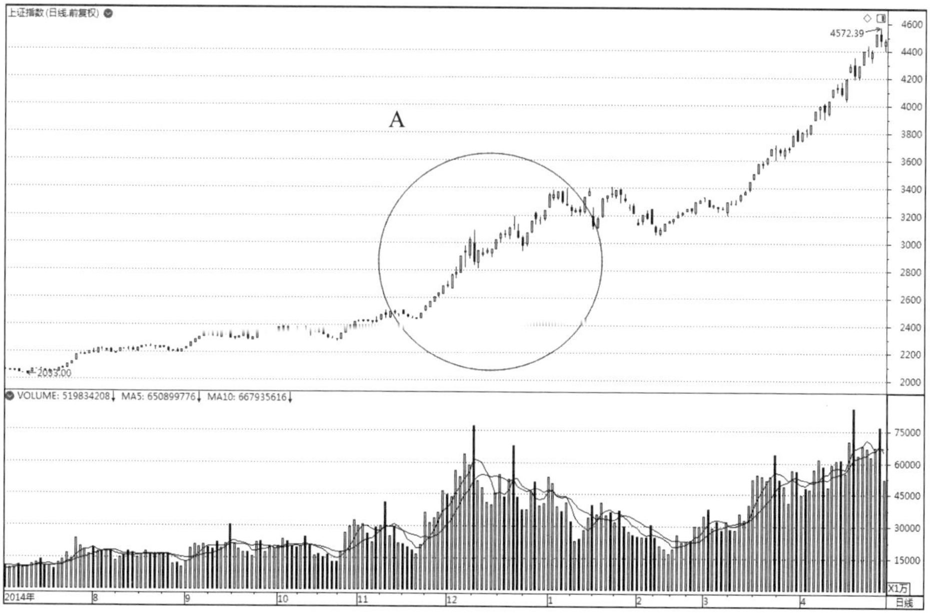

图4-61

既然大盘的技术环境不存在负面因素，那么问题必然处在该股自身上。对该股的基本面进行分析，并结合其所发布的利好信息来看，发现该股并不存在和基本面相关的负面因素，那么结论就出来了，逆势下跌必然是技术面上的原因。

该股前期除权后开始涨升，但整体幅度算不上巨大，且经过较长时间的振荡。同时在股价高点最大单日换手也不超过12%，聚量攻击和量能消散情况分析均属良性，并无主力大幅减仓的迹象。在大盘趋势向上的技术环境下本应顺势上涨，但该股却逆势向下。

综上所述，该股忽视自身利好，漠视大盘趋势的原因，极有可能是主力运作的需要。

图4-62是该股的后期走势，A处就是利好一直被忽视的区域，真相也终于大白。利好一再被忽视，是缘于主力正酝酿一波凶狠的洗盘过程。在大盘技术环境为上升的背景下，主力敢于逆势洗盘，说明手中的筹码已经足够控盘。当该股股价经洗盘结束，低点盘升时，至B处均线系统聚拢后向上，走出多头指向，同时聚量攻击出现，交易者可追入。

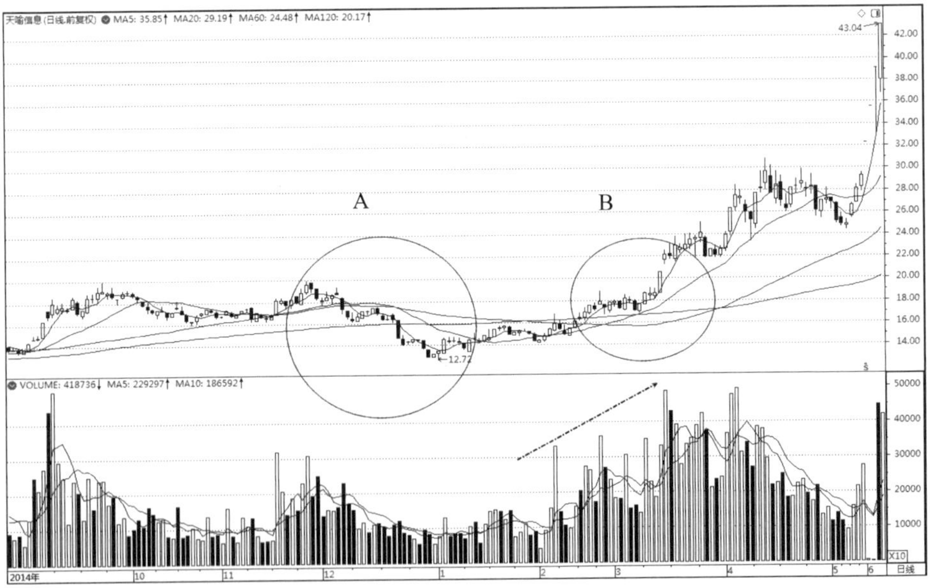

图 4-62

当被忽视的利好等在内的特殊股价与利好变化关系出现时，我们要做的就是厘清其中的根本原因和可能性。当结论都指向唯一的一个可能性时，即便只是可能性，这个可能性也许就是真正的原因和答案。股市中并没有太多的确定性，更多的只是可能性。对于一个以博弈为特性的市场来说，唯一的可能性有时就代表着确定。

第七节 填坑的放量长阳

股票交易的过程，就是多空博弈的过程。多空双方的博弈必然剑拔弩张，波诡云谲，在这个过程中没有欺骗和被骗的概念，只有胜和负的区分。当对方挖个坑，你却跳了进去，这个过程不叫被骗，只能称作失败。

一、填坑技术细节与回落确认

股票上涨过程中，主力在股价运行的各阶段出于不同需要，会在短期内刻意打压股价，当股价回落到其希望达到的幅度时，主力便会重新拉升。股价短时间形成的这种跌落——涨升的形态，人们通常形象地称之为挖坑和填坑，如图 4-63 所示。

主力挖坑的原因各种各样，多数时候是为了吸筹或洗盘。在主力完成挖坑的任务之后，填坑的过程往往会为交易者带来极佳的介入良机。

以图 4-63 为例，图中 A 点所示，当日一根中大阳线一举突破坑顶，成交量温和放大，这种技术形态符合本节主要讲述的填坑的放量阳线，应为交易者可以追涨的目标。虽然案例中股价后面有一个回抽确认的过程，但是在实战中并不是所有突破的个股都会存在确认，这个技术点后面会讲到。

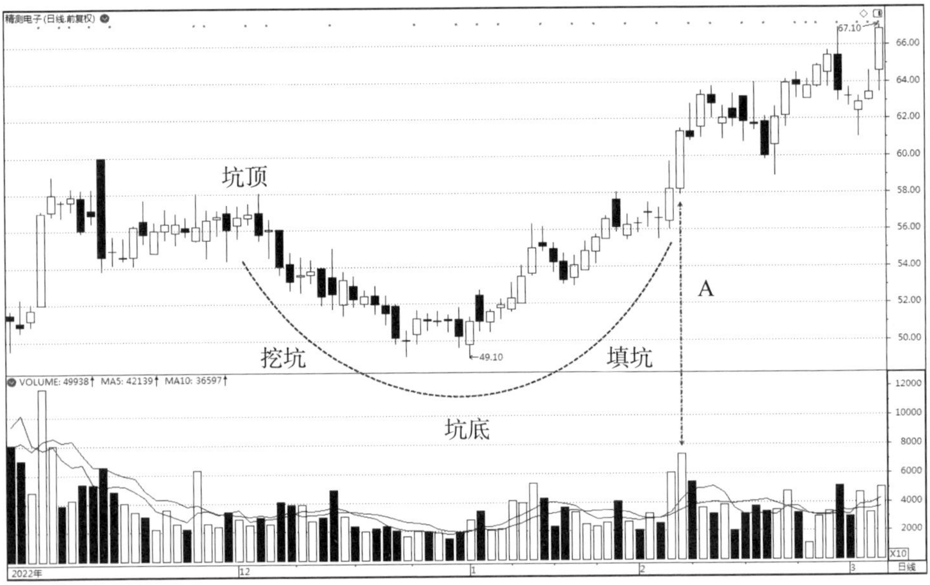

图 4–63

在和填坑相关的追涨技术上，有一些需要特别注意的技术细节。

1. 填坑阳线的突破力道

主力挖坑后填坑和过坑顶时，并不会都采用放量阳线，也存在其他形式的拉升，比如连续小阳线上涨，但突破坑顶的放量阳线能够显示出相应强度，所以较为适用于追涨技术。

追涨需追强。股价弱势表现出的变化更为复杂，主力行踪飘忽，如蜻蜓点水，最为难判。在股价强势状态下，即便主力运用对倒等骗线手法，也必会露出蛛丝马迹。就像一个人站立不动，我们很难判断出他下一步要干什么，但若这个人跑起来，即便他的真实意图是躺下去，也必然有一个时间过程可供我们判断。

强势状态下的填坑长阳，既有上例提及的中大阳线，也有突破性涨停板的类型。实战中并不要求必须是涨停板大阳线，能够体现强度的中大阳线即可，但阳线实体应大于 5%。对于这根阳线有以下三个具体要求。

其一，突破坑顶。

如图 4-64 所示，该股挖坑后于 A 点放量填坑并突破坑顶。突破坑顶应以放量阳线的收盘价为基准。股价能够突破坑顶，一方面说明坑底的杀跌筹码没有了低价回补的机会，另一方面说明能够解放坑顶的套牢筹码，主力必然不会就此偃旗息鼓。这就是突破坑顶的技术含义。

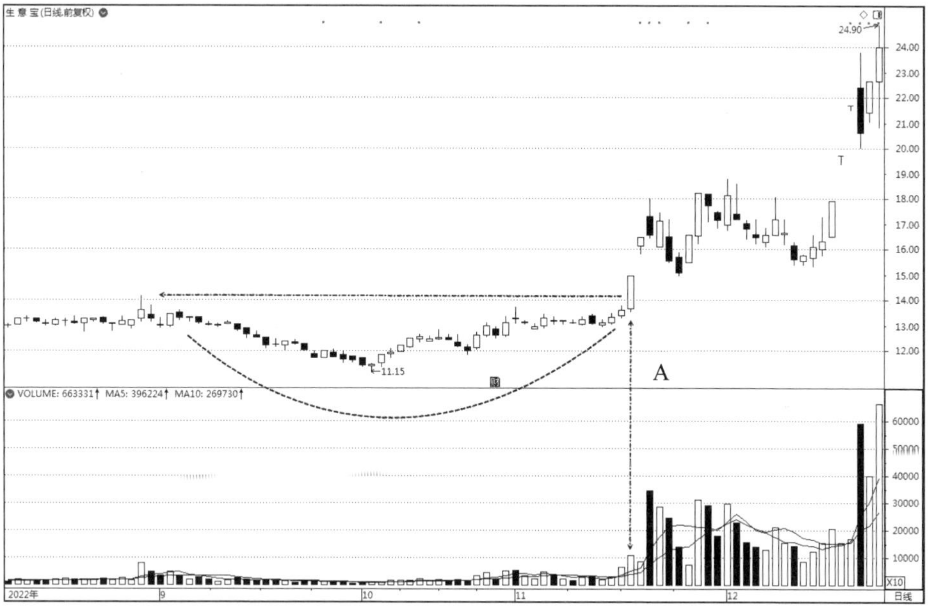

图 4-64

如图 4-65 中 A 点所示，该股填坑途中也是以大阳线的形式向上攻击，虽然股价一度突破坑顶，但盘中出现回落，留下较长的上影线，之后多日发起多次上涨，但均以股价回落告终，显示坑顶压制较重。这种类型的填坑阳线，在股价上涨强度上存在不足，或有制造假突破的嫌疑，交易者不可追涨。

其二，如当日不能突破坑顶，则次日留有向上跳空缺口。

某些情况下主力需要快速拉升股价，但受制于幅度限制，即便采用涨停板也不能完全突破坑顶。但是这类个股因内在上涨能量十分充沛，次日往往会高开留下一个向上的跳空缺口。这也是我们判断股价涨升强度的细节之一。

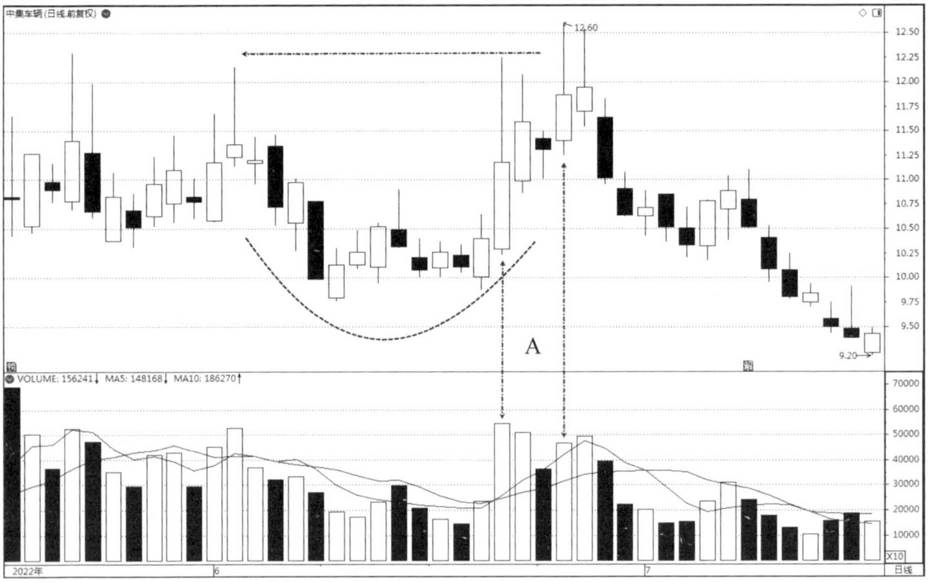

图 4-65

如图4-66所示，该股在A点的中阳线成交温和放大，但是未能突破坑顶。对于这类未能突破坑顶的个股，交易者可密切关注次日开盘是否有跳空缺口的情况，若次日留缺口不回补，同时成交未出现大幅缩量或激增至变量的情况，则可午后或尾盘寻机追入（具体介入时间段，应以分钟系统提示或盘中量比来具体判定）。

其三，量能温和放大或大幅放大，不能为变量。

如图 4-67 所示，A 点的中大阳线突破坑顶，但成交量呈变量形态。对于变量突破的个股，交易者不可当日追涨，这种类型的个股多数情况下会出现冲高回落，交易者倒是可以择机低吸。这也是上文强调午后或尾盘追涨的原因。

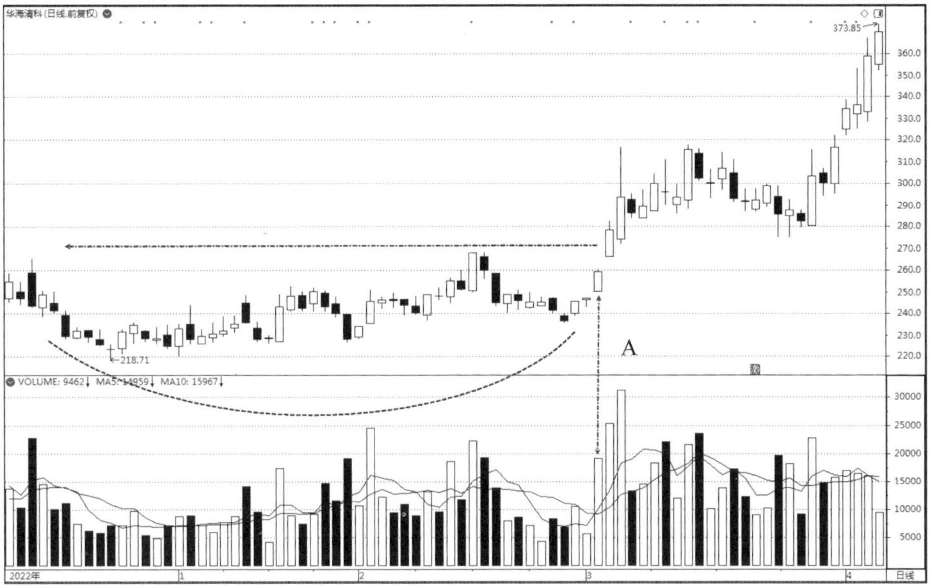
华海清科(日线,前复权)
373.85
218.71
A
VOLUME: 9462 MA5: 14959 MA10: 15967
2022年
日线

图 4-66

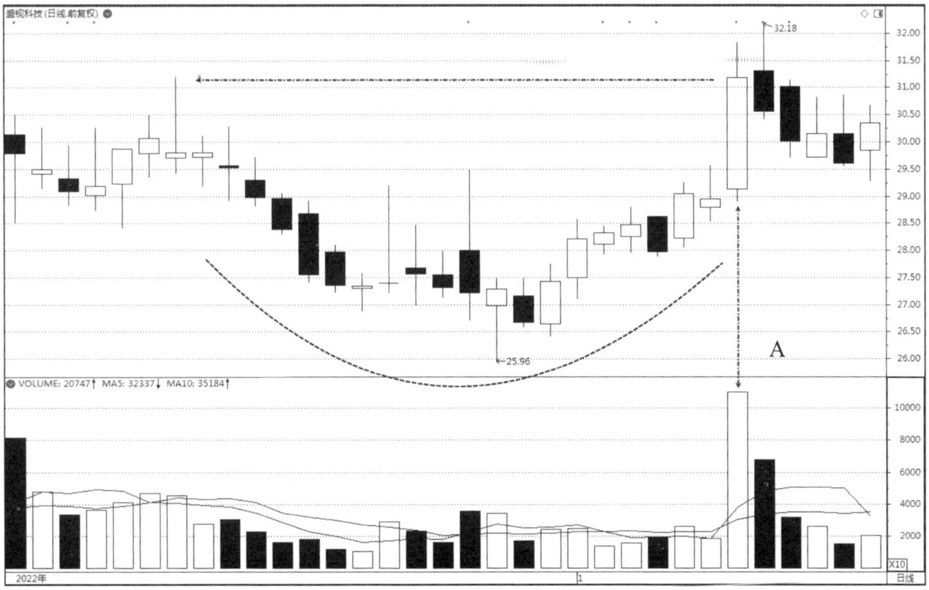
盛视科技(日线,前复权)
32.18
25.96
A
VOLUME: 20747 MA5: 32337 MA10: 35184
2022年
日线

图 4-67

通常来说，主力挖坑后填坑，并不需要太多的量能。填坑过程中出现过大的成交量，很有可能是主力发现挖坑的效果并不理想，坑顶仍旧存在较多的筹码并未出逃。如果是这种情况，主力必会继续振荡，甚至有的个股主力会不辞劳苦地再度挖坑。

还有些主力资金就是通过不断挖坑、填坑的循环过程来降低自身的持仓成本。如图 4–68 所示，该股在趋势运行过程中，几乎每过一段时间就会开始挖坑、填坑。个股的成交量也随之发生了很大的变化，从前期的聚量转化为量能消散，说明筹码到了后期已经非常集中，主力资金的盈利也已经钵满盆满，只等一个合适的兑现过程。

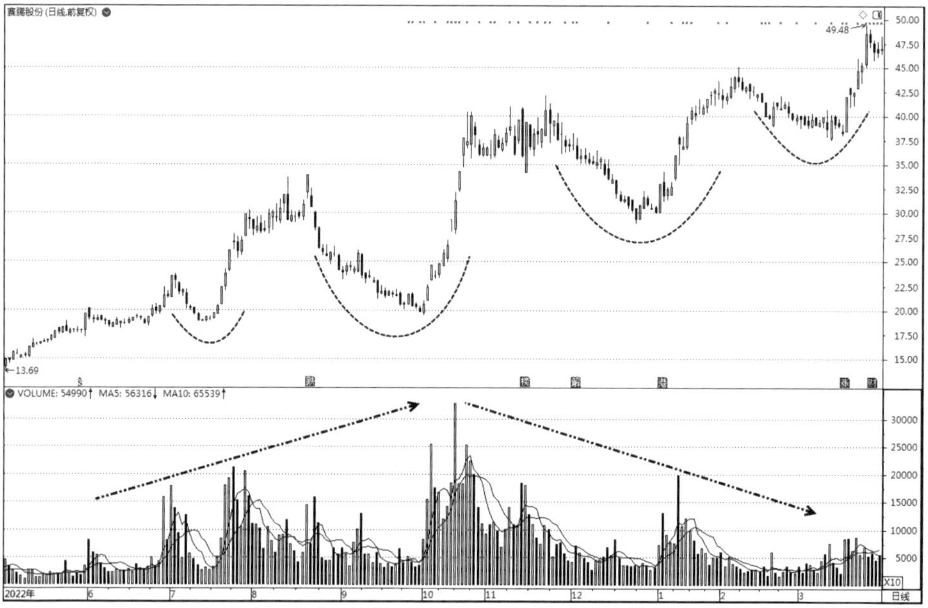

图 4–68

2. 填坑后的回落确认

当挖坑—填坑—突破坑顶的整个过程基本完毕时，大多数个股会出现一个向下的回落。从主力运作的角度来说，这个回落能够对填坑过程中的追涨资金起到一定的清理作用，同时也对刚经过挖坑折磨的坑顶之上的不稳定筹码起到恐吓作用——再不卖，又要下跌了！这个填坑后的回落，在技术上被称为填坑确认。

如图 4–69 所示，A 处该股突破坑顶，随后股价在 5 日线附近测试支撑。通常来说，强度较高的个股多会在 5 日线上完成确认，并在短期间内（一般在 4 个交易日内）继续涨升，交易者可追涨。

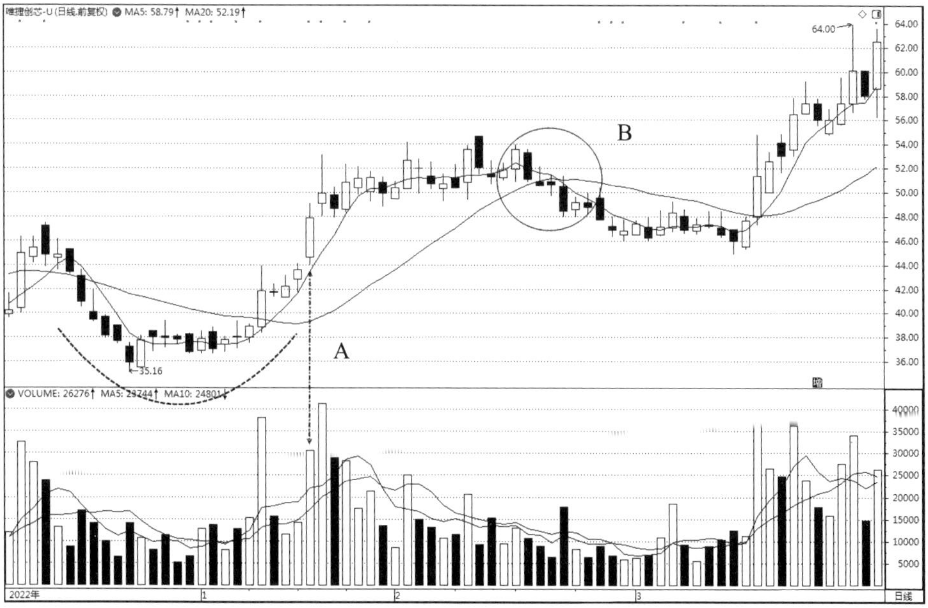

图 4–69

反观图中 A 处之后的股价，在 5 日线上盘桓过久，成交量呈量能消散态势，至 B 处更是跌落 20 日均线，涨升强度早已消失。对于这种图形的个股，交易者不但不可追涨，还要提防股价可能出现再一次挖坑，或是转入下跌趋势的风险。案例中个股选择了再一次挖坑后才开启涨势。

二、延后的买点

填坑介入包括两种方式，即低吸介入和追涨介入。低吸介入多数是在填坑区的启动阶段，而追涨介入则在突破坑顶之后，股价表现强势期间。

追涨技术的着重点并非价格的相对低点，而是价格的连续上升趋向，所以追涨者的买点相对整个挖坑、填坑过程来说，往往要延后一些时间，买入价位也相对高一些。但从资金使用效率的角度上说，延后的买点提升了资金使用效率。交易者不能对错过了价格最低点介入时机而耿耿于怀，否则只能说你并不适合做追涨交易。

如图 4–70 所示，该股挖坑过程中的股价最低点出现在 A 处，之后经过较长时间的填坑，直至 B 处才突破坑顶。

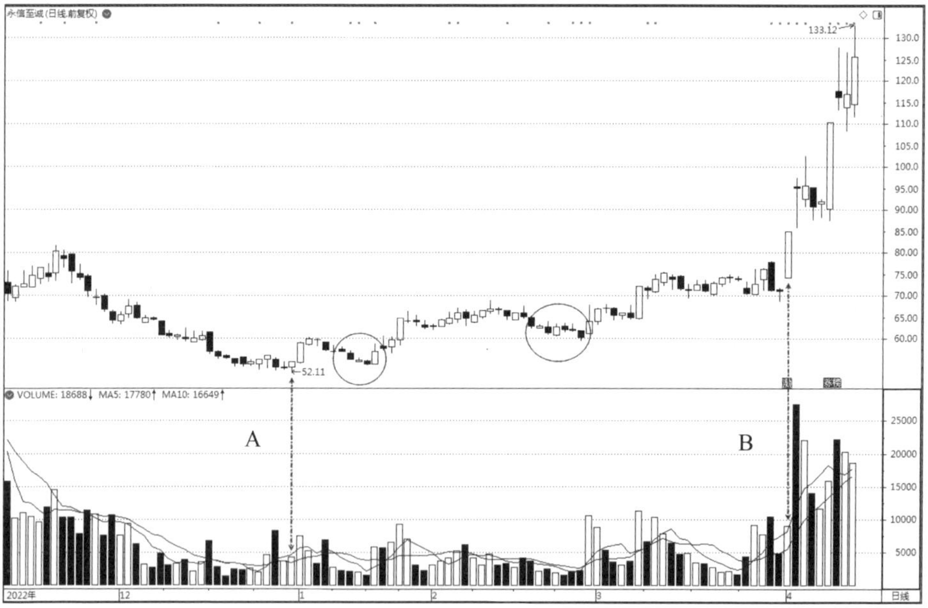

图 4–70

仅就追涨技术而言，当图中 B 处出现时，股价的升势基本确立，交易者完全可以寻机追入。如果选择在 A 处介入，至少需要接受股价反复振荡的考验，并且你的资金会因此降低使用效率。B 处延后的交易，是顺势而为的交易策略，它的安全性和盈利速度其实更有保障。

如果交易者追求能在股价低点介入，那么当股价下跌时，你能够摒弃恐慌吗？当股价在继续挖坑的过程中再次发生回探时，是否会因恐慌而选择卖出？上述疑问都是真实存在的，也是交易者在缺乏技术支持情况下经常会遇到的。

股价的最低点并不是短线追涨交易者追求的目标，不但包括追涨技术，也包括低吸技术在内，即便是低吸，也并不是盲目追寻股价的最低点。当股价下跌过程未完时，寻求最低点交易是极其危险的交易行为。

第八节　加速 K 线

很多个股会出现连续性涨升，K 线呈向上跳升形态，比如前文提到过龙头股、补涨股等在主升段时的表现。这种连续向上跳升的 K 线形态，即为加速 K 线。

一、加速 K 线分类

如果从主力拉升的性质来划分，加速 K 线可以大致分为两类：其一，脱离成本区或运作需要的加速；其二，加速冲顶。

1. 脱离成本区或运作需要的加速

当主力建仓基本告一段落，如果这时市场技术环境已经明显趋好或热度不断增加，主力往往会选择快速脱离成本区，以便扩展未来可供运作的空间。如图 4-71 所示，B 处为该股脱离成本区时出现的加速拉升阶段。这个阶段的 K 线基本都处于 5 日均线之上，调整低点也多出现在 5 日均线上下。实战中，股价处于加速阶段时，一般不会出现回落调整跌至 10 日均线的情况，即便有也多为当日下影线调整，收盘会在 10 日均线之上。图中 A 处，股价单日调整幅度较小，且在未触及 5 日均线时就结束回落，收出下影线，显示出 5 日均线的强度，这里其实是交易者低吸的时机。

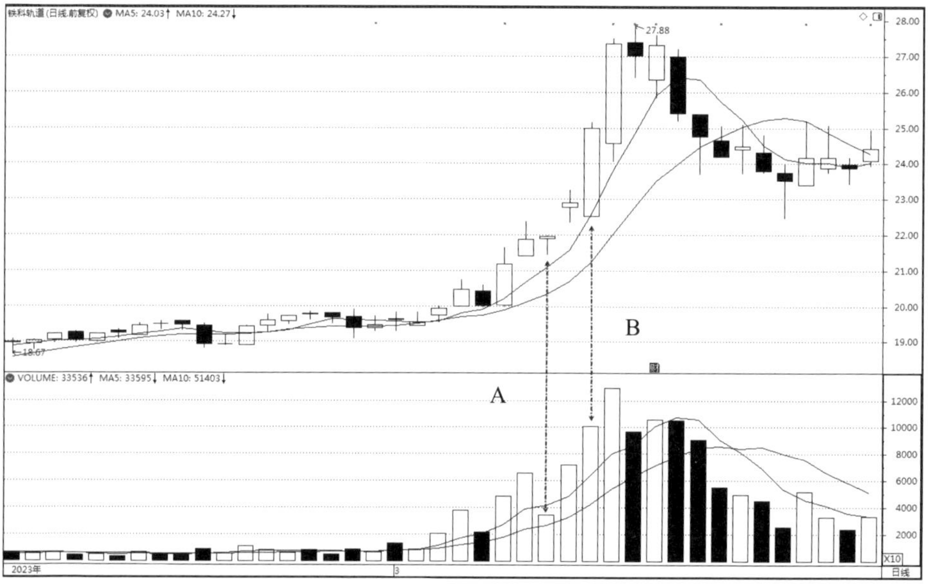

图 4-71

脱离成本区时出现的加速，持续时间都不会太长，但涨幅通常都非常可观，否则也达不到主力拓展运作空间的需要。对于脱离成本区时出现的加速，交易者应积极参与，介入的时机可选择在 K 线出现加速后第一次回落调整至 5 日均线上下，当股价放量涨过调整高点时，通常都是较佳的追涨机会。

如图 4-71 中 B 处的大阳线就是极佳的追涨时机。图 4-72 是图 4-71 中 B 处当日的分时走势，当日开盘略微低开后，股价便开始回升盘整，图中圆圈处已经显示出股价在 5 日均线上具有支撑，能够体现出股价继续涨升的强度，交易者应及时追入。

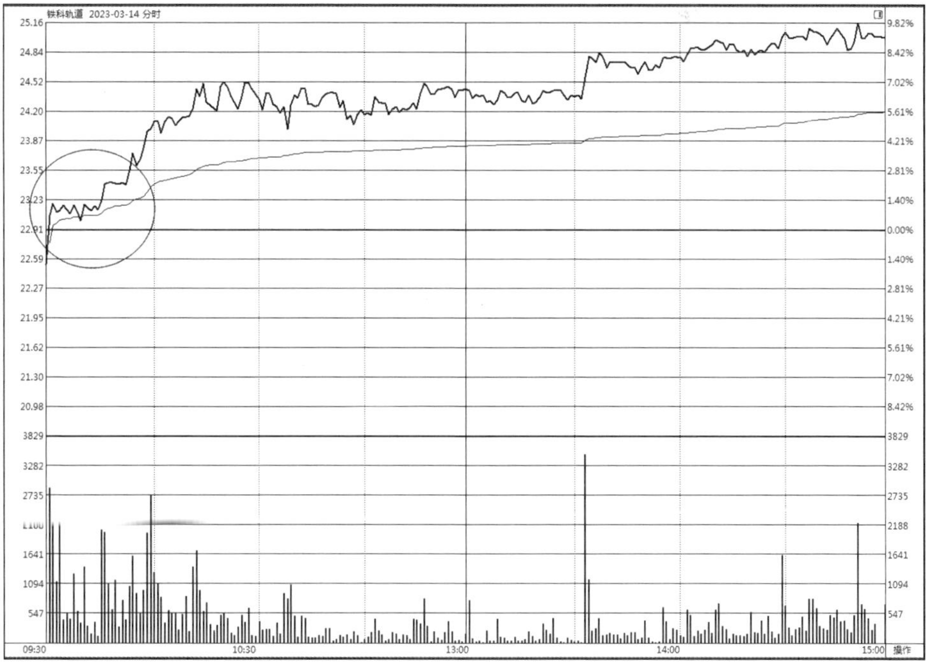

图 4-72

2. 加速冲顶

加速 K 线不仅会在脱离成本区出现，在之后股价运行的不同阶段，主力也会根据运作的需要采取加速 K 线的形式拉升，以达到预期的目的。这种情况下的加速 K 线类型繁多，就不再一一举例说明了。

当股价经过长期大幅上升后进入到派发阶段时，加速 K 线也是主力经常会采用的拉升和派发手段。如图 4-73 所示，K 线实体由小逐渐变大，至 A 点出现加速 K 线，之后涨升至高点又再次变小，之后股价调整至 10 日均线，于B点再次加速冲顶。如果交易者参与这类个股的追涨，应尽量选择在加速初期或第一根大阳线出现前后，一旦错过时机，则不应再予关注。

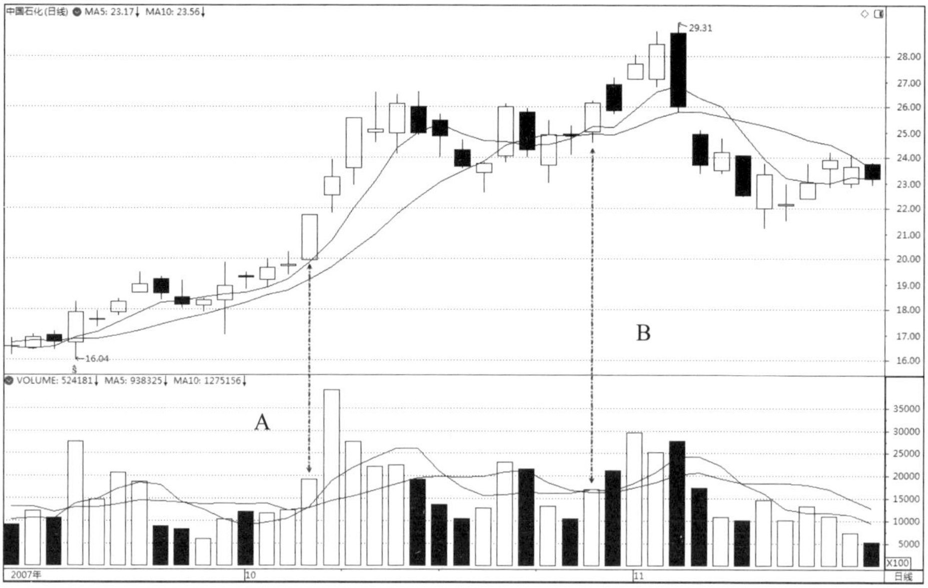

图 4–73

当交易者追涨出现加速K线的个股时，首先应从周线或月线层次上确认该股处于何种阶段，当发现目标个股已经是经过长期大幅上涨之后，那么基本可以确认这个阶段出现的加速极有可能就是加速冲顶性质的。即便这个加速不是出现在最后的趋势见顶上，在巨大涨幅出现后的加速，也必然导致大级别的调整。

在上述关于加速性质技术判断的基础上，交易者还可以通过以下几点确认加速过程的终结，而选择及时卖出。同时也可参考超买、超涨理论的相关技术细节来予以确认。

加速K线接近结束时多具有以下特征。

其一，加速期K线实体逐渐由大变小。

其二，股价运行重心趋向走平。

其三，股价实体回落至10日均线下。

其四，成交量基本呈量能消散形态。

当上述特征出现后，交易者不可再随意追涨这类个股。

二、加速K线分解方法和起涨点辨别

加速K线从日线层次上看，几乎是跳升在5日均线之上，也有一些个股的加速K线是以5日均线依托上行的，但不论何种情况，交易者都很难从日线上寻找到适宜的介入时机，这时候就需要借助分时图或者通过分钟系统来寻找起涨点。

如图4–74所示，A处为加速开始日（升离5日线第一天）。该股短短的5个交易日股价便从24元左右涨升至37元多，是典型的加速K线。从这张日线图上我们很难得到需要分析的技术细节，那么如何寻觅加速K线的起涨点即买点呢？

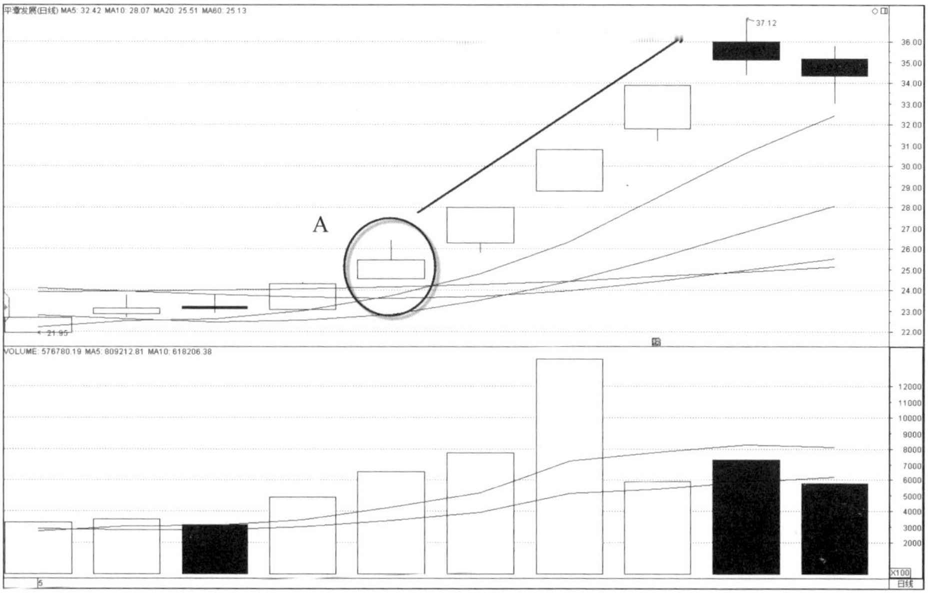

图4–74

分析加速K线的技术细节，需要当天的交易情况以及相关数据，既然日线系统不能提供，就要从分钟系统或者分时图上来寻觅。图4-75为1分钟系统K线图，图中第一日即为图4-74中的A处加速开始日，以此类推。

图4-75中的第一日，该股高开后盘升，尾盘却有所回落，这种走势并不能确认该股进入加速阶段，也不能成为追涨的技术条件。第二日该股依然高开，并没有受到前一日尾盘回落的影响，图中A处可见，股价受到下方均线支撑明显，当股价越过前一日高点并转压制为支撑时，则为追涨时机。

这个细节我们可以通过分时图来详细了解。图4-76为第一日分时走势，图中A处为当日股价高点出现的位置，即26.44元。图4-77为第二日分时走势，A处股价高开后略有下探便冲破26.44元开始上涨，B处为股价出现的一个短暂盘整，这里的股价已经远离26.44元，且之后股价选择继续上涨而不是回落，说明此时的股价明显已经将前一日高点的压制转为支撑。这一点也就是股价的起涨点和交易者的较佳追涨时机。

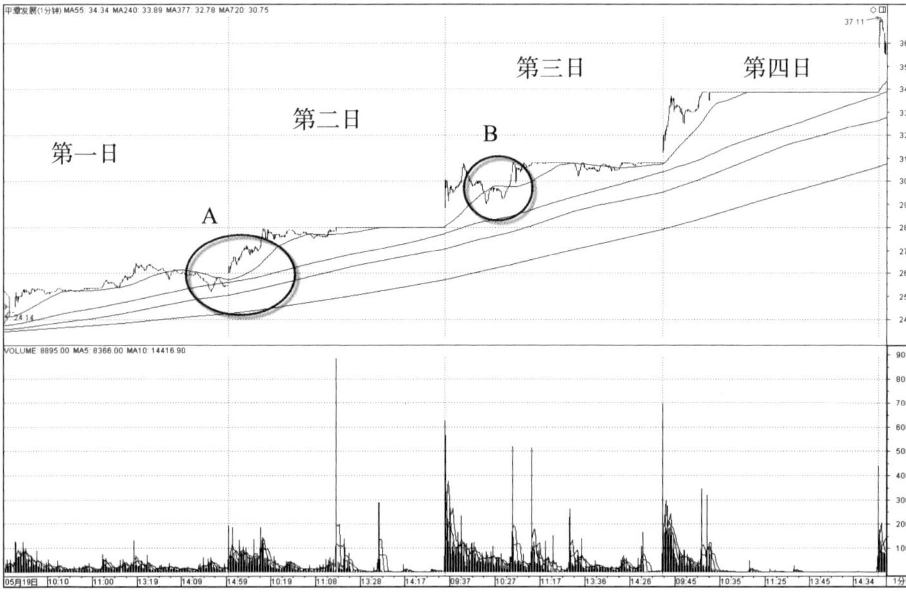

图4-75

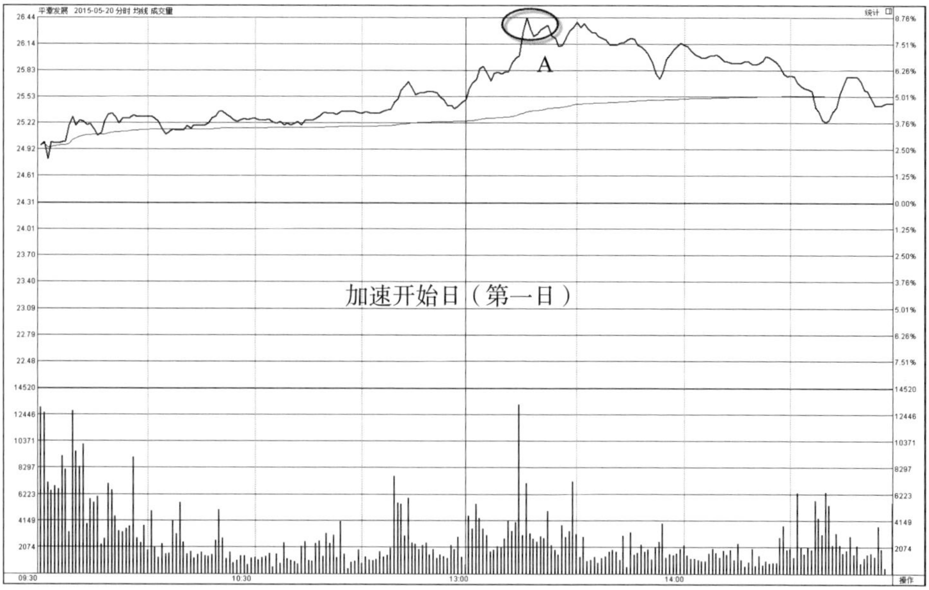
平潭发展 2015-05-20 分时 均线 成交量
A
加速开始日（第一日）

图 4-76

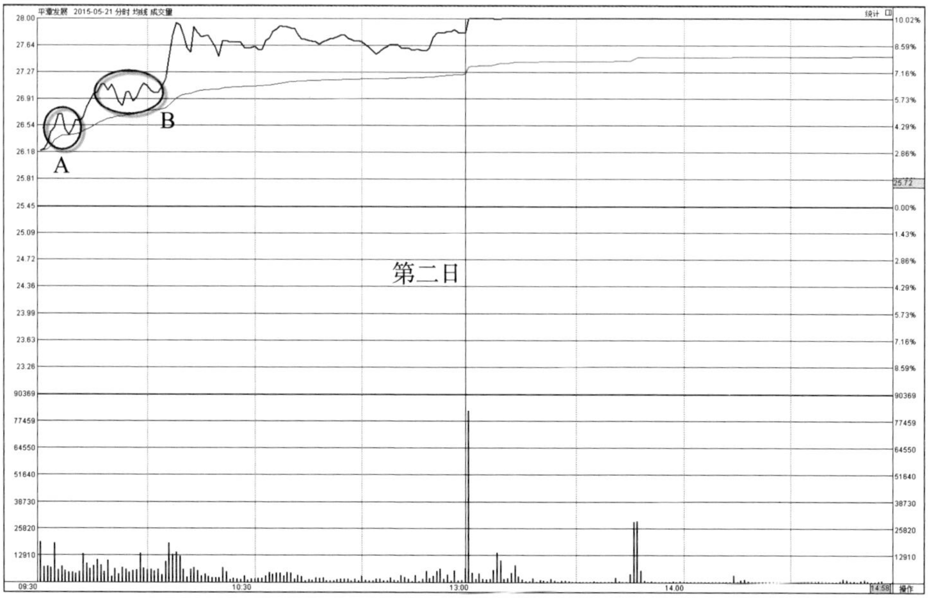
平潭发展 2015-05-21 分时 均线 成交量
A
B
第二日

图 4-77

对于并未能及时发现上述起涨时机的交易者来说，图 4-75 中的 B 处，也就是加速第三日，当股价高开后出现振荡，但起涨结构并未被破坏，依然能够得到均线支撑，股价转升时，可适量介入。

第九节 逆向启动

“牛市在悲观中诞生，在怀疑中成长，在乐观中成熟，在兴奋中死亡。最悲观的时刻正是买进的最佳时机，最乐观的时刻正是卖出的最佳时机。”这是美国逆向投资大师约翰·邓普顿（John Templeton）的投资名言。

一、逆向与逆势对交易的不同影响

道氏理论对纷乱繁杂的市场运行状态进行了有序的规整，并首创长期（主要）趋势、中期（次级）趋势、短期趋势的分类，这对于交易者辨别行情的性质，采取不同的交易策略有着非同寻常的重要意义。

笔者认为，道氏理论中所言及的长期（主要）趋势（包括上涨和下跌），可称之为趋势，而中期（次级）趋势、短期趋势应定义为趋向，这也是本书中论及趋势和趋向时的定义内涵。综上所述，本节所要讲解的逆向启动，是指与短期市场行为相违，但是与市场长期趋势呈顺势和同向的关系。换句话说，逆向启动或者逆向交易所逆反的是市场的短期趋向、投资大众心理趋向，而不是市场整体运行的大趋势。从大趋势的角度来说，我们提及的逆向启动其实也是一种顺势而为。

如图 4-78 所示，该股整体处于大的上涨趋势之中，股价短中期内出现回落调整时，都是交易者选择逆向交易的良机。

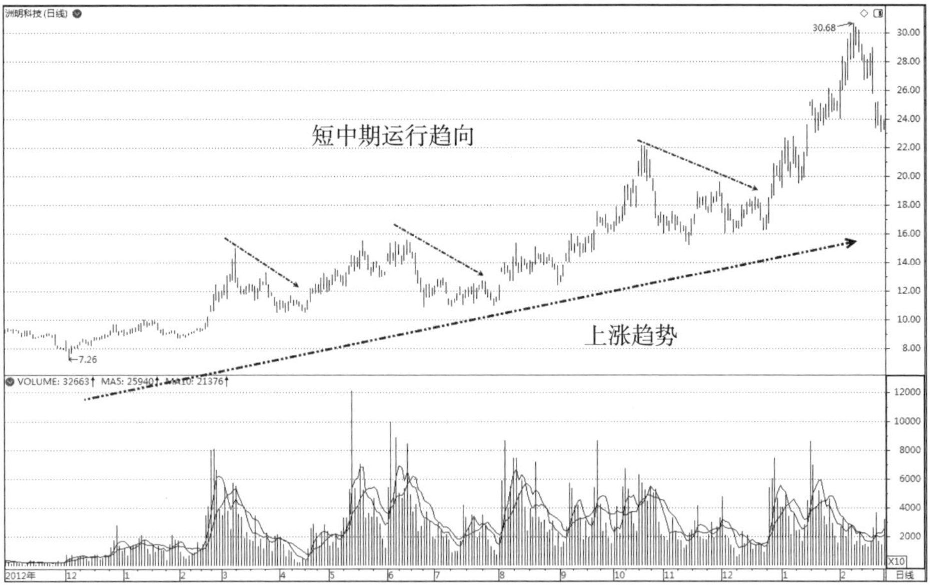

图 4–78

就交易行为而言，有技术支持的逆向交易，往往是交易者获取超常收益的主要交易方式，就像美国逆向投资大师约翰·邓普顿所说："如果你想比大众拥有更好的表现，行事就必须有异于大众。"但是在实战中，一些交易者往往对于逆向交易的理解出现偏差，以为只要与市场运行方向相逆，就属于逆向交易，就可能获取大利。类似的想法其实已经偏离了逆向交易的核心理念，即逆向交易也是一种顺势而为，逆向不是逆势。

我们选择的逆向交易，只是与短期趋向相逆，绝不是与大趋势相抗衡！与大趋势逆势而行，犹如螳臂当车，结局自然不言而喻。

二、逆向追涨的技术要求

无论是大盘指数还是个股，其整体运行节奏都是不断在波动中上涨或者下跌。当大趋势保持稳定向上运行时，若当前的股价却处于跌势中，那么也许其中就蕴含着逆向交易的机遇。但逆向交易尤其是逆向追涨，并不是一个轻松易为的“游戏”，稍有不慎便可能导致资金的大幅亏蚀，所以逆向追涨具有相应的技术要求，主要包括以下几个方面。

1. 大趋势明确向上

逆向追涨的首要条件，就是追涨的目标个股整体趋势应保持稳定向上，同时大盘的技术环境至少应处于稳定向上或平缓横向调整阶段。不能满足上述条件的，则不能够认定为逆向追涨的合格目标。在大盘环境处于长期大幅下跌之后，一些个股也会领先于大环境扭转跌势，率先走出上涨趋势。对于这类个股，只要满足条件也可以追涨，但是要注意同期大盘对其的影响。

2. 确认中短期向下回落的性质

在确保满足第一条的基础上，我们还需要分析目标个股的回落性质。当某只股票出现回落时，其日线层次上的涨升结构不能出现质的改变，否则可能会转化为趋势扭转或较大级别的调整。

如图4-79所示，该股在其上涨趋势运行过程中，每一次出现短期调整时，都会在均线系统的支撑下（提供支撑的均线系统，可根据交易者的交易规则自定）继续恢复上涨，股价重心保持向上的运行趋向，同时成交量在股价下跌时缩小，在股价上涨放大，整体涨升结构保持良好。当个股出现类似图中这种情况下的回落时，交易者可在股价结束回落开始上涨，成交量由缩小转为放大时介入。

逆向追涨其实更接近低吸，有时候在大盘方向不明朗的情况下，逆向追涨不但需要交易者具有一定的勇气，更需要具有较高的技术判别能力。

图4-80中A处，该股在上涨趋势中出现回落，但得到均线支撑后继续上涨。至B处时再次出现回落，仍然在得到支撑后转为上涨，虽然这次上涨股价创出了新高，但股价运行重心却发生了变化，有逐渐走平的趋向。之后股价在C处再次回落，均线系统已经失去支撑并由此转为压制。在这

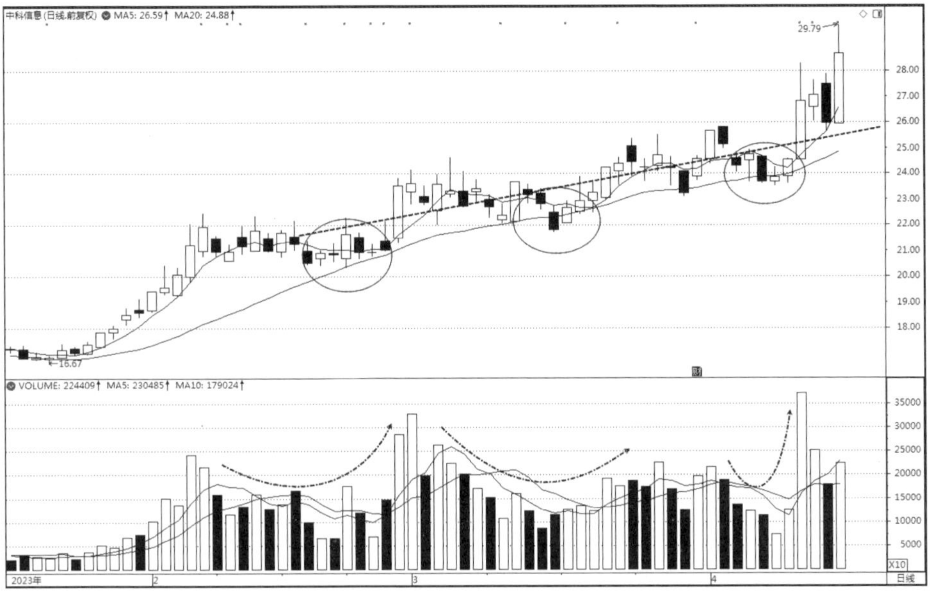
中科信息(日线,前复权) MA5: 26.59↑ MA20: 24.88↑
29.79
16.67
VOLUME: 224409↑ MA5: 230485↑ MA10: 179024↑
2023年
日线

图 4-79

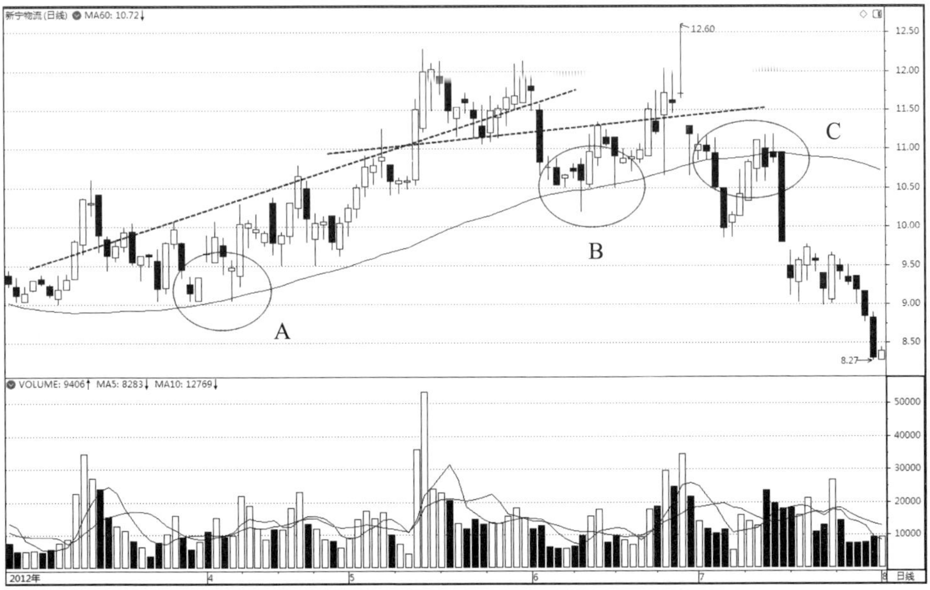
新宁物流(日线) MA60: 10.72↓
12.60
A
B
C
8.27
VOLUME: 9406↑ MA5: 8283↓ MA10: 12769↓
2012年
日线

图 4-80

种情况下，交易者就需要格外警惕，在涨升结构已经或将要发生方向上的改变时，决不可贸然入场追涨。一般来说，出现图中 C 处这种涨升结构发生质变的个股，都要面临至少一个较大级别的回落调整。

3. 市场恐慌气氛严重

逆向追涨不仅有技术分析上的要求，还需要对市场心理有一定程度的了解和把握。想寻求超越市场平均收益的高盈利，就必须绝不盲目跟从大部分人一起行动，而是在众人绝望之际反其道而行之——勇敢地买入。

无论多牛的行情，恐慌情绪自始至终都会存在。

当股价结束一段时间的涨势，突然出现下跌时，持仓者的心理会逐渐开始出现变化，由刚开始的不以为然，渐渐变得焦躁、心神不宁。如果股价持续下跌，持仓者会变得心事重重，恐慌情绪随之出现，并在短时间内大幅传播和蔓延。

这时，持仓者为摆脱恐慌情绪的困扰，会抓住每一个卖出的机会，于是恐慌性抛售出现。当每个人都急着出场时，往往就是极佳的进场时点。这时一些具有交易价值的股票，可能出现短期间内被大幅打低的价格，这个时机存在的时间不会很长。

如图 4-81 所示，大盘在恐慌性抛盘的打压下，短时间内下跌幅度近 300 点。最恐慌的时刻往往就是最佳的买进时机，在极度恐慌情绪得到大幅宣泄过后，大盘却转跌为升，并最终红盘报收。

逆向追涨的心理要素：千万不要追随大众一起行动，所有人都去做的生意，不会有大的赚头。除非你跟大多数人不同，否则不可能独享宝藏。当然，如果你想独享宝藏，就要在别人因恐慌而卖出时，敢于买进。逆向交易需要交易者具备极大的毅力和坚定的心理素质，如果你具备这一点，就可以得到最高的回报。

很多时候，空想时，人们认为自己能够做到的这一点，但是当市场上几乎每个人都在抛售股票，市场情况看起来更糟糕的还在后面，专家们集体沉默或悲观地宣称还有很大的下跌空间时，选择逆向交易的你却要追涨，你确实能做到吗？

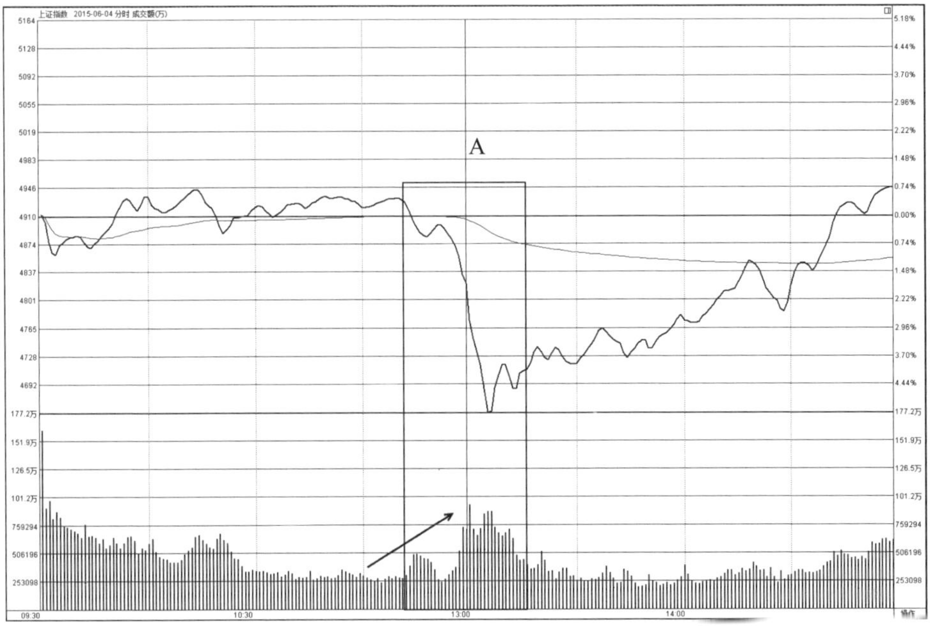

图 4-81

第十节　收复巨量长阴

主力在运作股票的过程中，某些阶段需要刻意制造出恐慌的氛围，以便逼出浮筹，让抛售盘尽快涌现，来达到自己的操作目的。巨量长阴就是主力极为常用和偏爱的制造恐慌气氛的极佳 K 线工具之一。

一、巨量长阴的类型

本节所要讲解的收复巨量长阴，其实和前面讲过的挖坑、填坑有相似之处，甚至可以说收复巨量长阴也是挖坑、填坑的一种形式。但收复巨量长阴有自己的特殊性，其技术形态、技术应用也和前文所述的挖坑、填坑存在诸多不同之处。巨量长阴的形态特点：高开大阴线，阴线实体应大于5%，成交量大幅高于前期常量。

1. 不可交易类型的巨量长阴

并不是所有的巨量长阴都值得我们关注，某些情况下的巨量长阴应属于放弃追踪的类型。如图4-82中A处所示，这根巨量长阴出现后，股价就此展开了长期下跌的过程，虽然期间也出现过大幅反弹，但一直未能收复巨量长阴。类似于图中巨量长阴的个股，就属于缺乏追踪价值或不可交易的类型。具体来说这一类型有如下特征。

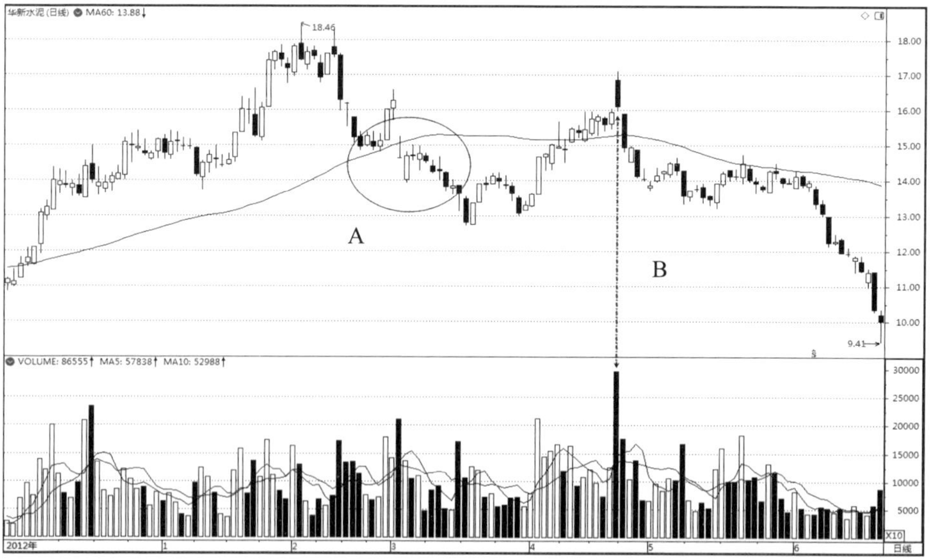

图 4-82

其一，涨升结构被破坏，趋向或趋势发生扭转。如图 4-82 中 A 处，股价已经先行跌破均线系统的支撑并转为受到压制，至 B 点股价上涨试图突破均线系统的压制，却力有未逮，并最终以巨量长阴的形式展开下跌趋势。图中的是巨量长阴发生于均线系统开始转为压制之后，实战中交易者相对容易辨别这根巨量长阴的性质，当涨升结构被破坏，趋向或趋势发生扭转时，交易者应放弃对于目标的追踪。

还有一些情况是比较复杂难辨的，如图 4-83 所示，该股在 A 处出现巨量长阴，但因前一日大涨放量等因素，使得这根 K 线及成交量不那么引人注目，同时发生巨量长阴时的技术环境并未出现明显的偏空指向，这就使得 A 处巨量长阴的性质较难判别。当行情运行至 B 处时，局面已经变得明朗起来，股价和均线系统之间的关系已经从支撑转化为压制。这一变化至少说明涨升结构已经被破坏，股价的运行趋向已经发生扭转。该股后期由图中的 10 元左右一直跌至 2 元多。

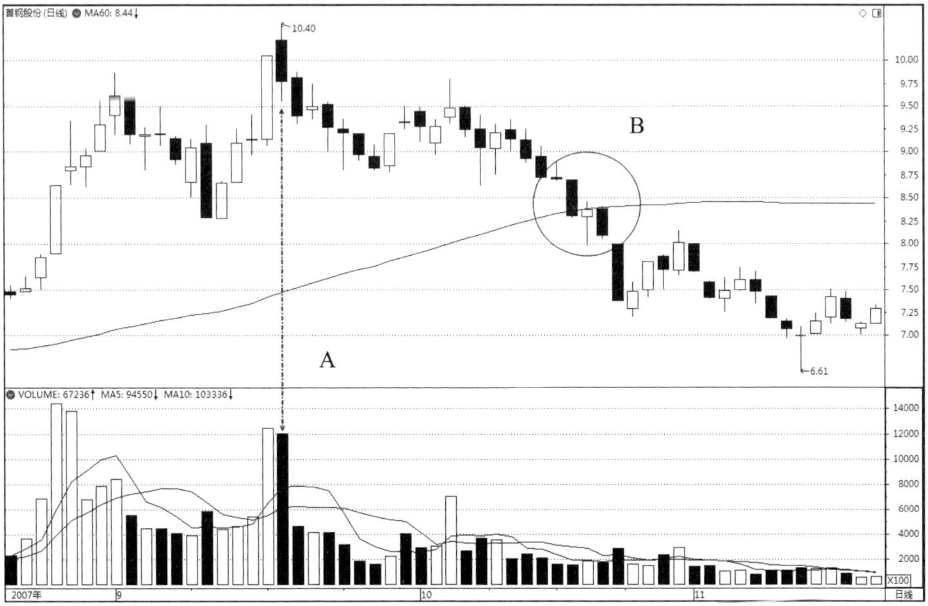

图 4-83

其二，不可交易类型个股的巨量长阴，多发生在长期大幅上涨之后的股价高位。

这种技术环境下发生的巨量长阴，多数和主力减仓离场有关，交易者对此应有一个明确的认识。

2. 可交易类型的巨量长阴

值得我们追踪的巨量长阴，首先应满足趋势向上的条件，只有在上涨趋势中出现的巨量长阴，才值得我们关注。具体来说，可交易类型的巨量长阴包括以下特征。

其一，未经长期大幅上涨过程，离长期底部相距不远。

这种技术环境下出现的巨量长阴，多数是主力制造恐慌氛围的产物。如图 4–84 所示，该股在扭转下跌趋势转为上涨趋势的底部构筑过程中，多次出现巨量长阴，但股价经过回落后便重新进入上涨趋势，股价重心保持向上的趋势。

图 4–84

交易者对于这种类型的个股必须注意一点：距离底部转折点越近，股价收复巨量长阴后继续升势的可能性越小。也就是说，刚刚脱离趋势转折点的个股出现巨量长阴后又收复的，并不适合追涨，而仅适合追踪和关注。因为主力在这个价位上出于吸筹等目的的需要，大多数不会直接拉升股价展开升势，而是会反复振荡、反复制造恐慌，直至符合自己的要求。交易者对于这类个股可密切追踪和关注，当技术条件符合要求时才能进行相应的操作。

其二，涨升结构未被破坏，趋势未发生扭转。

如图 4–85 所示，该股在 A 点出现巨量长阴后，股价回落调整，但均线系统整体尤其是均线仍能保持向上运行的态势，对于股价起到了必要的支撑作用。同时 A 点之后股价仅是趋向稍有改变，并未对涨升结构带来影响，也就更谈不上对于整体的上涨趋势能够起到什么作用。这种情况的个股，就比较符合交易者在股价起涨时进行追涨操作。

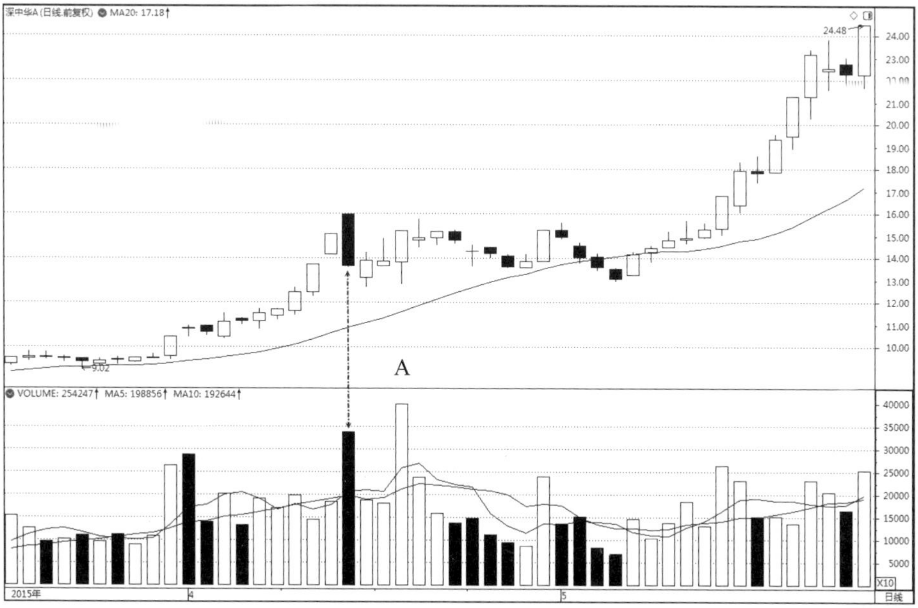

图 4–85

至于涨升结构是否被破坏的认定，可以通过均线系统（根据趋势运行情况，可设定不同周期）和整体趋势线、股价运行重心等进行研判，本图限于时间周期不能一一尽数。

其三，巨量长阴当日成交量值和回落周期的关系。

巨量长阴发生当日的成交量值，对于股价后期调整时间会带来一定的影响。但是对刚刚脱离或未脱离底部区域个股出现的巨量长阴，其成交量值和股价后期调整时间并不存在明显的关联。原因在于这部分个股主力出于吸筹建仓等各种需要，股价波动较为频繁且波动轨迹难辨，导致量值和股价关联性极为隐秘和混乱，不易为交易者所侦知。基于此，我们针对的主要追涨目标，应为已经脱离底部并形成明确上涨趋势的个股。

如图 4-86 所示，该股处于上涨趋势中，A 处发生巨量长阴时的成交量已经达到变量形态的要求，该股之后的回落调整期达 5 个月，至 B 处才成功收复巨量长阴的高点。

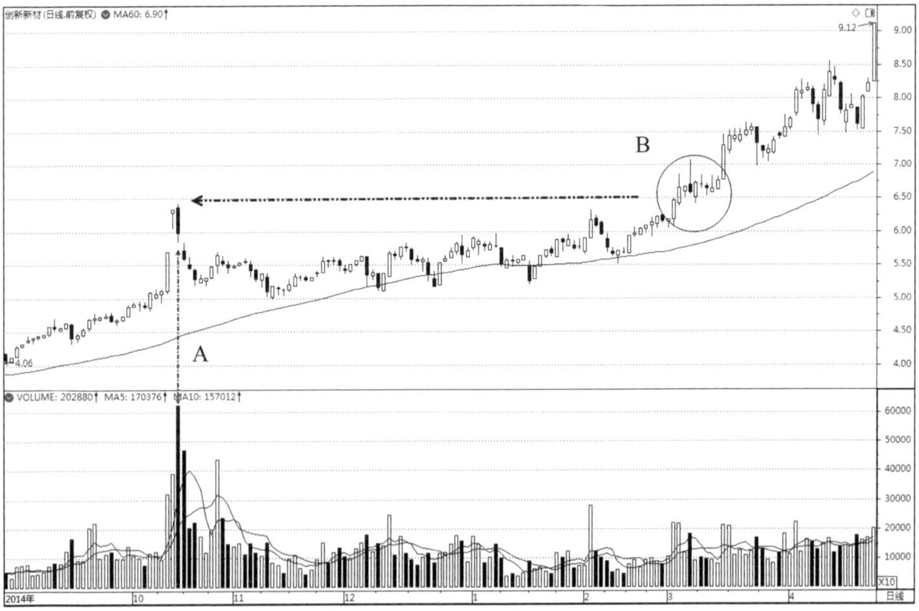

图 4-86

案例提及的巨量长阴时的量值与股价后期调整时间存在一定的关联性，这个成交量值不仅与之前的交易日有关，还与出现巨量长阴之后的成交量情况息息相关，实战中我们需要根据具体技术环境灵活分析。比如，有些案例中出现类似A处的情况，成交急速缩量，再到急速放量，收复巨量长阴的时间便不会很长。

实盘中，交易者还应从即时量比、换手率等指标进一步确认巨量长阴的量值。这种巨量长阴通常都是主力阶段性制造恐慌所使用的手段，意图在于逼迫持仓者在股价回落中抛售筹码，以便在接下来的主升阶段为股价上行减少大量获利性抛盘所带来的压力。

二、收复巨量长阴的技术条件

实战中，交易者对巨量长阴这类个股进行追涨，当然应选择在收复巨量长阴的时候，但这时的追涨也具有相应的技术条件，并不是随意而为的。

收复巨量长阴的技术条件有以下几点。

1. 技术环境因素

关于巨量长阴的技术环境前文已有提及，收复巨量长阴时的技术环境当然也必须具备大盘及个股趋势向上、均线支撑等方面的条件，同时聚量攻击也是不可或缺的，这里不再赘述。

2. 常量过顶的形式

当股价开始启动收复巨量长阴的攻击时，看着长阴和巨量，很多市场新手都会以为当股价攻击到此处时，多空之间必有一场恶斗，届时必会掀起滔天巨浪，成交量暴增似乎是必然出现的现象。但是多数情况下，当股价收复巨量长阴后，成交量几乎都呈常量过顶的形式，并没有出现想象中多空对决爆出的巨量或天量。个中缘由就在于巨量长阴本身就是个障眼法，巨量不假，却是主力左手倒右手的戏法；长阴也不假，却是主力的一场忽悠，让散户做了一个噩梦。

常量过顶的概念和内容前文已经讲过，不再赘述。收复巨量长阴时出现常量过顶是大概率现象，因为彼处并无真正的强压，大部分成交量都是主力对倒而来。但是必须说明，这里的常量一般都是指聚量攻击后形成的新常量，所以收复巨量长阴时的常量过顶，也可以叫作缩量过顶。如图 4–87 所示，A 处出现两次巨量长阴后股价回落，至 B 处收复巨量长阴时，成交量明显小于 A 点的量能。

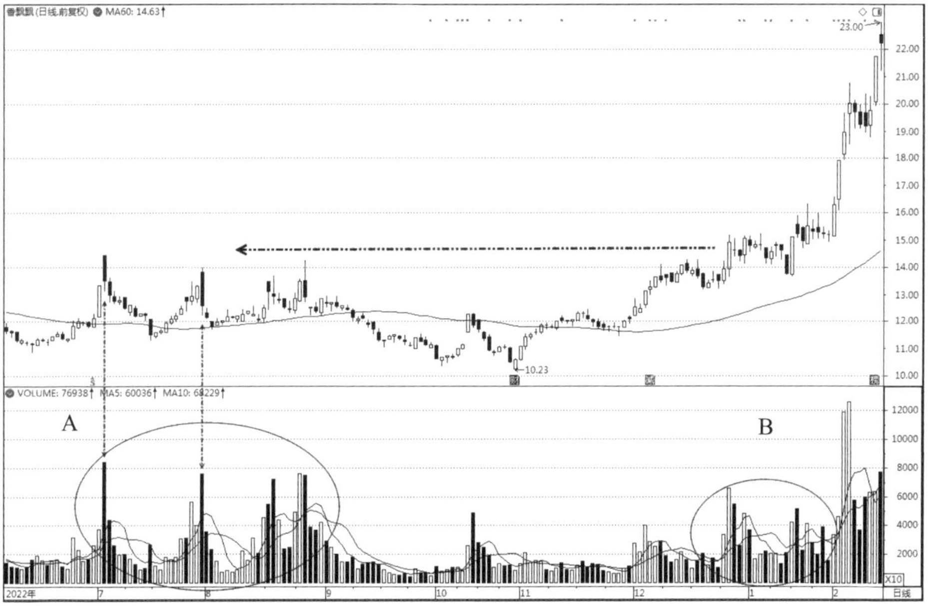

图 4–87

当然，并不是所有个股收复巨量长阴时，都呈常量过顶的形态。我们所提及和诠释的仅是实战中比较常见的主力运作形式，也必然存在少见的放量收复的情况，这和主力具体的控盘程度以及运作特点都有关系。

3. 两种收复长阴的形式

收复巨量长阴时，最为常见的有两种形式。

其一，磨穿压制必有涨。

股价启动上涨，当攻击至巨量长阴所在价位附近时，股价重心呈横向水平方向波动，但最终向上收复巨量长阴。如图 4–88 所示，A 处走出巨量长阴，至 B 处时股价连续 5 个交易日在巨量长阴附近价位上小幅波动，磨穿此处的压制后，最终成功收复 A 点的巨量长阴。

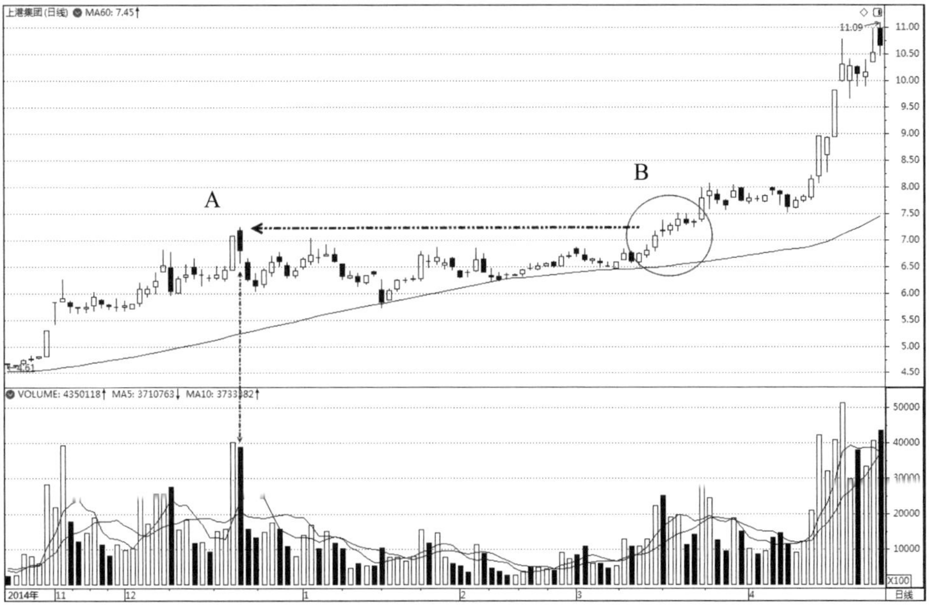

图 4–88

从主力行为的角度进行分析，巨量长阴制造的恐慌情绪并不会在短期内完全消除，当股价再度临近巨量长阴附近的价位时，主力会用盘口语言告诉那些不稳定的持仓者，“股价在同一价位还会再次下跌，如果不趁机卖出，将再次下跌。”等恐慌盘再一次出逃后，就是主力收复巨量长阴之时。

还有一种情况，主力在前期巨量长阴的位置上确实遭遇到了强压，由于控盘程度不高，主力并未全力猛攻，而是顺势下跌，之后采取缓慢试探性上攻，不断测试同一价位附近的筹码密集度。当主力发现只是虚惊一场或前期抛盘已经所剩不多时，就会顺势收复巨量长阴。

无论何种情况，当股价在巨量长阴价位附近来回盘整，K 线多收星线或小阴小阳线，盘口上当跌不跌时，一旦出现突破性大阳线，交易者可借机追入。

其二，防坑术——缓缓追杀。

收复巨量长阴还有一种形式是直接突破性收复，并没有在巨量长阴价位附近盘整的情况。但这种形式的收复都会有一个挖坑的过程，只不过这个挖坑的过程有时会选择在收复之前，有时会选择在收复之后。

（1）先收复后挖坑。

如图 4-89 所示，A 处是发生巨量长阴的价位，B 处股价直接收复巨量长阴，但随后股价出现回落，并在挖坑后再次上涨。先收复后挖坑是收复巨量长阴形态中最为常见的，交易者选择追涨时机时，如果发现股价虽然收复巨量长阴，但是随后向上的攻击力出现减缓迹象，则不要急于介入，可注意观察股价是否存在挖坑的可能。当股价回落并开始挖坑，就耐心等待股价突破性阳线的出现，这时再追入不迟。

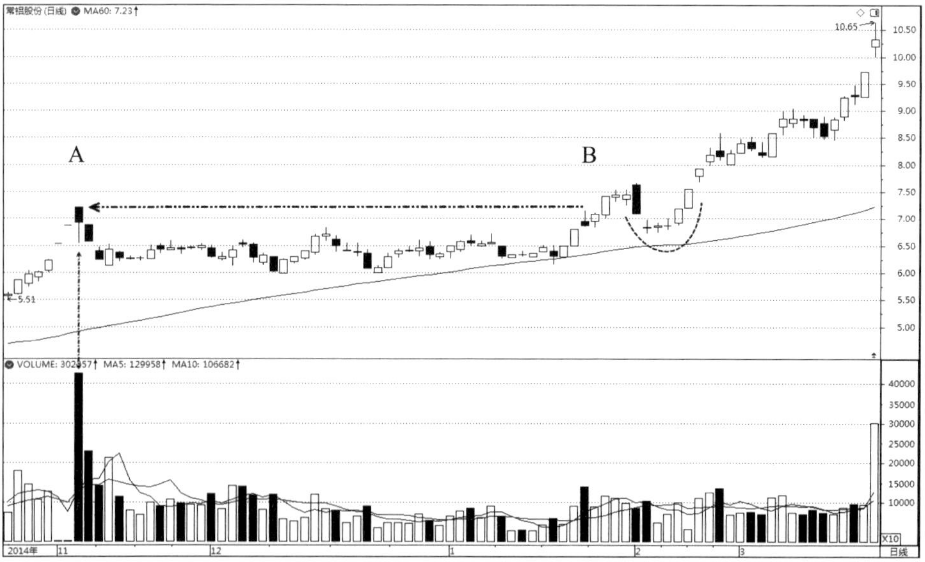

图 4-89

这就是防备主力收复巨量长阴后反手挖坑埋人，交易者宜当缓缓追杀。

（2）先挖坑后收复。

图 4-90 中，A 点是发生巨量长阴的价位，B 点股价突起涨停似有收复巨量长阴之势，但接下来的走势却让人大失所望。股价横向振荡做出向下回落的态势，直至 C 点才突然向上爆发，真正收复巨量长阴。这就是收复巨量长阴之前股价先挖坑的动作，主力意在将不坚定的持仓者先送走，之后再拉升。

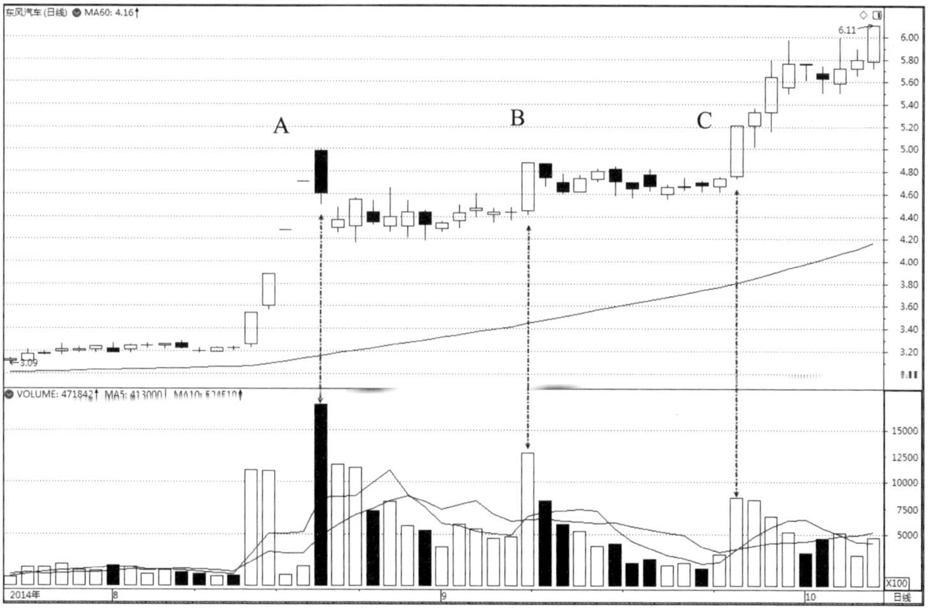

图 4-90

第五章

短线低吸技术

价格的高与低总是相对的，二者处于相互转换之中。昨天的低价，也许就是今天的高价；今天的高价，也许就是明天的低价。低吸就是寻觅和发现这个转换过程，并根据相关理论数据做出交易决策的一项操作技术。

第一节 短线买低不买高

一、短线低吸的技术要素

价格的高与低总是相对的，二者处于相互转换之中。昨天的低价，也许就是今天的高价；今天的高价，也许就是明天的低价。低吸就是寻觅和发现这个转换过程，并根据相关理论数据做出交易决策的一项操作技术。

短线低吸并不完全等同于低价买入，虽然具有相对低价买入的外在形式，但低吸技术应用的本质，其实就是等待和寻觅市场或主力犯错露出破绽时，抓住这类一纵即逝的时机悄然买入。如果说追涨需要交易者具备一定程度的果敢，那么低吸则更需要交易者具有稳定的心跳。

人总是会犯错的。主力资金的具体操作也是由人完成的，所以犯错也并不奇怪。有人可能会说："量化交易只需要计算机程序就可以完成，可以避免错误的存在。"量化交易的本质其实就是容纳与纠错的过程，不是不犯错，而是错误与正确都是交易的组成部分。

在股票运作的整个过程中，无论多么高明的主力，也不可避免会露出破绽，何况有些破绽还是不得不露，势在毕露。例如，主力运作股票总不会连拉升股价的过程都省了，那么只要拉升股价，股价上涨过程中有没有主力行为，连新手都能看出来。

低吸就是要循着主力不得不露的破绽和错误一路潜行，寻找适宜的介入点然后买入。很多事情说起来容易，做起来难。想要做到成功的低吸，而不是今天看上去低价买了，明天却还有更低价，就需要在低吸后面加上两个字——技术！

低吸技术并不仅仅局限于技术分析的范畴，还包括交易中的心理因素，这也是我们强调低吸更需要交易者具有稳定心跳的原因。

1. 耐心等待时机的到来

猎豹是世界上奔跑速度最快的动物，但猎豹不会随意发起攻击，因为那样做不一定会有收获，而且自己的体能很快就会被消耗殆尽。猎豹最善于等待时机，一旦发现目标就不会轻易放弃，往往一击必杀。

等待时机也是积蓄动能的时候。一旦时机成熟了，市场会加倍偿还你等待时所付出的耐心和承受的煎熬。如图 5-1 所示，该股下跌途中于 A 处区域出现一个横向调整平台，如果交易者不能耐心等待局势的进一步演化和明朗，而是急于介入，那么在之后股价向下挖坑跳水走势中，很有可能会因恐惧而选择止损操作。倘若交易者拥有足够的耐心并善于等待时机的到来，那么当股价从 A 处结束横盘向下跳水挖坑，直至 B 处处营造起涨结构时再

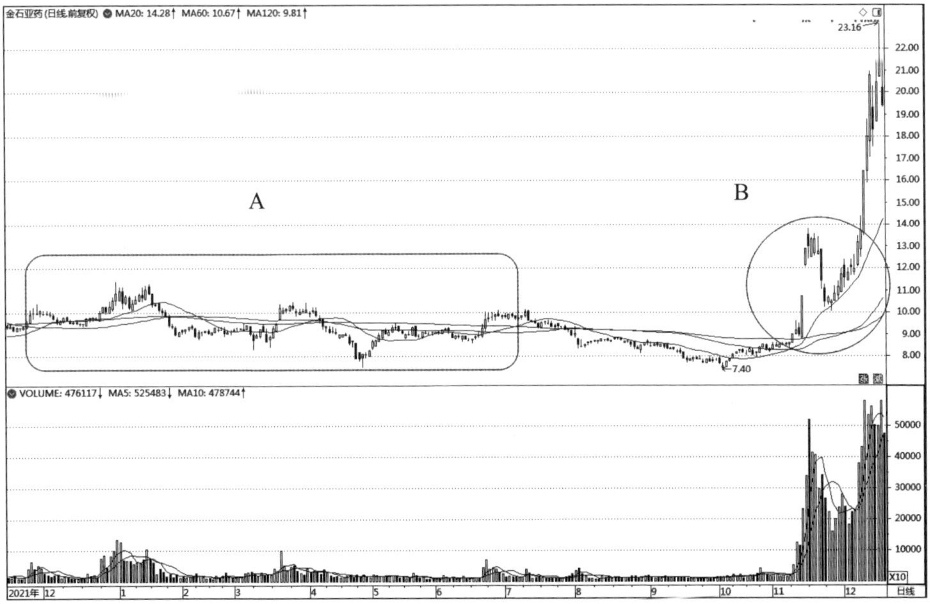

图 5-1

行出击，则不但不必承受套牢之苦，还可以享受股价即将到来的加速拉升。这就是善于等待时机到来的人，所应当收获的礼物。

2. 寻觅主力犯错或市场羊群效应带来的机会

不但主力会犯错，市场有时也会。当市场上大多数参与者都被恐慌情绪或者过度乐观情绪所笼罩，而做出一致的决定和行动时，也就是羊群效应出现时，市场必然会犯下大错。这个时候就是清醒的交易者最佳的出击时机。

如图 5–2 所示，为某日沪指大盘的分时走势图。在连续下跌 4 天，尤其是前一交易日大跌 8% 的前提下，当天大盘又一度暴跌超过 6%，市场的恐慌气氛达到了极限。

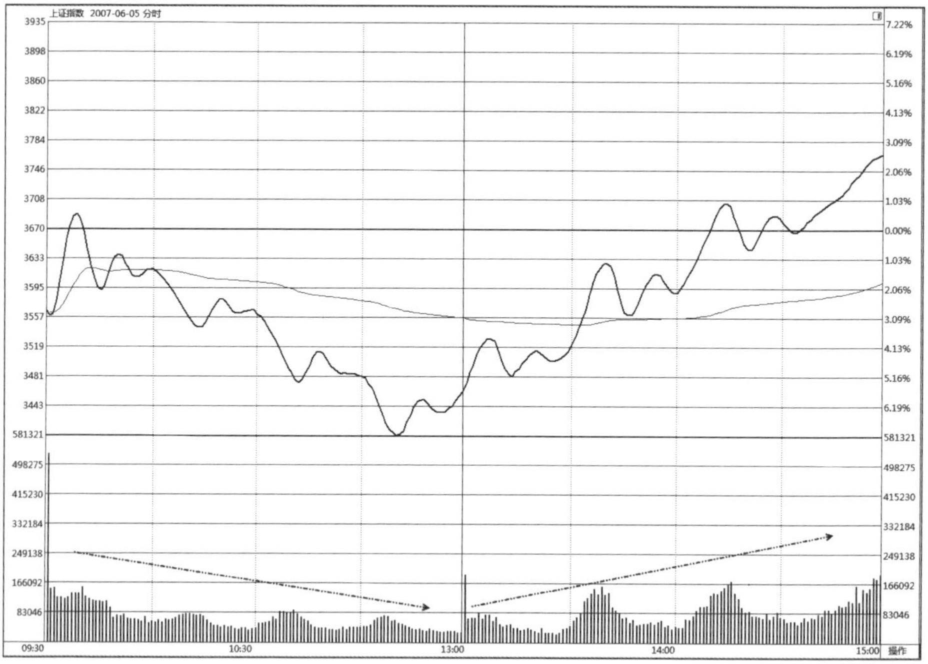

图 5–2

这时候即便是仓位被套，交易者也不能盲目跟风杀跌，而应该控制情绪，冷静分析。无论何种事件所造成的大盘连续大幅暴跌，都只说明一个问题：

即市场上大多数参与者都在恐慌情绪的支配下大肆抛售筹码。也就是说市场正在犯错，而且这个错误正在继续扩大。

当这个现象已经连续出现了 4 天，第 5 天仍在持续，但当日每一波次下跌时的成交都呈缩减趋向，说明跟风杀跌的筹码正在减少，指数可能正处于惯性下跌的过程中。盘口出现这种情况，意味着市场在错误的方向上继续狂奔的动力已经大幅削弱。

这就是市场所犯的错误之一种。交易者的任务就是克服自身所受到不良心态的影响，寻觅和发现这类错误，然后耐心等待时机的到来。

3. 确认目标后重拳出击

静静漂浮在水面的巨鳄，会耐心观察着猎物的动向，寻觅进攻的机会。没有任何捕猎机会时，它会一直等待，等待猎物犯下致命错误。当猎物兴奋地跳进水塘，不知危险为何物时，它会迅猛而凶悍地出手，并且不会仅仅撕下一两块肉就满足，它要的必然是饱餐一顿的机会。

当交易者经过深思熟虑、反复分析研究，发现获利机会时，千万不要畏缩不前、畏首畏尾。当你对一笔交易有把握时，要重拳出击！即做对还不够，还要尽可能多地获取利益，只有这样才能收获市场回报给你的大礼。

如图 5-3 所示，为创业板经过调整进入主升阶段的走势。在确认行情性质之后，如果交易者此时还是前怕狼后怕虎，不敢于重仓持有，甚至逢回落就减仓，就很难享受到牛市带来的财富盛宴。

4. 发现错失及时撤出

世上并没有百分之百安全而且又能收获大利的投资，股票交易也是如此。

主力和市场都会犯错，其实交易者自己何尝不会出错。不管你有多高的智商，多么精于分析研究，百战百胜的交易只存在于故事中。

美国著名投资家巴菲特（Warren E. Buffett）毫不讳言自己所犯下的错误。在 2012 年致股东的公开信中，他总结了公司 2011 年度的业绩表现和功过

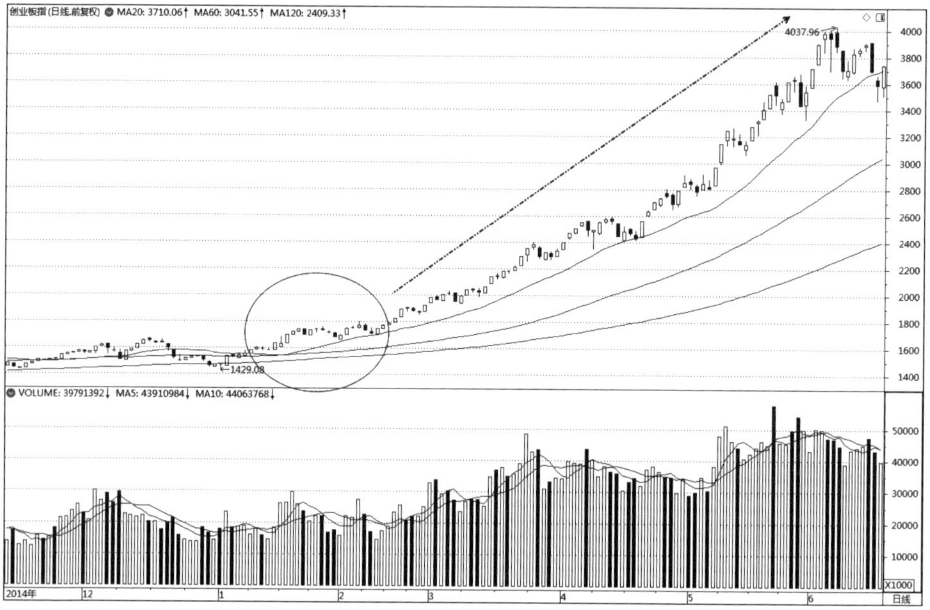

图 5–3

得失。“几年前，我花了约20亿美元购买能源期货控股公司发行的几种债券，这是一家服务于德州部分地区的电力公司，但这也是一个非常巨大的错误。这家公司的前景与天然气价格联系在一起，而天然气价格在我们购买债券后不久就持续低迷。我们在2010年对这笔投资减记10亿美元，去年又增加减记3.9亿美元。”

美国金融大鳄索罗斯（George Soros）也是如此。1987年索罗斯判断日本正在形成金融泡沫，于是开始放空日本股票，做多美国股票。但是结果美国股市却出人意料地大跌，日本股票市场因为政府当局的支撑，并没有出现崩溃。索罗斯在日本股市持有的空头头寸，给他带来了巨大的危险。他后来回顾这段历史时说：“我必须撤退，而我也做得干净利落，因为我的原则是生存第一，赚钱其次。”

犯错并不重要，重要的是及时发现错误并予以纠正。

二、超跌和超卖

在追涨技术一章中，我们讲过技术环境与攻击的层次、级别和起涨结构等概念，这些技术分析上的内容并非只应用于追涨技术中，在低吸技术上也大有用武之地，也是主要的分析方法之一。相关内容本章就不再赘述。

追涨技术中股价出现的超涨超买，是一个让交易者注意风险的概念。当股价沿着一个方向突飞猛进时，交易者就必须警惕随之而来可能是相反方向上的急速修复。这是股价运行的规律，不仅包括超涨和超买，也包括将要讲到的超跌和超卖。

超跌和超卖在实战中的技术应用。

1. 超跌

首先必须明确，并不是所有的下跌都会形成超跌，只有短时间内超出人们预期的持续下跌，才有可能形成超跌。超跌往往紧随着大多数人的恐慌性抛售而出现，所以在超跌形成的过程中，股价往往在5日均线的压制之下以较为陡直的角度下跌。

如图5-4所示，该股股价从A点开始展开下跌，并一直被5日均线所压制，K线实体渐渐放大，直至C点，整个下跌过程才暂告一段落。图中就是超跌由开始到结束的整个过程，实战中交易者如何利用超跌机会进行低吸并获取利润呢？

有三个要件需要交易者用心把握。

其一，股价连续下跌并受到5日均线的压制；这是超跌形成的基础要件。类似情况发生时，交易者可追踪该股。

其二，某日股价最低点距离5日均线的幅度达10%左右，这是超跌的确认要件。图5-4中B点大阴线的最低点为2.72元，当日5日均线值为2.95元。此时交易者应当为下一交易日的低吸做好相关准备。

其三，次日盘中再度发生暴跌，这是超跌低吸操作的要件。图5-4中C

点当日盘中一度暴跌达到 7% 左右（图 5-5 为当日分时走势），然后回升至收盘时仅下跌 2.9%。交易者在盘中暴跌时应密切关注分时和分钟系统，一旦出现转折，可大胆低吸。这种类型的超跌低吸交易，也称为袭击下影线（具体细节后文相关章节将有详述）。

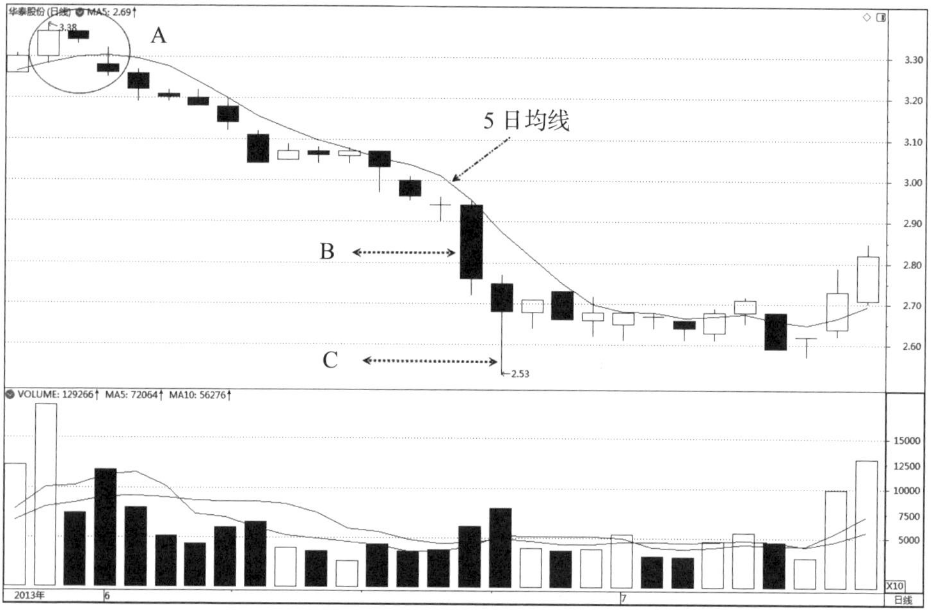

图 5-4

上述三个要件在实战应用中并非定式一样一成不变，而是需要交易者根据实际技术环境灵活掌握，后文相关具体章节中会有详解。

通常来说，股价超跌之后有两种方向性选择：在上涨趋势中出现超跌后止跌回升，恢复上涨趋势；在下跌趋势中出现超跌，止跌反弹之后大多继续下跌；超跌和超卖同时出现时，则引起趋势反转。

低吸技术主要着眼于上涨趋势中出现的超跌，往往能够捕捉到个股调整结束后的一轮加速上涨行情。至于下跌趋势中的超跌，弹升幅度和维持时间往往都较难把握，需要交易者具有较强的盘口分析能力。

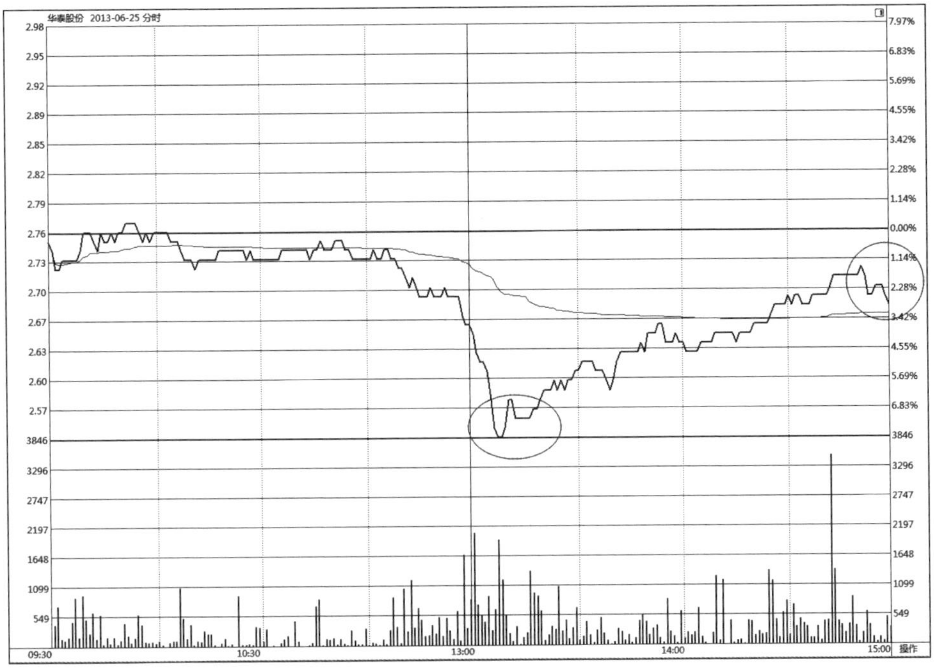

图 5-5

2. 超卖

超卖在技术形态上多以超跌为外在表现形式，也有部分个股是以超跌后加阴跌的形式实现超卖。超卖更多地表现为一种市场大众的心理倾向，即大多数交易者心理承受能力已达极限，对价格的下跌已由前期的恐惧转化为极端失望，不再对价格回升抱有希望。

如图 5-6 所示，该股历经近两年的反复折返下跌过程之后，市场参与者大多数已经对该股不再抱有希望，多会选择清仓离场。图中可见，随着股价的节节下滑，成交量也出现同步减少，这意味着经过长期下跌过程，能够抛售的筹码已经大幅减少。

行情总在失望中发生，在最后的下跌转为上涨的过程中，反击力量不断增大，就像有一只无形的手在支撑着股价缓慢抬升，随后股价转为上涨，成交量已经出现明显的放大，这就是超卖出现前后的市场技术环境。

在对图 5–6 进行分析时，我们只能引用部分静态的画面和数据，实战中必然还会有更多更鲜活的盘面信息可供参考。对超跌和超卖理论的讲述，很难做到入木三分，其实交易者只要记住一点就足够：只有超卖才会产生大级别的行情，而超卖更多是基于市场心理层面上的判断，有时很难用语言和文字来准确表达。

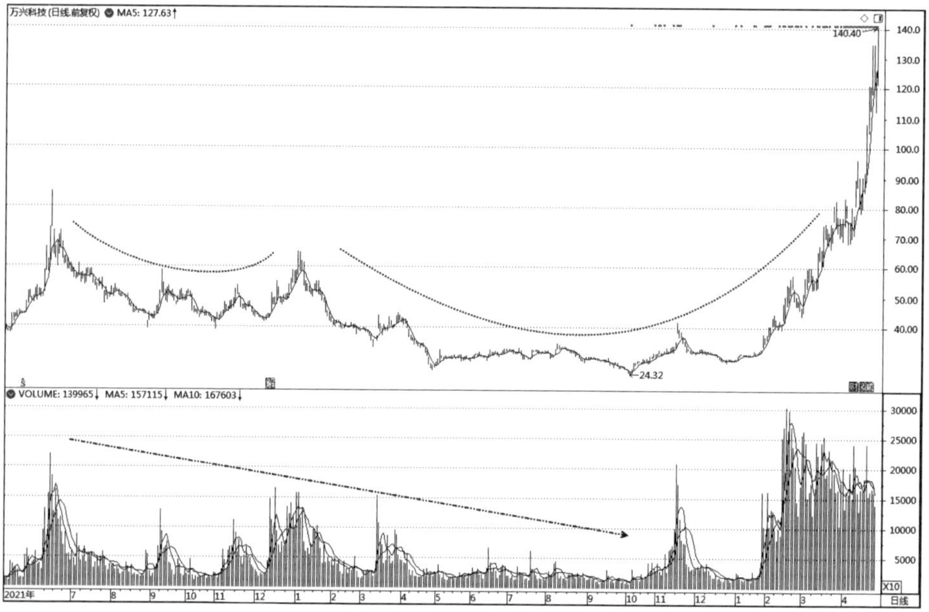

图 5–6

第二节 强势不失

低吸技术应用在上涨趋势中强势个股的短调阶段，能够起到非常良好的效果和收益。强势个股的调整期都较为短暂，低吸时机往往稍纵即逝，交易者要在其大幅振荡之际，抓住其展示出强势不失的那一刻及时出手。

一、单日强振下的表现

检验个股短期强弱度的最好方式，就是在大盘发生剧烈振荡时，关注相关个股的盘中表现。比如，大盘越是凶猛、越是强烈的下跌，越是能够检验个股强弱程度，也能为交易者之后的低吸提供极佳的分析数据。

图 5-7 是沪指某日的分时走势图。当日指数冲高后，于下午 2:00 左右开始出现快速跳水走势。在1个小时的交易时间段里，指数最低一度跌至 -6% 左右。在当日这种市况下，可以说不但部分个人交易者会因恐慌而抛售，一些投资机构也会进行减仓操作。但凡当日大盘跌幅超过 -5% 左右的，没有投资机构参与杀跌，仅凭个人交易者的抛售，是难以达到这种惨烈程度的。

“潮水退去后，才能发现谁在裸游。”在平日交易中，股票未主动性拉升前，彼此之间孰强孰弱不是太容易辨别，而当大盘发生暴跌之际，一些短期内酝酿升势的个股就会崭露峥嵘，显示出不同凡响的一面。

如图 5-8 所示，该股早盘振荡上升并封住涨停板，至下午 2:00 左右大盘开始跳水走势，对该股带来了一定的影响，涨停板被打开。但相比大盘暴跌的惊涛骇浪，该股的表现可谓韧劲十足，股价最低回落点仅探至早盘横向波动区域便被拉回。

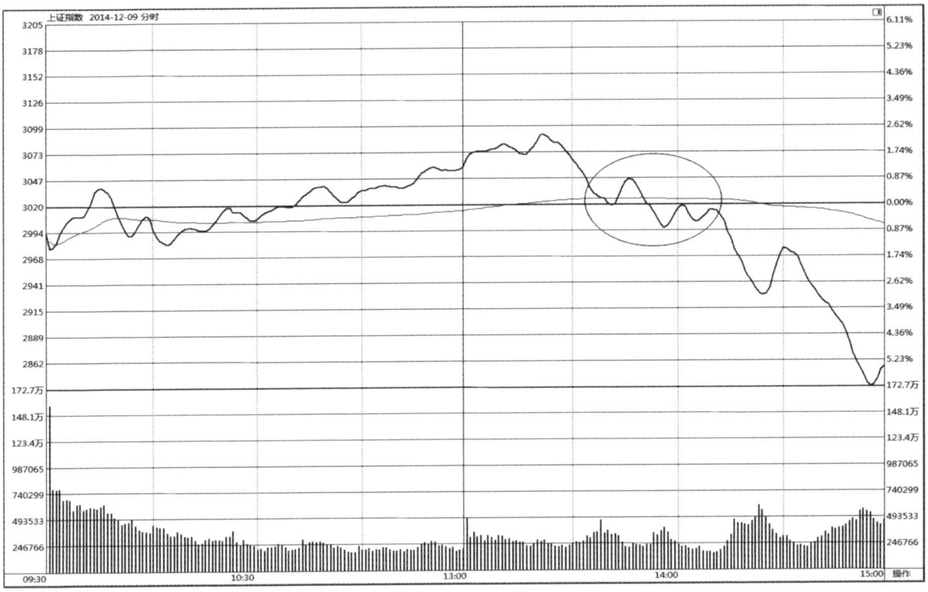

图 5-7

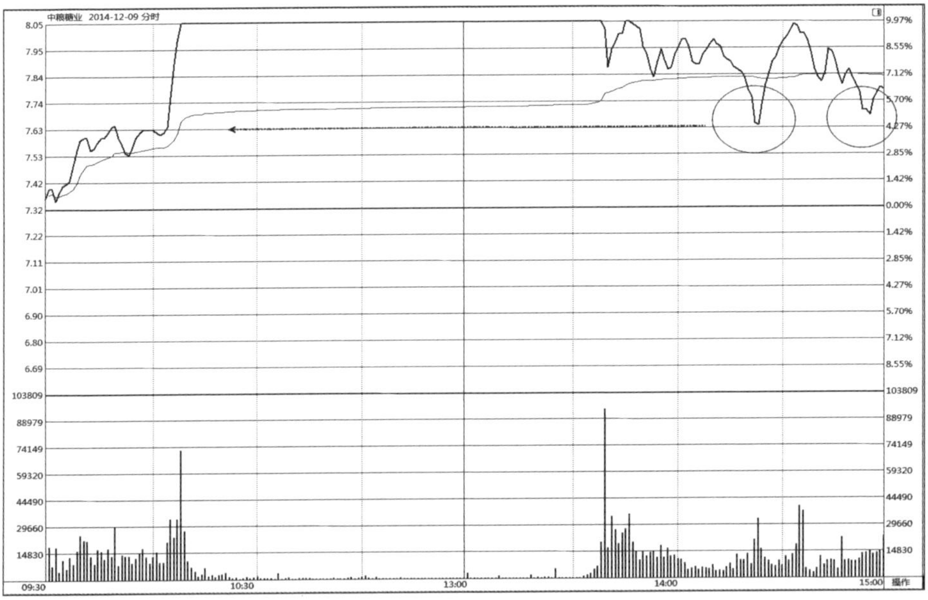

图 5-8

虽然股价最终未能再封涨停板，尾盘仍旧有所回落，但早盘股价横向波动区间对其能够起到明显支撑作用，说明股价涨升强度并未完全失去，只是受到大盘暴跌的影响被动回撤。

上述这种盘中支撑所显示的技术含义：主力并不愿意此时股价回落过多，宁愿在大盘暴跌时费力护盘，也不愿意选择股价回落后再次拉升。通常来说，主力在大盘暴跌时护盘的难度和所付出的成本不亚于再次择机拉升，主力选择护盘并保持该股以 6% 以上涨幅收盘，就是暴跌市况下较为典型的个股强势不失的具体表现。

个股强势不失的最终确认，还需要从技术环境上寻求佐证。如图 5-9 所示，A 点就是图 5-8 次日收盘后的 K 线，这根 K 线体现出股价迅速脱离前一日大盘暴跌的影响，继续恢复上涨的情景。

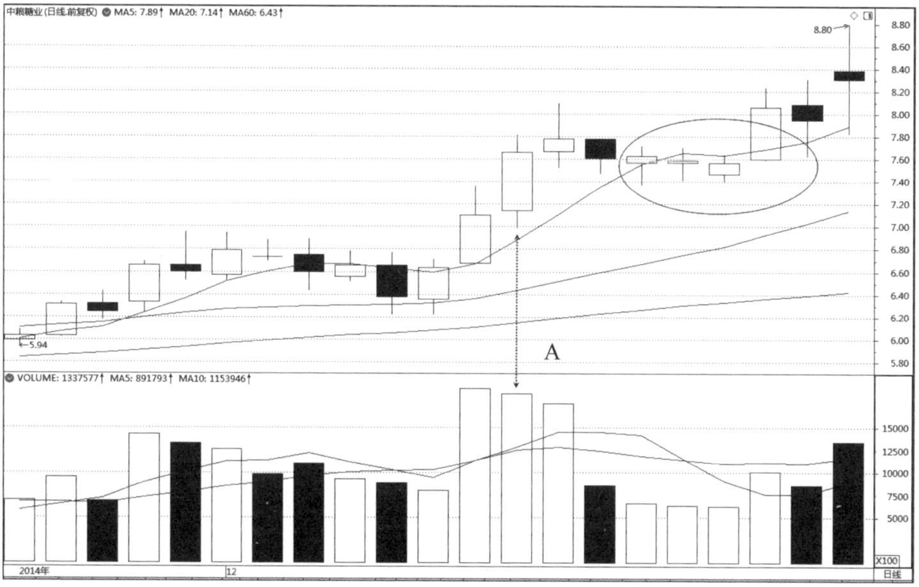

图 5-9

实战中，交易者还可以通过分钟系统分析起涨结构的变化情况，进行进一步确认。当个股显示出强势不失的特征时，交易者可适量低吸。之所以要求适量低吸，是因为引起股价变化的因素太多，同时也要防备大盘一旦出现连续性大跌，主力不可能继续采取护盘的方式，所以类似这样的风险不得不防。

对于低吸的交易者来说，在个股表现出强势不失特征的次一交易日，介入机会仍然存在。同时，次日也是完成对个股强势不失最终确认的时候。

图 5-9 中 A 点当日 K 线具有上下影线，说明盘中股价出现了较大幅度的折返振荡，也就可能为交易者提供了低吸的机会。A 点之后股价振荡在 5 日均线上下时，也是较佳的低吸时机。

图 5-10 是 A 点当日的分时走势情况。股价开盘快速折头回落，但是很快就被拉升到昨日收盘线和均价线之上，之后处于横向振荡过程中。交易者可择机低吸。

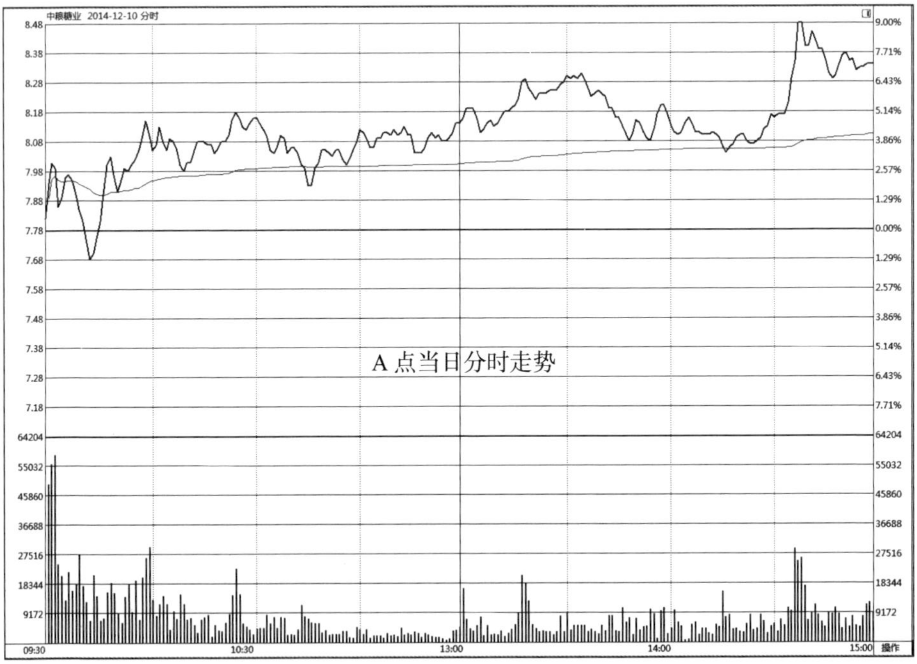

图 5-10

二、巨量抛单时的表现

个股在大盘发生暴跌时能够保持强势不失，是技术环境上为我们提供了关于目标个股强弱度的参考数据。实战中，还有一个观察和分析标的，也能够起到检验个股强弱度的作用。

图 5-11 是某股两日的分时走势图。图中该股在启动前成交量保持平稳，当股价出现拉升时成交量大幅放出。至 A 处时，股价小幅上升，成交量增大。但在巨量抛单随之出现后，股价一直回落，直至收盘。第一天走势中，股价没能抵挡住抛单的打压，强势并不明确。第二天开盘后，该股在 B 处继续放量上攻，但随之便遭遇大单打压，股价回落。这个回落过程很短暂，股价很快就稳定下来，保持在昨日股价高点之上的位置横向波动。B 处的巨

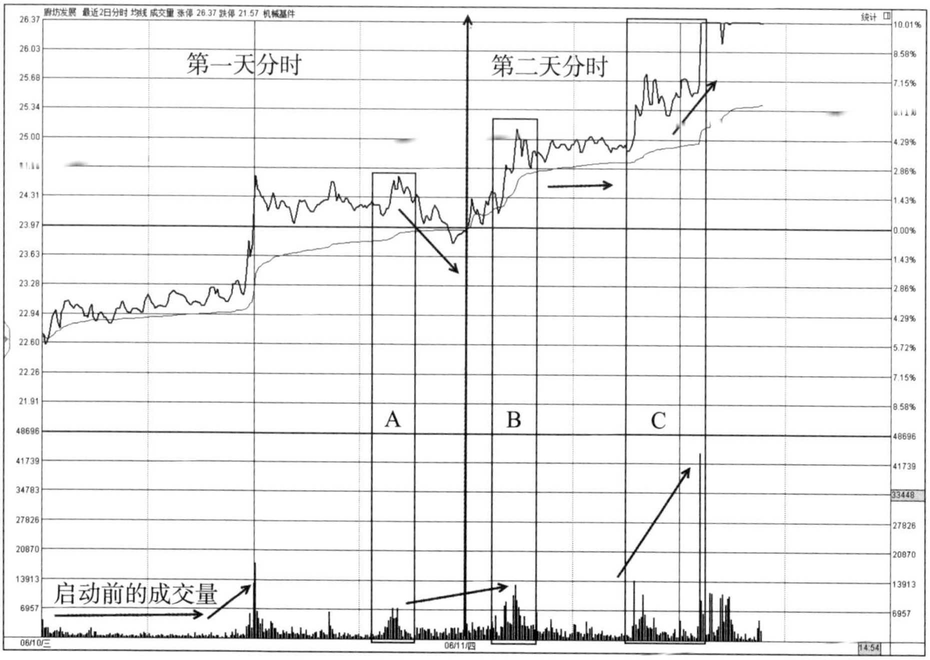

图 5-11

量抛单出现后，股价并不像昨天一样出现明显下行，并保持在昨日高点之上，已经彰显强势，这里应是交易者入场低吸的时机。午后开盘（C处），股价再起风云，巨量买卖单激烈对决，最终股价以涨停报收。

个股强势不失，不是交易者主观认定的，而是通过观察分析来发现和判断的。同时，股价表现的强与弱也是处于动态转换之中，并非一成不变，所以交易者应根据盘中情况具体判定。

如图5-12所示，该股开盘后在较短时间里便封住涨停板，股价强势明显。但10:00过后，A点的涨停板却被巨量抛单打开，股价随之出现一波回落。

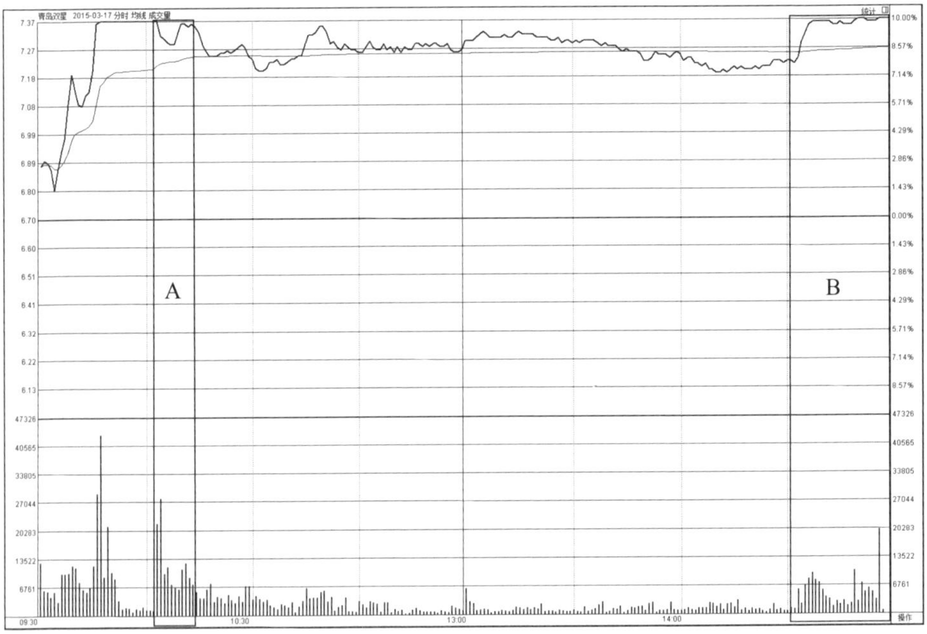

图5-12

A点的巨量抛单打开涨停板，至少说明该股的强势状态受到挑战，是否能够继续保持强势状态，对于该股后期走势来说非常关键。图中该股在之后大部分交易时间里，股价基本呈现横向波动，至B点尾盘期间，股价终于再次封住涨停板，封板时的成交量明显小于上午打开涨停板的量能，也就说明此刻用相对较小的成交量，就恢复了股价的强势状态。

该股在全天交易中股价从强转弱，尾盘时又从弱再转为强，这种情况明显显示出是主力在运作，而主力运作的目的，极有可能是通过股价由强转弱、再由弱转强的过程，将部分持仓不稳定的浮动筹码清理出局。

当股价由强转弱并且没有再度转强的迹象时，交易者不应随意选择盘中低点介入，因为这样做并不是低吸技术的范畴，而只是在赌股价之后会再度转强，这种缺少技术含量的交易，交易者应避免为之。

第三节 均线分析与回档

在低吸的技术应用上，均线分析是一件极其犀利的“武器”。在判别回档层次与级别上，均线系统更是不可或缺的技术工具。

一、均线应用的技术核心

均线是流动的成本曲线。股票市场的博弈性决定了价格必然围绕成本上下波动，只要市场不停息，成本必然瞬息流转，均线就会随之“起舞”。

1. 均线与股价之间的形态关系

（1）顺水行舟形态。当均线运行的方向与股价运行的方向保持一致的时候，就称之为“顺水行舟”或顺流。

“顺水行舟”包含两种市场形态。

其一，股价和均线同步保持向上态势，即多头指向。在均线多头指向的“顺水行舟”态势下，股价上涨往往很火爆。如图 5-13 所示，均线系统呈多头指向，股价上涨极为顺畅并呈逐渐加速的态势。正如船在顺风顺水的条件下行驶时，可以达到“轻舟已过万重山”的境地。

交易者在这种形态下进行低吸操作，最好抓住股价在5日均线附近短暂盘整的这个时间段，否则在此形态下只有选择盘中低点低吸或者追涨操作。

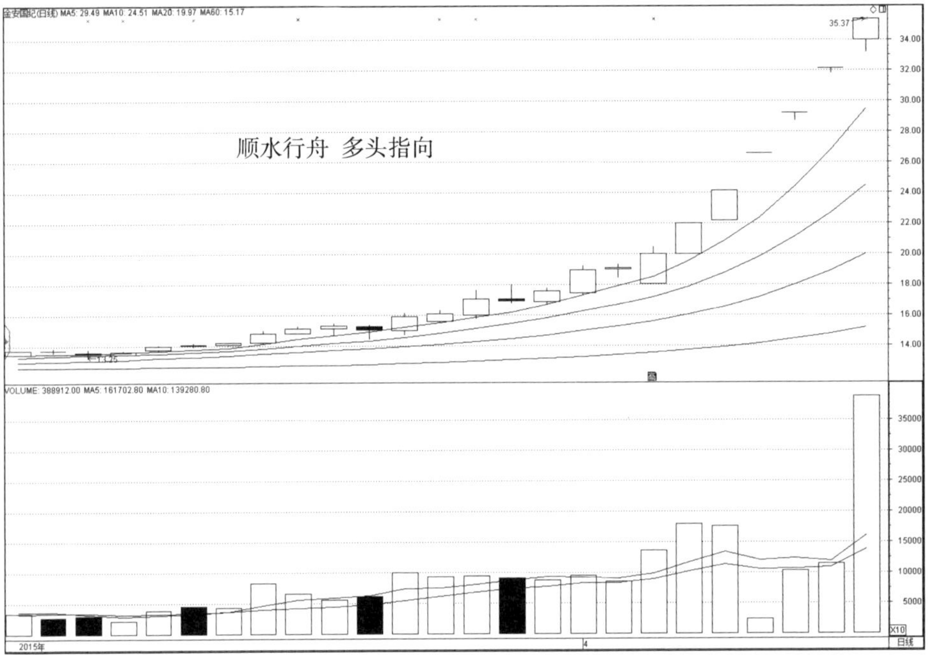

图 5-13

其二，股价和均线同步保持向下的态势，即空头指向。在均线空头指向的“顺水行舟”态势下，股价下跌很凶悍。如图5-14所示，均线系统呈空头指向，股价下跌不断加速。这种形态下，做多的交易者应严禁随意交易，直至股价出现超跌或超卖。

在上述两种顺水行舟形态下，交易者只有顺着均线与股价运行的方向进行操作，才是理智和正确的选择。正如我们在追涨一章中所提及的逆势与逆向交易：逆向交易只是与短期趋向相逆，绝不是与大趋势相抗衡！与大趋势逆势而行，犹如螳臂当车，结局自然不言而喻。

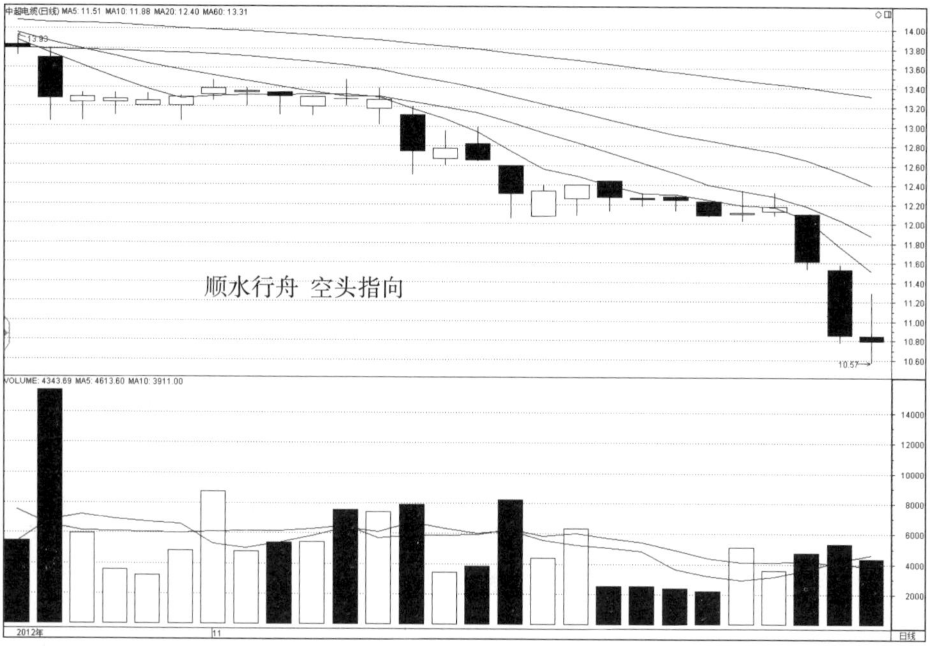

图 5-14

（2）逆水行舟形态。当均线运行的方向与股价运行的方向相逆反时，就称之为“逆水行舟”或逆流。

“逆水行舟”也有两种市场形态。

其一，均线向上而股价向下运行，这种形态一般是指上涨趋势中股价的正常回落调整（或者行情拐点出现时），也就是说常规情况下，在上涨趋势运行期间，股价出现的短期趋向性回落与中长期均线之间所形成的相逆反形态。

如图 5-15 所示，均线系统保持顺畅向上运行的态势，而股价却出现一个向下回落的过程。这个股价与均线之间运行方向相反的过程，即为逆水行舟形态。上涨趋势中出现的逆水行舟形态，是低吸的极佳时机。如图所示，当股价再度回落并得到均线系统支撑，成交出现聚量攻击时，正是交易者低吸的良好时机。

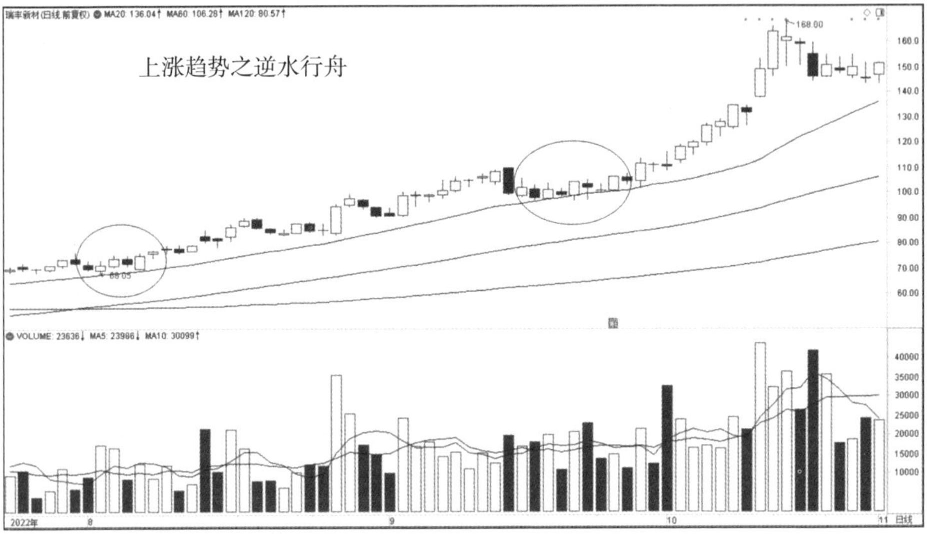

图 5-15

其二，均线向下运行而股价向上运行，这种形态一般是指下跌趋势中股价所出现的反弹抵抗（或者行情拐点出现时），即下跌趋势运行期间，股价出现的短期趋向性上涨与中长期均线之间所形成的相逆反形态。

如图 5-16 所示，均线系统向下运行，股价因反弹而出现一个与之相逆反的运行方向。下跌趋势中出现的逆水行舟形态，多数并不符合低吸的技术条件，能够引起交易者关注的，应该为大跌之后的次级反弹或者趋势扭转时出现的逆水行舟形态。

“逆水行舟”，意味着需要耗费远远大于常态的能量，当这种超常能量不能持续补给的话，也就到了行情停止前行甚至后退的时刻。通常情况下，“逆水行舟”这种趋向性形态对比趋势性形态来说，其持续的时间都相对短暂。

无论是顺水行舟形态还是逆水行舟形态，都存在一个周期界定的问题，即所参照的均线周期是短期还是中长期的。因为不同周期所表现出来的形态，在实战中有着截然不同的操作策略，它们之间所蕴含的风险和收益也大不相同。对于低吸的交易者来说，理解这两种形态和它们之间的关系就显得尤为重要。

图 5–16

如果股价与中长期均线保持一致，那么顺水行舟形态就是一轮持续时间较长、幅度较大、形态较为复杂的行情，一般称之为牛市或者熊市。

如果股价与中长期均线相逆反，那么逆水行舟形态可能是一个次级行情形态或者转化形态。所谓转化形态，是指随着行情的发展，股价与中长期均线由最初的相逆转化为方向一致，这往往意味着牛市或者熊市整体形态的构筑阶段结束。

2. 均线与股价之间的攻守图谱

（1）厚度不封强势在。

“挽弓当挽强，用箭当用长。”短线交易中以强势股为主要选择对象，而强势股并不意味着不会跌，学会辨别其中哪些下跌是机会，哪些是风险，是短线交易的基础知识。

不少短线交易者喜欢追涨强势股，却往往会追在短线高点上，一旦强势股回调，便仓皇止损，而止损后却又发现该股已峰回路转，扶摇直上。

其实强势股也存在低吸的机会，但这个机会出现时，多数人却不敢买。强势股的回调多采用日间振荡或空间换时间的方式，这种方式必然如惊涛骇浪，让人避之唯恐不及。难得的低吸机会却偏偏隐藏在其中。

操作强势股，可关注 5 日均线、10 日均线之间的厚度变化。通常来说，能称得上强势股的，必然以大角度保持上涨，脱线是常见形态。如图 5–17 中 A 处之前，这种状态下一旦连续性涨停板打开，当天不能再封住，也就是强势个股展开回调的时候到了。

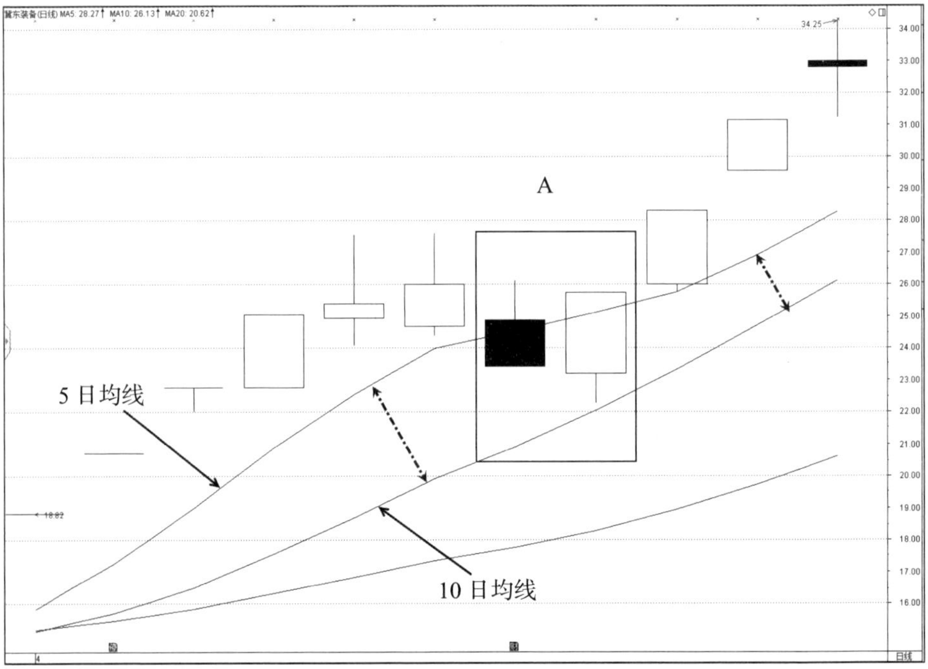

图 5–17

图中 A 处，第一根阴线走出当天的跌停板，这就是强势股以空间换时间的回调方式，当然这只是方式之一，并不是所有的强势股都会采用这种方式。

被资金狂追的个别强势股，也会采用回调略探5日均线便再度起涨的方式，但连续采用这种方式调整的个股，一旦资金失去追涨的欲望，就会直接进入到大级别的下跌，常说的“断崖式下跌”就往往发生在这种个股上。

A处的第二根K线是低开高走的阳线，其低点接近10日线，而高点已收复5日均线。我们说过，厚度空间是由均线构成，而不是股价。A处的5日均线和10日均线仍具有相对较大的厚度空间，更为重要的是，代表价格强度的5日均线仍旧维持上行的态势。

这就说明A处第一根阴线的跌停板并未能消耗掉股价上升的强度，探底回升的阳线就是较为适宜的低吸点。

类似于案例中强势股的操作上，即使股价跌破10日均线，只要5日均线未转向，厚度空间并未封闭，就说明短线涨升强度并未完全消失，仍可寻机介入。

实战中，如果5日均线交叉10日均线封闭厚度空间，则说明该股调整的空间和时间都会出现相应的延长甚至是扭转。

（2）最忌逆势孤军深入。

上涨趋势中，有时会突然遭遇大幅度的暴跌行情，价格短期内连续突破中长期均线系统，如60日均线、120日均线、250日均线等。下跌趋势中也有类似的情况，突如其来的暴涨连续突破中长期均线。

逆势出现的暴涨、暴跌行情，多数不可持久，即使这种暴涨、暴跌行情最终改变了运行趋势，也存在一个较长的修复过程。但在其急速运行阶段，普通的交易者如果没在最初阶段介入，后面很难捕捉到适宜的介入点。

如图5-18所示，股价在A处以60度区急速上涨，一度穿越下行态势中的60日、120日、250日均线，但是这种孤军深入式的逆势急升却很难持久，股价很快便回归下跌。在A处涨势中追高的人，很难从中赚取稳定的收益。

图 5-18

当中长期均线呈空头排列向下运行时，股价短期暴涨，如同过度冒进、孤军深入的部队，短期的强势难掩之后大概率的颓然败退。

对于股价短时间内突起的逆向行情，如果技术环境上并不具备趋势改变的基本条件，那么多数都会在急速运行阶段结束后，略经盘整或直接回归原有趋势。

如图 5-19 所示，股价在 A 处突然大幅下跌，连续跌破中长期均线，但不久股价便迅速回升并创出新高。追随股价短期波动，会使心态越来越脆弱，难以承受股价来回折返，更难以看清本来并不复杂的趋势。

（3）起飞跑道。

上涨趋势的初期阶段，或者是涨势中级别较大的调整之后，部分个股股价恢复上涨的过程是以较小的倾角来运行，通常较少有大阳、大阴线，而是以中小 K 线居多。总体来说，这种走势的个股一段时间内的升幅很有限，所以不少持仓者耐不住股价磨磨蹭蹭的上涨，而选择卖出换股。

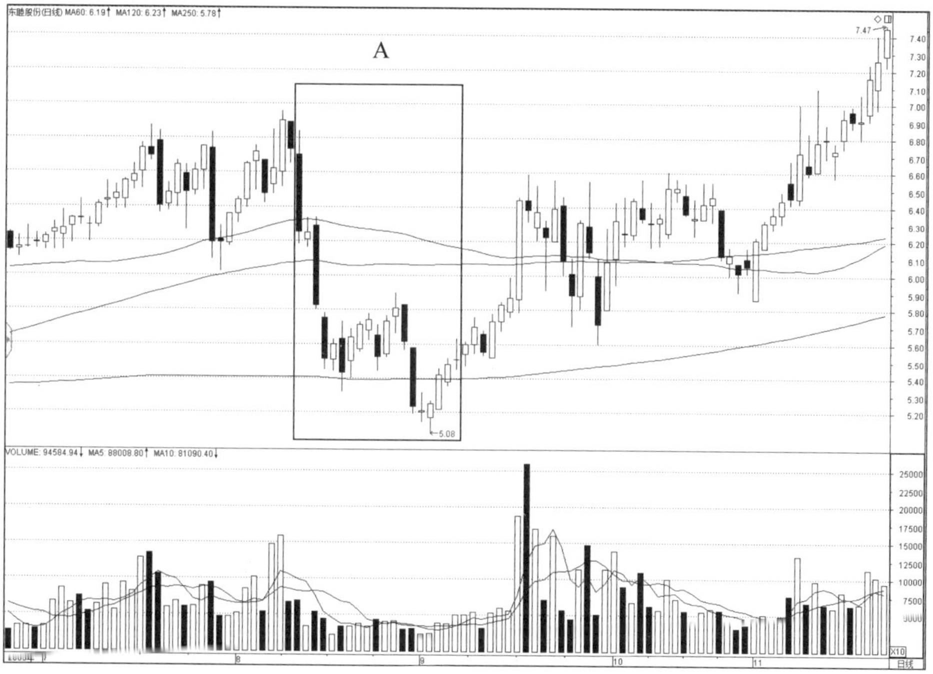

图 5-19

其实仔细分析这类个股的走势，我们会发现具有几个技术特点。

其一，短中期均线多头排列，稳定向上运行。

其二，量能逐步增加，接近滑行起飞阶段时形成聚量攻击。

其三，股价极少会回落至中期均线之下，即使偶有发生，也会以下影线等方式快速回收。

具备这几个特点的个股形态，一般将其比喻成正在修建“起飞跑道”的潜力股。

如图 5-20 所示，该股于升势中出现调整后，A 处的短中期均线逐渐完成修复，进入到多头排列中。之后股价多数时间在短期均线上运行，虽然 K

线实体以小阴小阳为主，偶有回落发生，但都很快回升，显示出下方均线系统具有强大的支撑。

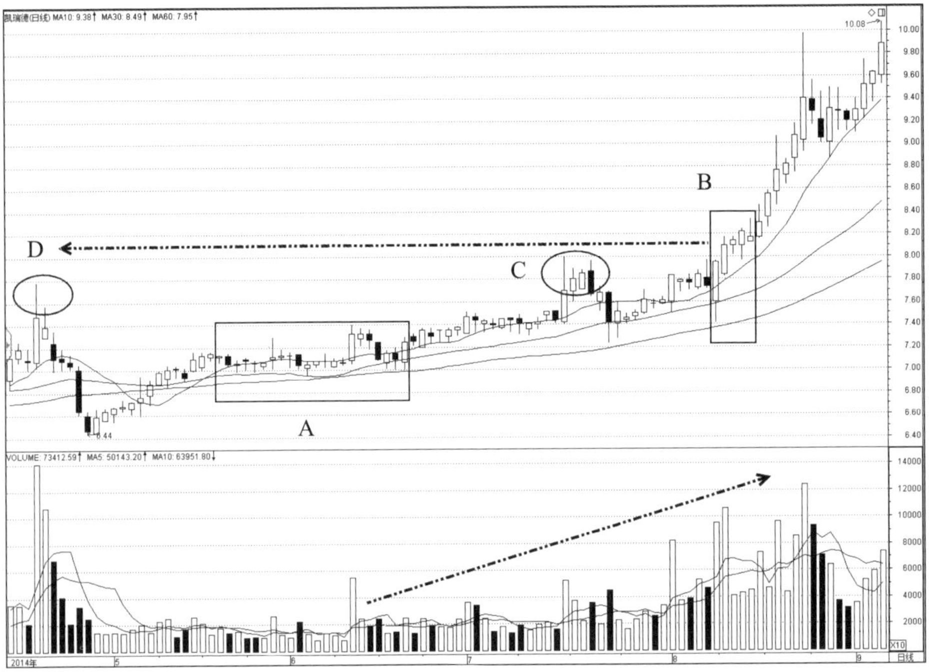

图 5-20

随着均线间的厚度慢慢拉开，“跑道”支撑强度也逐渐变大，股价起飞也就为时不远了。

修建“起飞跑道”的个股，进入滑行起飞阶段的标志，通常都是对于最近密集成交区的突破。如图中 B 处，突破 C 处以及 D 处的密集成交区。

其实案例中的 C 处股价曾尝试突破 D 处的密集成交区，但这里的量能情况显示主导资金并未倾力而为。C 处的量能对比 D 处的量能明显不在一个等级上，所以 C 处极有可能只是主力资金试盘和洗盘的一个点。

进入滑行和起飞之前，吓走不稳定的持仓者，引出 D 处的部分套牢盘割肉。这样做既可以减轻之后上涨的压力，也可以尽可能减少获利盘，为股价快速上涨铺平了道路。

图中 B 处及之后，股价脱离均线进入滑行、起飞阶段。

（4）升势休整。

上涨趋势中，30 日均线回落触及或向下交叉 60 日均线，随后又向上交叉 60 日均线。之前回落过程中无量运行的股价开始加大换手率，K 线的低点逐步抬高，此后均线系统形成多头排列，即为升势休整形态，后市大多会有一轮强劲的上攻行情。

如图 5–21 中 A 处所示，30 日均线向下交叉 60 日均线，在这个过程中虽然股价不断振荡，但低点不断抬升。B 处，30 日均线上穿 60 日均线，同时股价明显受到下方均线支撑，逐步回到均线系统上方。

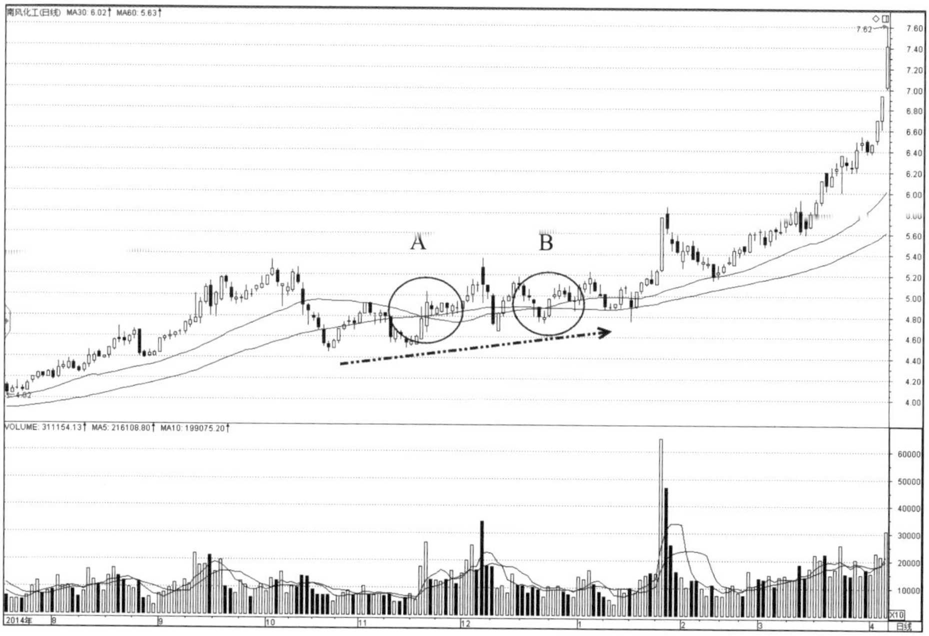

图 5–21

升势休整其实也是均线修复的过程。当股价与均线上涨趋势运行一段时间后，会累积一定数量的不稳定因素，随着股价越升越高，获利盘也会迅速扩大和增加，其兑现的欲望越来越强烈。

出现一段时间的回落修复期，既可以清理获利盘的数量，也可以借机提升市场的平均持仓成本。这个清理过程的长短，一般以 30 日均线向下交叉 60 日均线，随后又向上交叉 60 日均线为主要观测基准，之后当股价再度回归升势时，则意味着清理过程的结束。

升势休整的出现，可以让日益躁动的市场平复下来，毕竟过早地让价格进入疯狂状态，对于主力来说并不不一定是好事。

（5）兜底坑。

所谓兜底坑，是指经过大幅下跌后，有中长期均线加入的聚拢或黏合形态下，价格突然向下快速跌落，但随后便开始回升，突破中长期均线，扭转趋势并启动第一波上涨。整个过程就像是在路面上挖出一个坑，这个坑会对后面跟来的人会造成影响，但对价格前行的道路来说，崎岖不平就是一种正常状态。

兜底坑是趋势扭转阶段比较常见的现象。在聚拢或黏合形态渐渐得到市场认可的时候，突如其来的急速下跌并打破所有均线支撑，这种情况无疑会引发很大的恐慌。

在上涨趋势并不明了，下跌趋势僵而不死的情况下，兜底坑会让多数持仓者失去信心、抛售筹码。在兜底坑右侧“填坑”的价格回升过程中，已经卖出的人很少会再买回来，而主导资金想要的就是这个效果。

如图 5-22 中 A 处所示，股价从黏合状态中突然下跌，打破了所有的均线支撑，似乎正要开启新的大跌。但出乎意料的是，股价很快止跌，在低位盘整后回升，并成功突破 250 日均线压制。股价在 250 日均线上测试压制转化为支撑后，随即开启新一轮升势。

图中 B 处的“坑”和 A 处的“兜底坑”很相像，但 B 处并不符合兜底坑的标准。B 处的“坑”缺少长期均线加入聚拢或黏合形态中的先期条件，前期只有短中期均线的一个常规盘整，更像是跌势末期为吸纳带血筹码而挖的坑。

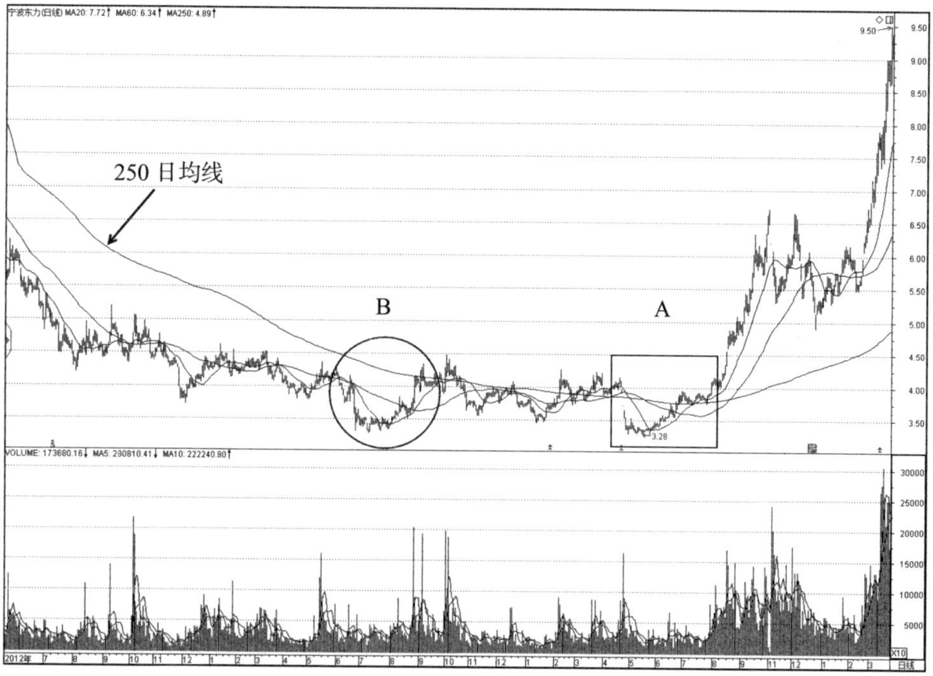

图 5-22

从技术上来说，B 处“挖坑”的起涨和盘绕 250 日长期均线，对于这条长期均线最终的扭转向上，起到一定的牵引作用。这也是很多个股在构筑底部过程中，为使长期均线尽快进入修复并完成扭转所常见的情况。

实战中，兜底坑形成过程中的“挖坑”阶段，并不都像图中那样幅度相对较小，也有部分个股在“挖坑”阶段表现得穷凶极恶，以致让持仓者开始怀疑人生。

如图 5-23 中 A 处所示，股价以 60 度区的角度下跌，下跌过程既快且急，股价从 16 元多一直跌至 10 元上方。幅度之大，过程之凶悍，可以看出该股主力无疑是个“狠”角色。

当然，兜底坑“挖坑”的深与浅，也与个股之前跌势中的整体下跌幅度有关。

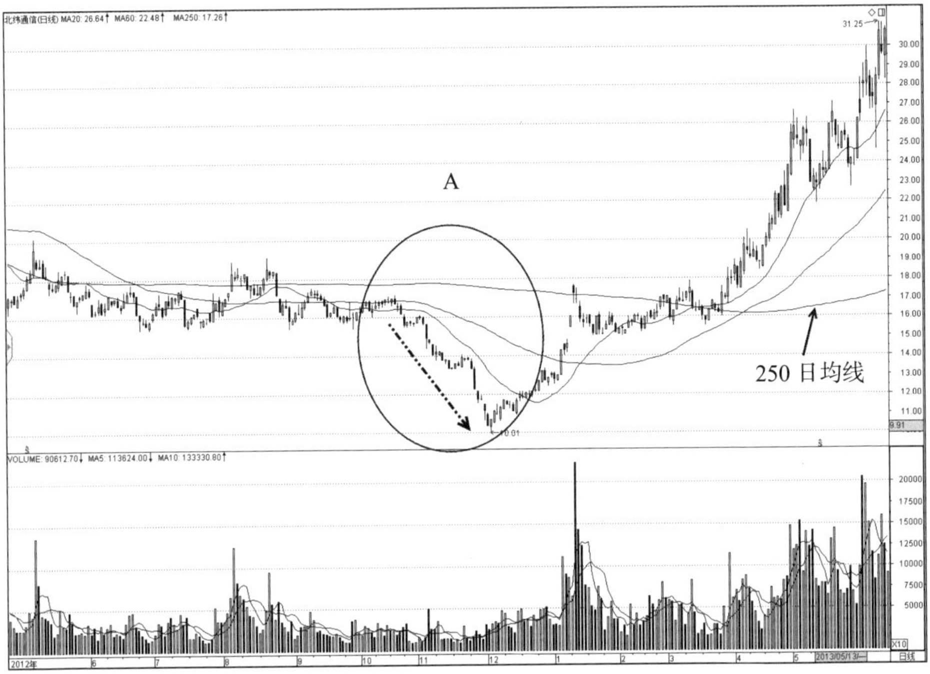

图 5-23

经过长期大幅下跌的个股，即使想“挖深坑”，恐怕也很难做到，因为没有那么多的套牢筹码还愿意在此时割肉，多数被套牢的人早已看破红尘，不看盘了。

跌势中相对跌幅不大或刚经过一波次级反弹的个股，如果出现兜底坑，多数“挖坑”的深度很可观。

有时候兜底坑挖得深，也并不是全无好处，主力之所以“狠”，是因为意图长远，想把底部锤炼得更结实，为之后的“远大钱景”打好基础。

（6）长逆短顺。

长逆短顺是下跌趋势中逆水行舟的形态，这种形态并不一定都能达到次级反弹的级别，也包括价格的短期反弹。

长期均线保持下行的态势，对于股价的反弹具有强大的压制，多数反弹都会终止于压制之下。即使某些个股后市发生趋势扭转，第一次反弹到下行的长期均线附近时，也会出现回落。

如图 5-24 所示，股价在连续下跌后起稳反弹，A 处股价上攻至下行态势的 120 日长期均线时遇阻回落。如果是短期反弹，这个回落基本就宣告了反弹的结束。图中个股在回落至 20 日均线附近时得到支撑，在量能的支持下再度上涨。

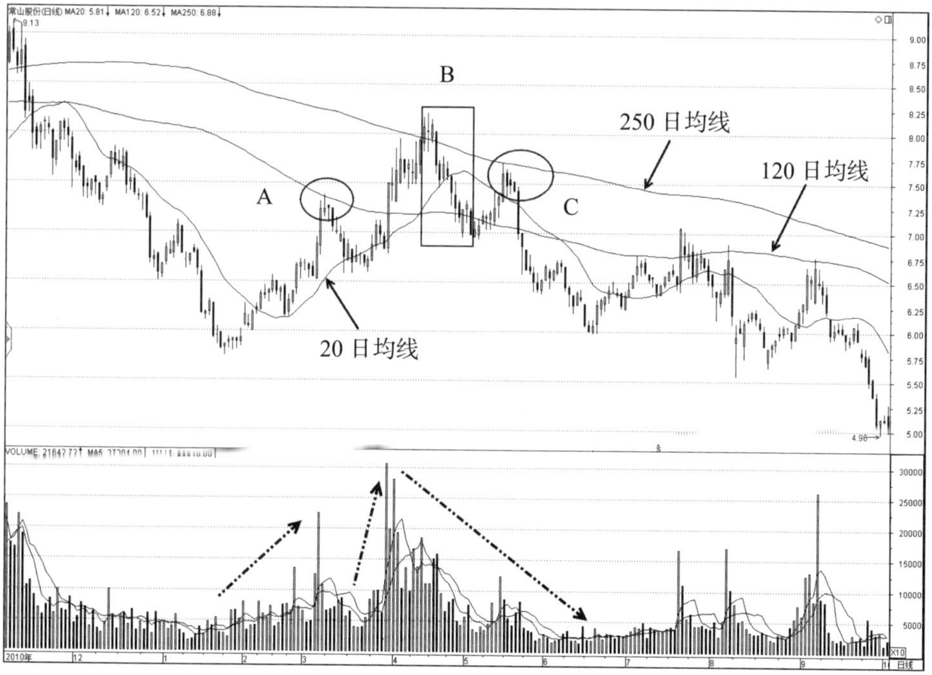

图 5-24

B 处，再度上涨的股价不能得到 250 日长期均线的支撑，反而在其压制下迅速回落。我们可以看到，股价在 B 处回落时，250 日均线的支撑非常微弱，股价停留 3 个交易日后继续下跌至 120 日均线。在这个过程中，量能已经呈现出消散的态势。

下行态势中的均线能够提供的支撑微乎其微，甚至更多地表现为市场心理上存在的支撑。图中B处，股价在120日均线上的止跌反弹，对于我们来说，不用等到C处的出现，也能大略测算出它的终点在哪里。

实战中，一些个股虽然突破长期均线，却不能牵引其发生扭转，同时出现放量滞涨或量能呈消散的态势时，则意味着涨升强度正在快速减弱，股价回归跌势就是大概率的。

长逆短顺形态下，对于个股涨幅以及上涨持续时间不要抱有太大的希望。

（7）回线不回价。

回线不回价是指在上涨趋势中出现一波回落调整后，价格从60日均线上得到支撑启动上涨，价格的下一次重要调整低点可能就在60日均线附近。

回线不回价是一种良性调整，能够为我们提供一次较理想的短线介入机会，但需要注意以下两点。

其一，再次回到60日均线时的价格，不能接近于启动时的价格，否则就说明价格整体处于盘整阶段，并不一定就是适合的介入点。这也是回线不回价的含义所在。

其二，价格再次回到60日均线后，不能长时间呈盘线状态，否则很有可能会牵引60日均线走平，甚至向下扭转，从而使后市运行方向变得复杂难辨。

如图5-25中A处所示，股价结束调整，从60日均线上启动上涨，其后只在级别较大的一波调整中回到60日均线上，之后结束回落再次转升，见图中B处。

（8）蛟龙出海。

蛟龙出海是指在经过长期大幅下跌之后，均线系统呈现聚拢或黏合状态，价格突然打破底部沉闷的局面，就像一条霍然冲出海面的蛟龙。如图5-26中A处所示。

蛟龙出海是上涨趋势或趋向启动的最初阶段，意味着价格将脱离底部构筑阶段。但这种形态出现后，并不是所有个股都会立即进入到趋势明确的大涨中。

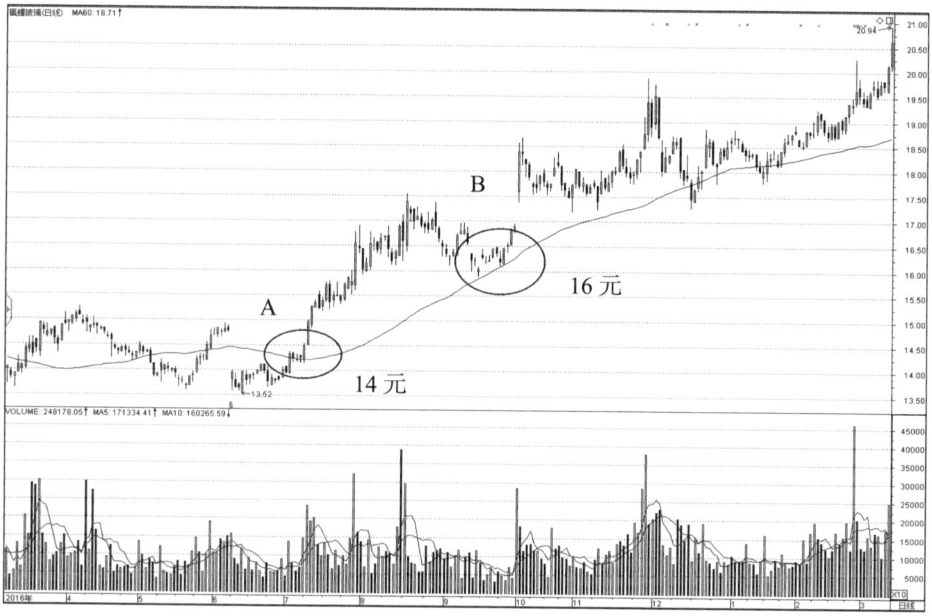
MA60: 18.71↑
A
14 元
B
16 元
13.52
20.94
VOLUME: 248178.05↑ MA5: 171334.41↑ MA10: 160265.59↓
2016年

图 5-25

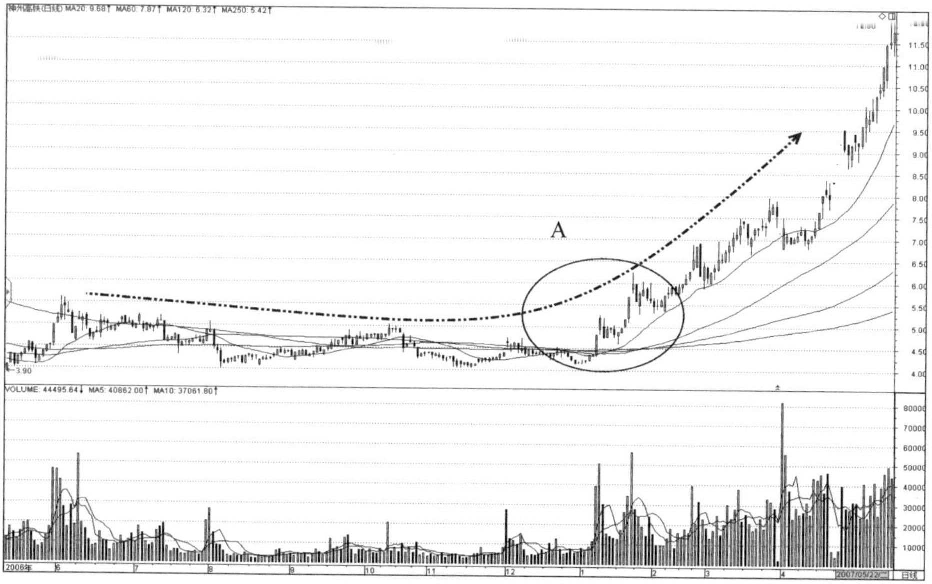
MA20: 9.68↑ MA60: 7.87↑ MA120: 6.32↑ MA250: 5.42↑
A
3.90
VOLUME: 44495.64↓ MA5: 40862.00↑ MA10: 37061.80↑
2006年
2007/05/22

图 5-26

实战中，某些个股还会向下运行，形成一个“龙取水”的形态，其技术含义在于确认趋势扭转后能否得到支撑。

如图 5–27 所示，股价走势在 A 处形成蛟龙出海，随后快速回落，B 处在跌破 20 日均线后出现回升，如果是级别较低的回落，那么这里的见低回升就不会再度跌破 20 日均线。

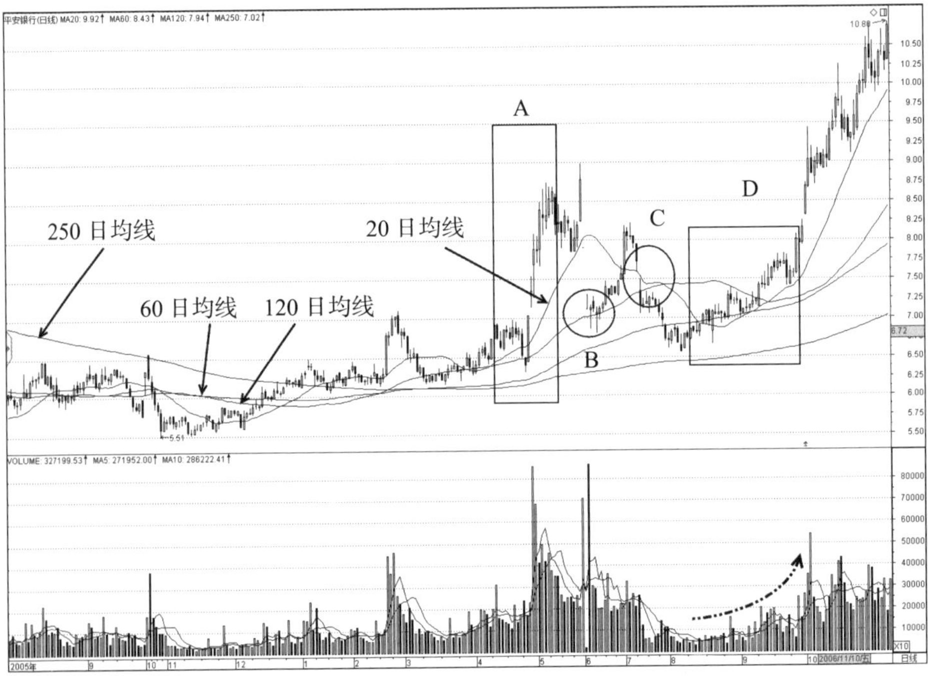

图 5–27

但图中 C 处显示，股价不但跌破 20 日均线，甚至破掉了 60 日均线，说明本次回落应是一个次级调整。其实从 B 处股价回升但 20 日均线下行中，我们也可以判断出此次回落的强度较高。

之后股价继续回落，虽然一度破掉 120 日均线，但是最终未触及 250 日均线，还是在 120 日均线上得到支撑，止跌企稳并开始回升，见图中 D 处。

从 B 处到 D 处，即为“龙取水”的过程，其实也是趋势扭转、启动升势之前的确认过程。“龙取水”是否完成，主要是看价格的回升中量能上的表现，如图中 D 处下方的成交量柱状图显示，量能已从前期回落时的消散态势，转为逐渐增加的聚量形态。

图 5-27 中的个股在蛟龙出海形态出现后的回落调整过程，虽然凶悍，但仍不是最为穷凶极恶的那一种。还有些个股会跌破所有长期均线形成兜底坑后，再转头向上开始升势。

蛟龙出海应当具备一定的技术条件，才可予以进一步认定。通常来说，蛟龙出海形态的技术环境应是下跌趋势末期，均线系统呈聚拢或黏合状态之时。

技术环境不匹配，即使出现类似的形态，也不可轻易参与交易。

如图 5-28 所示，该股经过大幅下跌之后，也形成一个类似均线聚拢、黏合的形态，而且长期均线也加入其中。

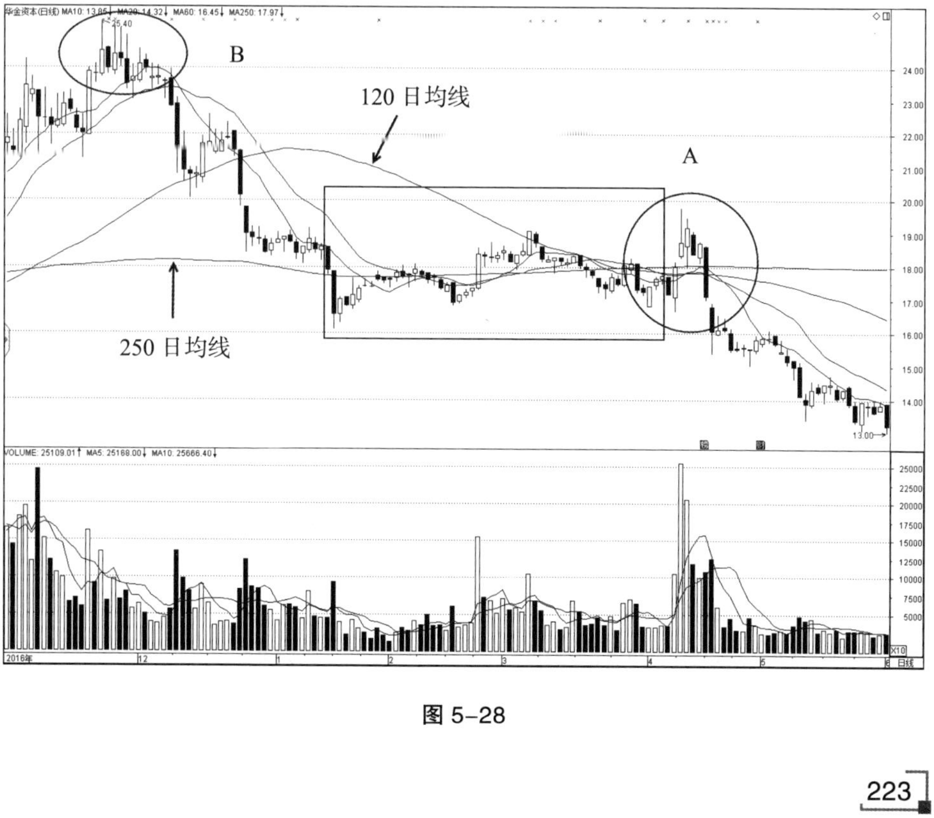

图 5-28

A处股价的突然上攻，必然会让部分人认为是蛟龙出海形态正在形成。如果匆忙追高，那么图中可见，股价却虚晃一枪向下跌落。

图5-28中的个股有哪些技术上的缺陷，可以让我们提前判别出即使股价上涨，也不可能是蛟龙出海？

其一，从技术环境分析上，该股趋势上处于下跌趋势的大幅振荡阶段，图中B处为一波次级反弹的高点。图中类似均线聚拢、黏合的形态，更合理的解释应当是：在回归下跌趋势途中，短期均线的修复过程。

其二，图中类似均线聚拢、黏合的形态中，120日长期均线从上而下加入，而250日均线一直保持横向。从均线时间周期上来说，时间较长的均线其修复过程应晚于短期均线，而图5-28中表现的情况正相反。

这就说明，形态上该股仍处于紊乱期，多个周期的均线离进入修复过程的聚拢、黏合状态，还有些很长的距离和时间。

仅以上述两点，至少可以得出以下结论：趋势上，均线系统不具备聚拢、黏合的条件，图中类似形态仅是短期均线修复，股价休整的横向盘整阶段。长期均线的加入，也仅是均线系统紊乱的表现，并不会具有真正的支撑作用。

图中A处股价只是以一次佯攻来吸引跟风资金的骗线行为，其突放的变量和滞涨的股价也提供了证明。

（9）断头铡刀。

断头铡刀是一种比喻性称谓，是指一根中大阴线将数条均线同时跌破，是一种空头提示信号较强的形态。

如图5-29中A处所示，一根大阴线一举跌破60日、30日、10日均线，形成断头铡刀形态，发出强烈的做空提示信号。

案例中个股的技术环境处于下跌趋势运行过程中，所以三条均线呈空头排列。跌势途中反弹结束时以及趋势扭转向下时，出现“断头铡刀”形态，都是高度危险的形态，继续跌势绝对是大概率的。

当在升势初期或中期阶段出现“断头铡刀”形态时，可能是短期或次级调整的信号，短线交易者需要根据盘面的具体变化，注意控制操作节奏。

判断断头铡刀这种形态时，在均线系统的配置上，应采用短中期均线混合的方式。图 5-29 中选用的是 10 日、30 日、60 日均线，均线周期偏重于稳定性，能够相对准确地提示形态的真实性。

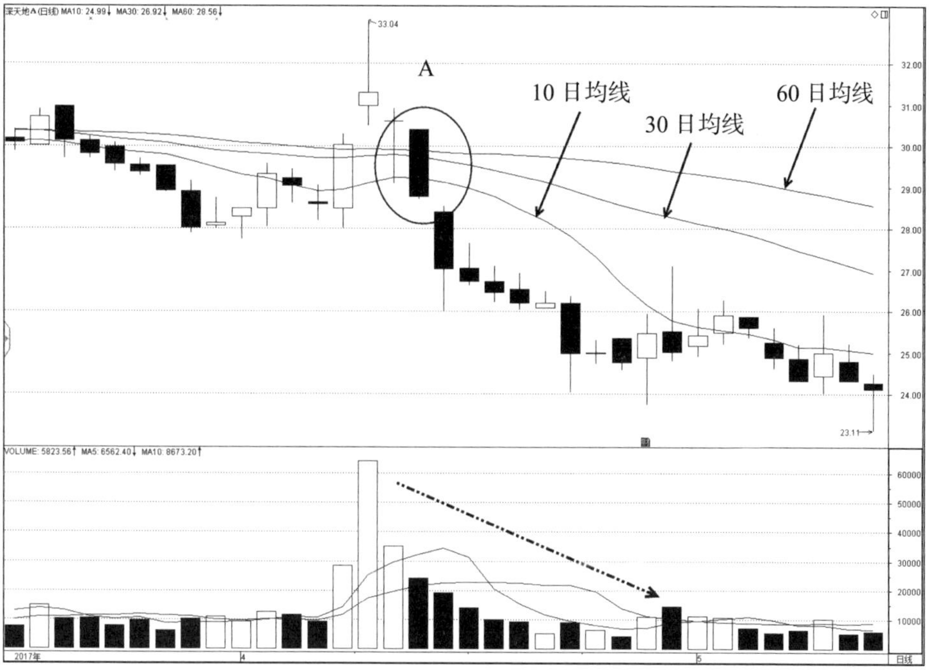

图 5-29

如果均线系统的配置上都选用短期均线，则容易被价格的短期波动所误导。如图 5-30 中的均线系统，由三条短期均线构成，A 处一根大阴线跌破三条短期均线，形成断头铡刀，但股价并未继续跌势，而是低点略加盘整后再次上涨。

之所以出现这种情况，一方面是因为图 5-30 中的断头铡刀形态是由大阴线跌破三条短期均线所形成，短期均线受限于时间周期，对价格反应灵敏，却缺乏稳定性上的优势；另一方面，该股运行于上涨趋势中，断头铡刀形态的空头提示强度要远低于跌势中。

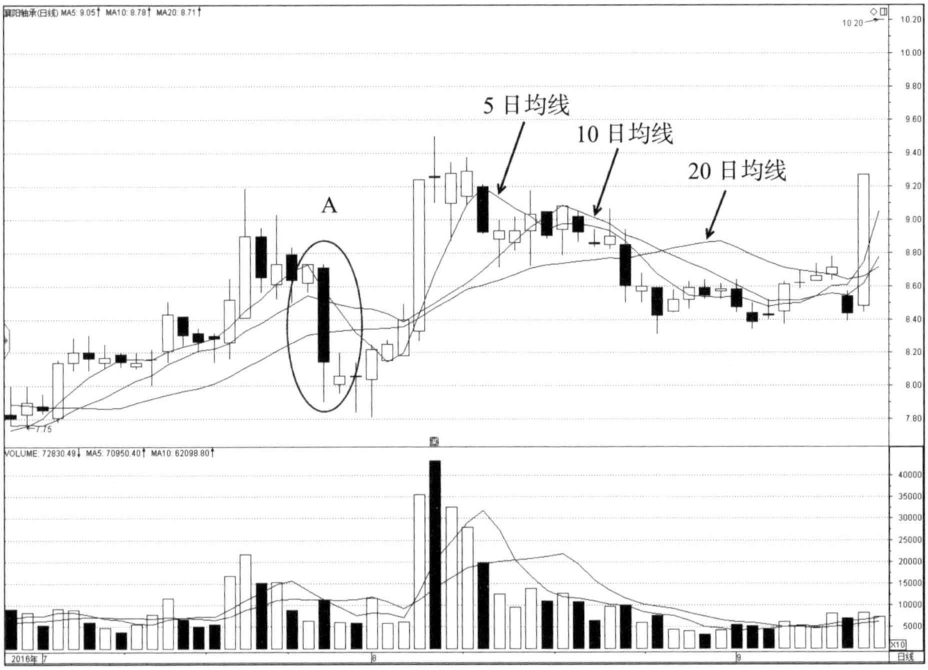

图 5-30

（10）回家与吻别。

股价和均线之间具有相互牵引的关系。当股价过快、过多地远离均线之后，如果是上涨阶段，获利丰厚的人就会抛出，随即导致股价回归平均成本区。如果是下跌阶段，过于凶悍的跌势也必然会吸引到抄底资金，所以股价会发生反弹，这就是“回家”形态的技术原理。

根据“回家”形态的时长法则，在下跌趋势中，股价回到 20 日均线的极限时长为 50 个交易日左右，平均时长是 30 个交易日左右，跌速较快的个股有的在 20 个交易日也会出现反弹。

也就是说，在大多数情况下，股价的连续下跌多会在 30 个交易日左右时见到阶段性低点区域，并向 20 日均线的目标位展开反弹。

如图 5-31 所示，股价在 A 处反抽 20 日均线确认压制后，开始下跌过程，至 B 处时为 30 个交易日左右。图中可见，B 处就在本次下跌的低点区域。

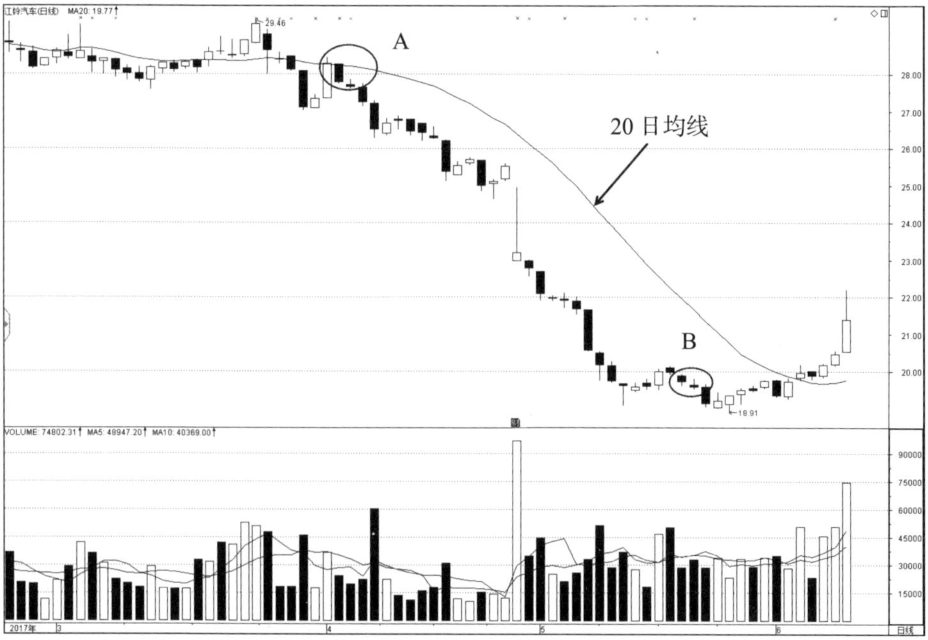

图 5-31

“回家”形态的主要作用，在于估算下跌持续的大致时间和范围。当然，其低点也未必都是理想的介入点，但可以为我们从整体上分析某一目标个股时提供一个重要的技术参考。

“吻别”形态的主要形式，其实就是破位后的反抽确认，可以为我们捕捉做空时机和判别趋势或趋向扭转提供依据。如图中的 A 处，就是股价“吻别”20 日均线，确认启动下跌的提示信号。

二、回档的级别与实战

回档也称为回落调整，是上涨趋势中的常见形态。无论怎样激情四射的大牛市，都免不了出现回档，包括指数和个股。牛市中的回档，大部分都会出现极佳的低吸机会。

从均线理论的角度分析，上涨趋势中的回档级别包括短期、中期和中长期。

1. 短期回档

当股价冲高回落后，在 5 日均线和 10 日均线附近能够得到有效支撑，即为短期回档。如图 5-32 所示，股价在 A 点小幅回落，至 10 日均线附近时便止跌回升。

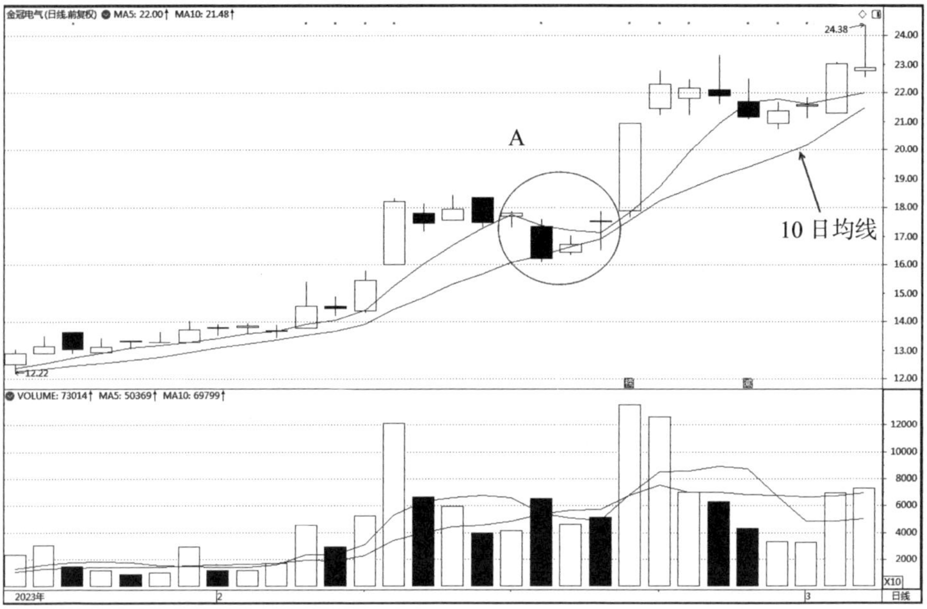

图 5-32

对于股价出现的短期回档，低吸选点也并不是随意而为的，需要深入分析回档究竟是短期还是更大级别的，毕竟当股价仍旧处于回落过程中，尚未显示出止跌回升迹象时，一切都有可能发生。

股价在之前运行过程中，主要依附哪一条均线展开升势？只要这条均线依旧保持稳定的支撑力度，那么回档的级别通常就不会发生改变。图 5-32

中股价主要依附10日均线上行，至A点并未有效击破10日均线，也就证明该股本次回档并没有加大调整力度，依旧维持短期回档的格局。5日均线和10日均线的主要作用在于体现股价涨升强度，强度不断降低的股价表现，也就意味着短期回档可能会演变为更大级别的回落调整。

股价短期回档期间，交易者可从相关短期均线支撑与压制的转化关系是否发生变化，来界定低吸是否可行，同时这个时间段相关个股的分钟系统上，其涨升结构也会进一步发出适宜低吸的信号。

2. 中期回档

均线系统中的20日均线，其时间周期介乎于短期均线和中期均线之间，在鉴别股价的回档级别上，能够起到较为关键的提示作用。

通常来说，温和的中期回档，股价会在20日均线上得到支撑，并回归升势，如图5-33中A处之前的形态。级别较大的中期回档，则会打破20日均线，在60日均线之上止跌。如图5-33中A处股价跌破20日均线，在股价向上反抽时，20日均线体现出由支撑转为压制的情况，这是一个较为典型的大级别中期回档提示信号。

当股价在20日均线上下盘绕，方向不定时，如何判断股价回档究竟是就此止步回升，还是加大回档力度继续下跌?

有两个条件可供交易者参考：其一是股价与均线之间支撑与压制转化关系是否存在变化；其二是20日均线的运行方向是否发生改变。

如图5-33所示，A处之后20日均线不但显示出支撑与压制转化关系的变化，其运行角度也明显开始下行，这就是级别加大的信号。

而在图5-34中A处，股价与均线之间支撑与压制的转化关系，并未因股价跌破均线而发生变化，股价很快就收复均线，均线并未由支撑转化为压制。股价跌穿20日均线，但20日均线在这个过程中一直保持上行的态势，这是股价强势不失的信号，也就证明股价回档级别不可能就此加大。

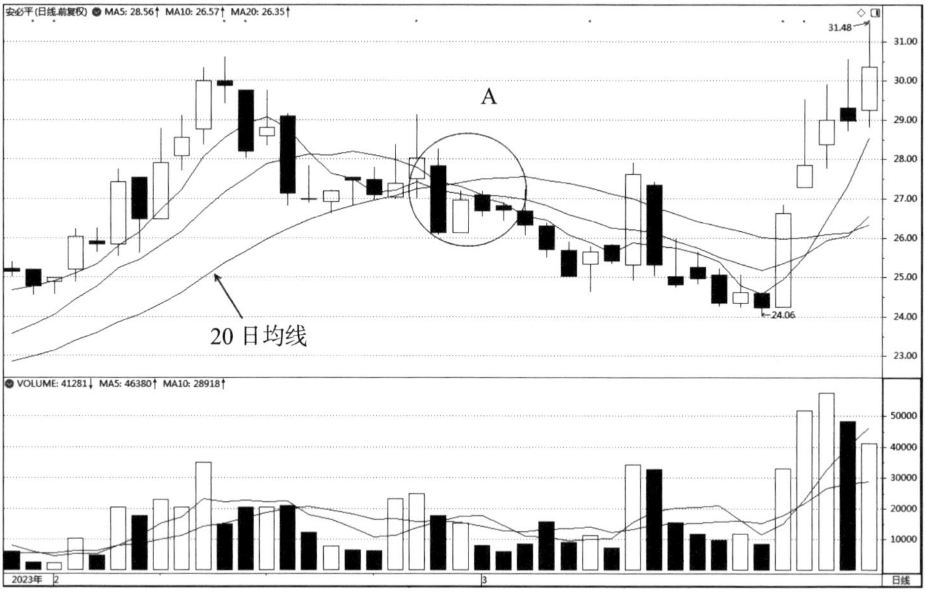
安必平(日线,前复权) MA5: 28.56↑ MA10: 26.57↑ MA20: 26.35↑
31.48
A
24.06
20 日均线
VOLUME: 41281↓ MA5: 46380↑ MA10: 28918↑
2023年
日线

图 5-33

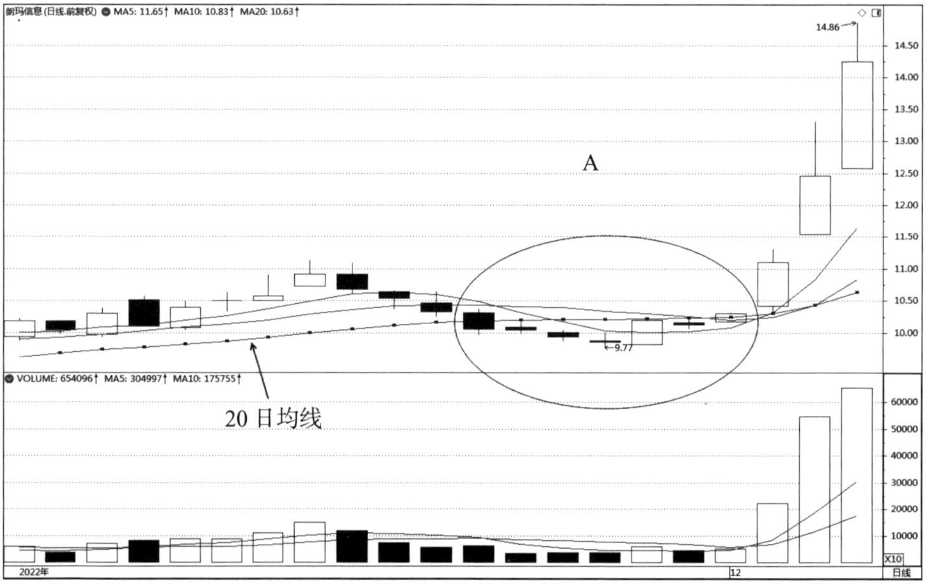
朗玛信息(日线,前复权) MA5: 11.65↑ MA10: 10.83↑ MA20: 10.63↑
14.86
A
9.77
20 日均线
VOLUME: 654096↑ MA5: 304997↑ MA10: 175755↑
2022年
日线

图 5-34

3. 中长期回档

股价的中长期回档，也就是上涨趋势中的次级回落调整，其回落幅度和持续的时间周期，都是短期回档、中期回档所无法比拟的。通常来说，当股价在 60 日均线上下振荡，或进一步跌破 60 日均线，即意味着中长期回档已经开始。

如图 5-35 所示，股价在 A 处跌至 60 日均线并止跌回升，这就是一个中期回档的标准尺度，而后股价继续升势。交易者可在回档过程中择机低吸。

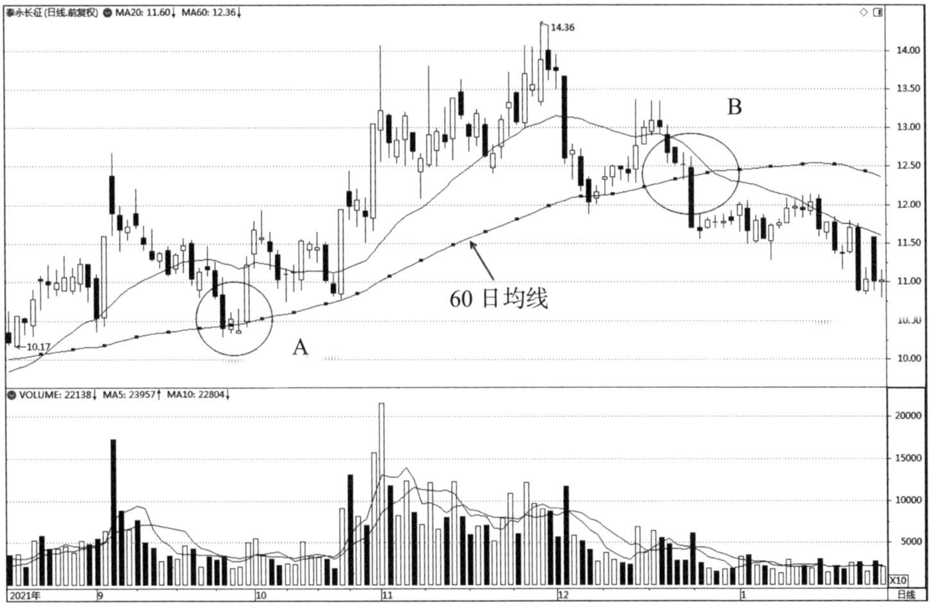

图 5-35

B 处之前，股价再一次回档到 60 日均线，随后止跌反弹，股价在 B 处受到上方 20 日均线压制后转升为跌，并跌破 60 日均线。这个技术形态介乎于中期与中长期回档之间，如果 20 日均线没有对股价形成压制，那么这个回档就是一个级别较大的中期回档。但实际案例中的 B 处，股价受到 20

日均线压制并进一步跌破 60 日均线，形态则豁然转化到中长期回档之中。这里就不能成为低吸的点，反而应是短线卖出的时机。

中长期回档在实际演化过程中，有些会形成趋势反转，有涨势中的回档转化为下跌趋势的开始阶段。这其中的风险交易者不得不防。

第四节 大牛有形

从技术环境分析的角度来说，大多数激情四射的大牛股，其底部构筑过程总有相似之处，追寻大牛股不妨从底部结构开始寻觅。

一、底部构筑周期选股

关于底部结构的形态，传统理论中有头肩底、V 型底、W 底、圆底等。笔者认为在底部结构形态上，圆底形态的构筑最为扎实，构筑周期也相对较长，很多历史上的牛股都具有圆底的特征。笔者所认同的圆底和传统理论上的圆底有所区别，即并不排斥低点 K 线具有一定幅度的起伏，也并不要求必须是标准的碗型。

其实不论何种形状的底部，只要其构筑周期足够长，未来的涨升空间和涨升力度都会比较理想。如图 5-36 所示，该股构筑了头肩底形态。图 5-37 中，该股所构筑的圆底耗时两年半左右，当股价开始涨升时，同样有着不俗的涨升幅度。

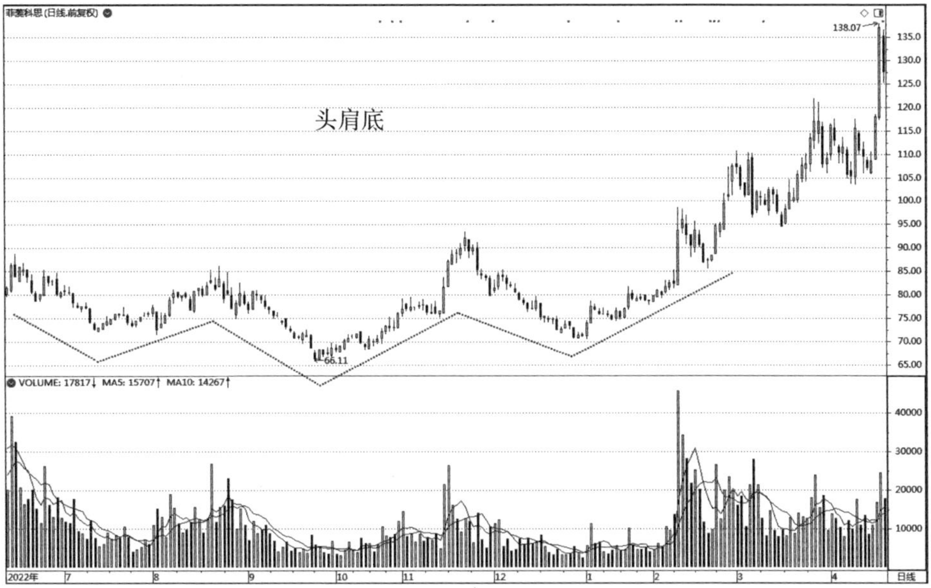
菲菱科思(日线,前复权)
头肩底
138.07
66.11
VOLUME: 17817 MA5: 15707 MA10: 14267
2022年
日线

图 5-36

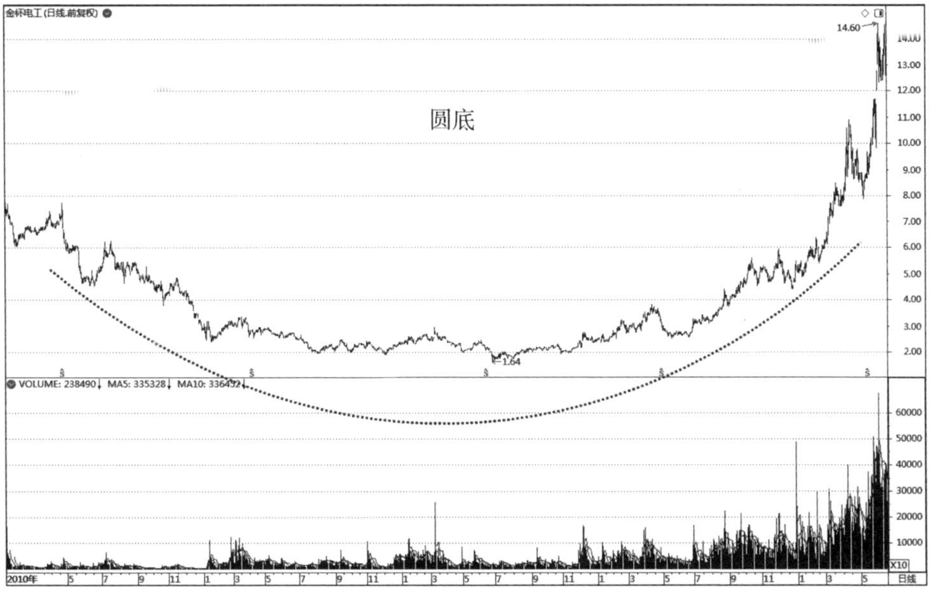
金杯电工(日线,前复权)
圆底
14.60
1.64
VOLUME: 238490 MA5: 335328 MA10: 336432
2010年
日线

图 5-37

底部构筑周期比底部形态重要得多。主力在底部构筑阶段耗费的时间越长，说明其所做的准备工作越足。从成本的角度来说，主力耗时多，成本则会增加，那么其对股价未来的涨幅和相应的收益要求也必然更高。通常来说，交易者应选择底部构筑过程在两年左右的个股。如果所选个股已从底部启动上涨，那么介入低吸的位置应选在个股突破相应股价关口或者均线关口之时。

即便是短线交易，交易者也都想选到的是大牛股，而选择大牛股从底部构筑周期上进行筛选，无疑是一条极佳的捷径。

二、起涨的技术环境

选到了底部构筑周期较为理想的个股后，并不意味着马上就可以进行低吸，尤其是尚未脱离底部结构的个股。这类股票虽已营造底部的时间较久，但主力选择何时拉升，却是个不好准确估量的问题。还有些主力会选择反技术方式，故意打破底部结构并做出继续下跌的态势，然后才开始进入到脱离成本区的拉升阶段。对于短线交易者来说，过早介入其中，至少时间成本的损失是不可避免的。

解决上述问题的办法，就在于对底部构筑的技术环境分析和起涨结构分析（日线层次）。

1. 底部构筑的技术环境分析

（1）前期跌幅巨大。

一些大型底部往往需要构筑较长的时间，在进入底部构筑阶段之前，指数或个股股价还有一个长期的、大幅的下跌过程，这也是构筑底部的前提条件。

（2）市场人气极度低落。

主要下跌过程结束，进入底部构筑阶段之后，这时市场的悲观氛围和下跌期间并无改观，甚至有过之而无不及。机构普遍看空后市，交易者情绪降至冰点。市场人气极度低迷的时刻，恰恰也是主力构筑底部的最佳时机。

这个阶段管理层的态度悄然发生改变：一些长期困扰股市发展的深层次问题逐渐得到解决；政策面发出积极的声音，一些有利于股票市场发展的政策开始颁布实施。总之，政策面开始转暖。

（3）前期强势股或龙头股开始补跌。

在市场人气低落，希望与失望并存的当口，前期下跌过程中普遍抗跌，并被市场普遍看好的龙头股等强势股票，此时突然出现纷纷跳水杀跌的场面。与此同时，指数或前期一些阴跌的个股也转为急速下跌，涌现个股集体跌停的场面；各种各样的技术底、市场底、政策底，以及支撑位和关口都显得弱不禁风，市场局势似有崩盘之状。这种情形会给市场造成进一步的恐慌，并促使大部分人产生对后市的失望或绝望心理，从而选择尽快清仓离场。

（4）无形的手。

在上述情况逐一发生，尤其是一波急速下跌之后，市场整体（包括指数和个股）形态并没有出现像很多人预计的那样持续不断的大幅下跌，而是呈现一种无方向的横向波动。每逢市场上有利空消息传播，或至技术关口形态显示将要进一步下跌时，却往往转危为安。似有一只无形的手在下面托着市场，在市场普遍存在的浮躁情绪中维持着相对平稳的局面，同时市场的运行重心在悄然中不断抬升。

2. 起涨结构分析（日线层次）

主力在底部构筑的大格局基本完成后，会寻求向上拉升的时机，以尽快脱离成本区，拓展运作空间。这个阶段相应的起涨结构会渐渐浮出水面。

（1）“最后一跌”。

“最后一跌”在底部构筑中具有分水岭的独特意义。多数情况下，“最后一跌”的出现往往预示着行情将进入到构筑起涨结构的阶段。底部的

“最后一跌”发生时，会呈现一些技术特性，研究这些技术特性，既可以起到确认底部“最后一跌”真实性的作用，也可以为起涨结构奠定分析的基础。

如图 5–38 所示，A 点为该股在“最后一跌”中的股价最低点。A 点有个现象值得交易者特别注意，即“最后一跌”中出现的最低点，其当日的成交量往往处于常量的水准，而成交量大幅增加，往往会出现在杀跌过程中，实战中大部分个股都会出现这种情况。

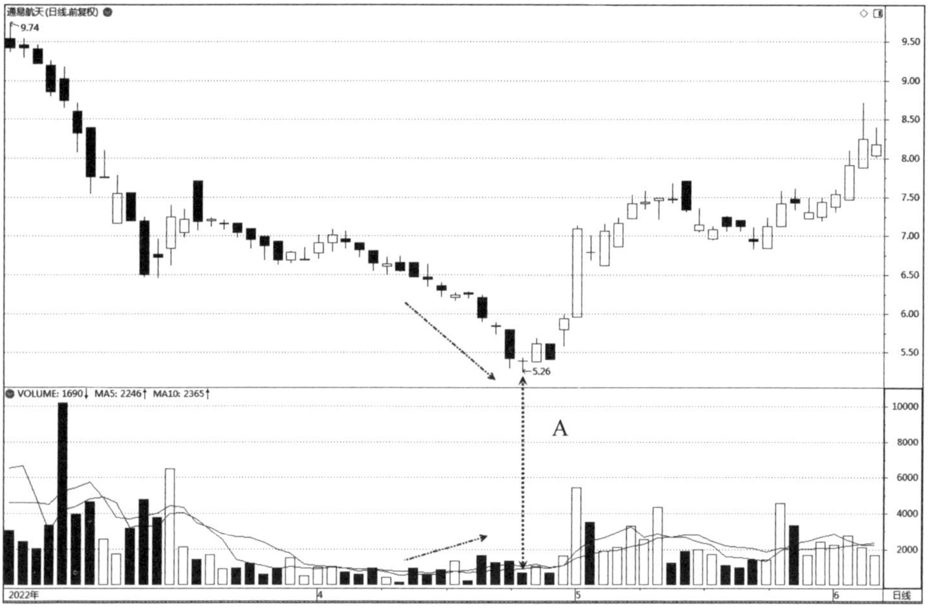

图 5–38

从交易心理的角度分析，杀跌过程出现成交量大幅增加，是由恐慌情绪引发的抛售行为所致，而这种恐慌性抛售得到宣泄之后，股价和量能就会恢复到正常状态，但股价仍旧会在惯性下跌的引导下创出新低。由此可见，“最后一跌”是指一个杀跌的过程，而不是某一个低点，这个过程维持的时长并不固定。

在“最后一跌”结束后，具有主力营造底部结构的个股会很快回升至一定的高度（通常较强的会升到杀跌前的价位，稍弱的回升至一半的价位），继而开始构筑底部的过程。

还有一些主力资金可能仍会继续考验“最后一跌”低点的可靠性。如图5-39所示，A点为“最后一跌”中出现的最低点，股价弹升后又继续下探，至B点接近最低点的价位后才正式开始回升。

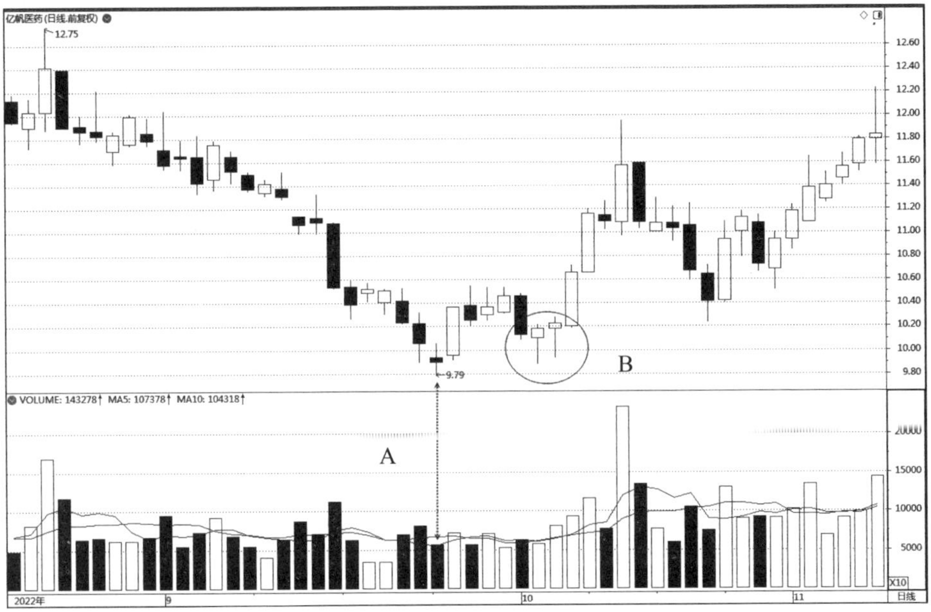

图 5-39

（2）重心和低点。

“最后一跌”探明了下跌阶段的低点，也为起涨结构的构筑砌下了第一块“砖”。接下来股价的止跌回升过程，是验证起涨结构是否能够构筑成功的关键。

图5-40中，A处是“最后一跌”和探明低点的过程，之后股价开始反弹，至B点股价回落，似有再度挑战最低点的势头，盘面形态岌岌可

危。但是仿佛有一只无形的手将股价从险地中托起，盘面由此转危为安，C 点股价再次回落，转危为安的剧情也再次重演，股价就此开始转入上行的态势。

图 5-40 中这种情况在底部构筑阶段可谓司空见惯，这只是主力底部折磨术的手法之一，用意在于使持仓者和跟风追涨的资金知难而退，放弃手中的筹码。交易者在分析底部结构时，不必过于在意股价的最低点，而应注重分析股价重心运行的趋势，这样可以剔除一些骗线等干扰因素，更易于发现股价运行的真实情况。

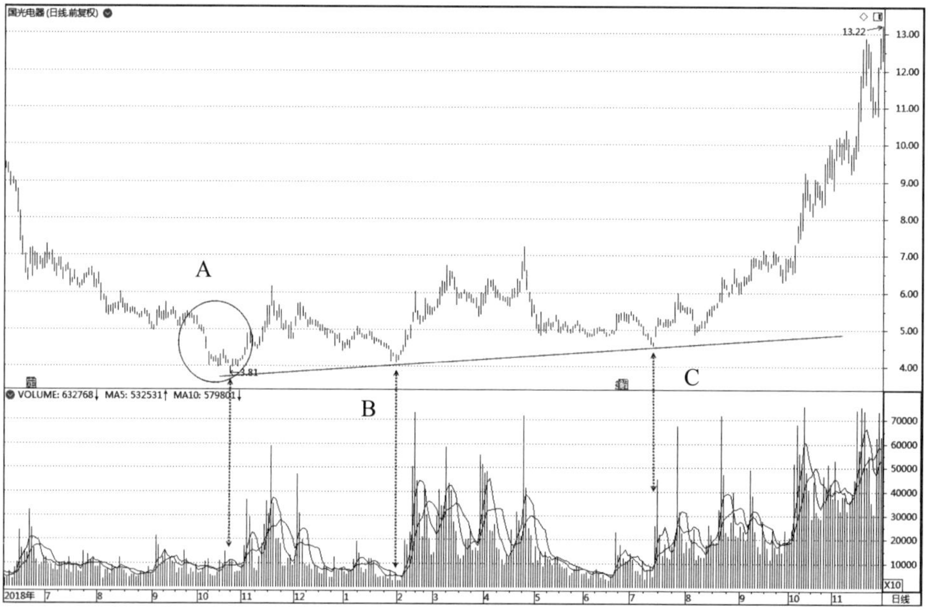

图 5-40

（3）量能变化。

底部构筑过程中的成交量变化具有一定的共性：前期下跌过程中逐渐缩量或间歇性放量，“最后一跌”中先放量后缩量，上升过程中聚量攻击频繁出现。

量能变化最能显示出主力运作的痕迹。当个股在前期下跌过程中出现逐渐缩量或间歇性放量，是主力开始建仓吸筹的部分特征，比如间歇性放量，就是主力吸筹－砸盘－吸筹这一过程的产物。

如图 5-41 所示，下跌过程中，间歇性放量后就会出现一个急跌的过程，主力意在逼迫持仓者尽快交出筹码。当经过“最后一跌”后进入回升过程，成交量又出现了一个新的变化：即以聚量为主，间以变量、量能消散以及新常量等量能循环模式出现，这种成交量的出现意味着起涨结构的构筑已经基本结束。

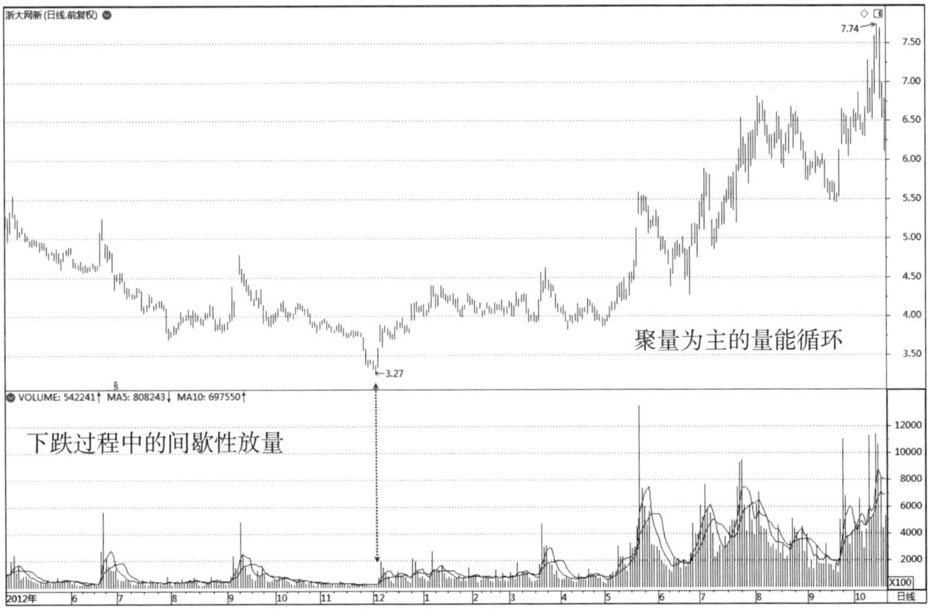

图 5-41

（4）均线关口突破。

当股价经过多次反复振荡，中长期均线系统出现多头指向时，可能意味着日线层次上的起涨结构已经完成。对短线交易者来说，日线层次上的起涨结构构筑完成，一些重要的均线关口能否突破，则意味着股价能不能进入到具有持续性的拉升阶段。

如图 5-42 所示，股价在 A 处成功突破 120 日均线，经过确认后展开一波升势。就日线层次上的起涨结构而言，成功突破并确认收复 120 日均线具有较为重要的意义，但这个过程在大多数个股中会非常复杂和多变。图 5-42 中这种简单易辨的突破方式，在实战中并不常见。

图 5-42

如图 5-43 所示，股价在 A 处第一次触及 120 日均线，在 B 处和 C 处，股价多次尝试突破 120 日均线，经过一段时间的振荡盘整后，股价于 D 处才真正突破 120 日均线，最终进入到上涨过程中。

120 日均线的突破，主力会选择哪种方式，应该和其控盘程度和操盘风格有关。笔者认为，在底部构筑阶段，多次反复的振荡是个股夯实底部的表现，对之后的拉升阶段会更有利。

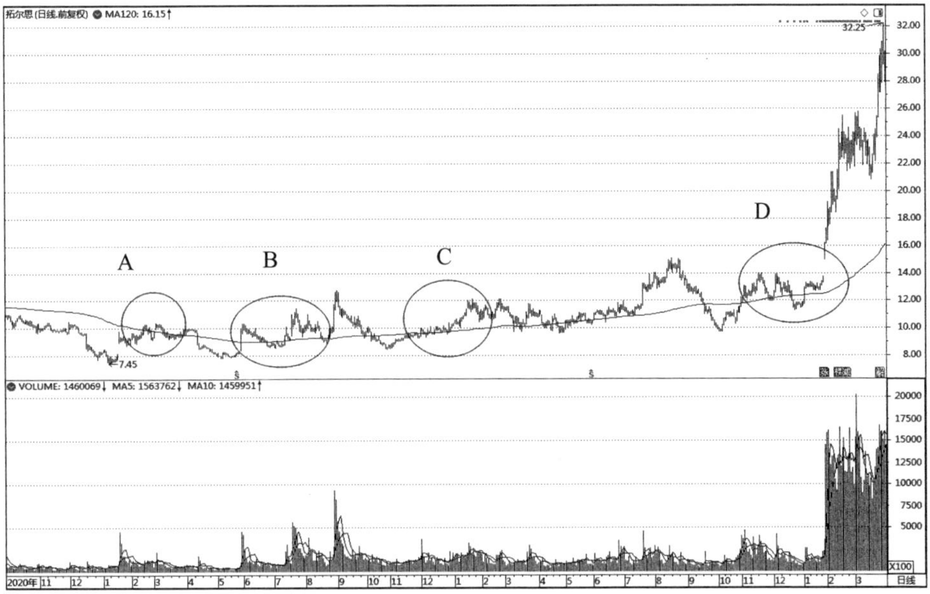

图 5-43

第五节 量能凹口

在交易者寻找与确认短线买点时，有一个成交量形态非常有助于发现短线机会，这个形态就是量能凹口。

量能凹口是指 K 线图中一段时间内的成交量量柱形成像凹口一样的形态。量能凹口形态，较适用于短线交易者寻找价格低位的买点。

经过实战验证，量能凹口在日线系统比较容易出现骗线，而在分钟系统上的应用效果极为理想，而且时间单位越小的分钟系统上出现的量能凹口准确性越好。但是必须明确一点，较小时间单位分钟系统出现的量能凹口，其代表的资金逃逸与回归的总量相对有限。

量能凹口的形态，很形象地显示出资金从逃逸到回归的过程。交易中不管是主力资金还是散户资金，其逃逸之后必有回归，只不过因等级、层次的不同，从逃逸到回归的时间周期上有很大的差异。这里的量能凹口专指短期行为。

如图 5–44 所示，为某股的 15 分钟 K 线图。A 处股价大跌，成交量放大之后，开始呈盘整走势，至 B 处再度放出较大的成交量，并和 A 处的成交量形成了一个凹口形状。

在量能凹口形成的过程中，会有明显的量能反向催化现象。如图中 A 处的反向催化，B 处完成凹口时同样出现反向催化。在量能凹口形成的两个（A 处和 B 处）重要节点上，这种反向催化能进一步确认形态的真实性。

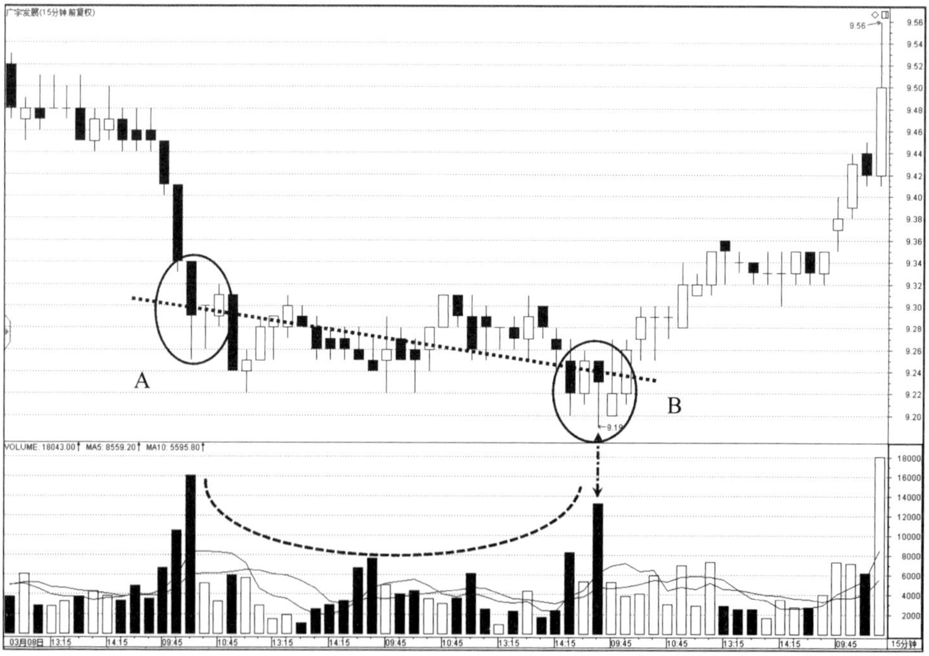

图 5–44

图中 B 处在量能形态上没有问题，该股后势也出现了上涨，但在技术的确定性上还是存在些许瑕疵。强调这一点，是为了提醒交易者在判断形态时要注意一些重要环节上的差距，因为这些差距极有可能带来形态上的失败走势。

B 处的瑕疵主要体现在 K 线上，那根放量的 K 线如果没有创出新低的下影线，而是保持小阴线的形态，就更为完美了。

有人可能会说，B 处那根放量的 K 线收出一个较长的下影线，不是更能显示出资金的回归吗？

问题就出在这上面。

因为下影线太过明显地暴露出资金回归的意图了。

基于博弈的诡诈性，主力会刻意隐藏自身的行为轨迹，就像《孙子兵法》中所说："兵者，诡道也。故能而示之不能，用而示之不用，近而示之远，远而示之近。"

B 处那根放量 K 线的次一交易日，股价还是对前一交易日的下影线予以填充。主力资金的用意在于驱赶前一交易日跟风进场的市场资金，弥补自己露出的破绽。

量能凹口形态中，类似于图 5-44 中 B 处的位置，既不能是中大阴线，也不能是中大阳线，否则不符合形态的要求。原因上面已经说了——博弈的诡诈性。小阴线是比较理想的 K 线形式，尤其是和 A 处位置的股价能够保持运行重心不出现大角度下移，则更佳。

在成交量量值上，A、B 两处应大致相仿，不能有较大差距，否则也难以构成合格的量能凹口形态。同时，量能凹口两个重要节点之间的时长也不宜相距太远，否则就不能认定为是量能凹口形态，从而失去短线分析的意义。

第六节 袭击下影线

暴跌，在某些交易者眼里只能看到财富缩水、资金亏蚀，而在善于寻找低吸机会的交易者眼中，却是能够让资金短期大幅增长的良机。

一、技术三要件

袭击下影线，其实是寻求在价格超跌的状态下，发现和出击股价拐点的短线交易方法。

讲到超跌的概念时，我们讲过三个交易要件，在此很有必要进行回顾。

其一，股价连续下跌并受到5日均线的压制；其二，某日股价最低点距离5日均线的幅度达10%左右；其三，次日盘中再度发生暴跌。这三个交易要件，是交易者在暴跌的特殊环境下进行低吸的技术核心。实战中应用这三个要件时，还要再加上一条要件，就是止损。没有百分之百安全的交易，不会止损就不会交易。

如图5-45所示，该股在5日均线的压制下连续下跌，至A处一根大阴线远离5日均线10%左右，次日该股低开后继续暴跌，但随后发生强劲反弹，将当日跌幅大部分收复。当交易者在实战中发现类似图中A处的第一根大阴线时，就要为次日的低吸做好准备。

当下一个交易日开盘后，交易者所要做的就是等待最佳的低吸时机。

如图5-46所示，为图5-45中A处长下影线当日的分时走势图。股价低开后围绕昨日收盘价振荡，然后缓慢下移，这时交易者不应急于买入，因为早盘11:00之前的股价跌幅并不符合“次日盘中再度发生暴跌”的交易

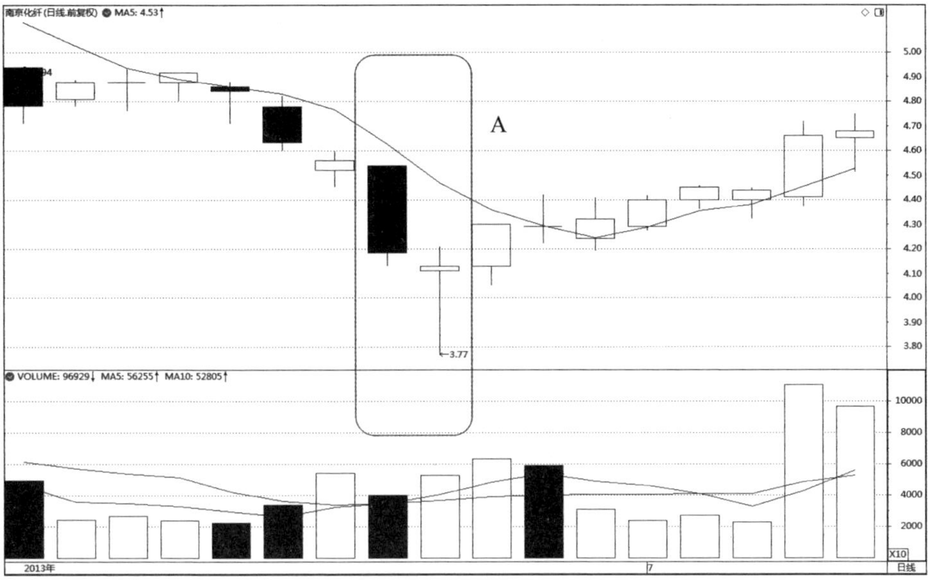
南京化纤(日线.前复权) MA5: 4.53↑
A
3.77
VOLUME: 96929↓ MA5: 56255↑ MA10: 52805↑
2013年
7
日线

图 5-45

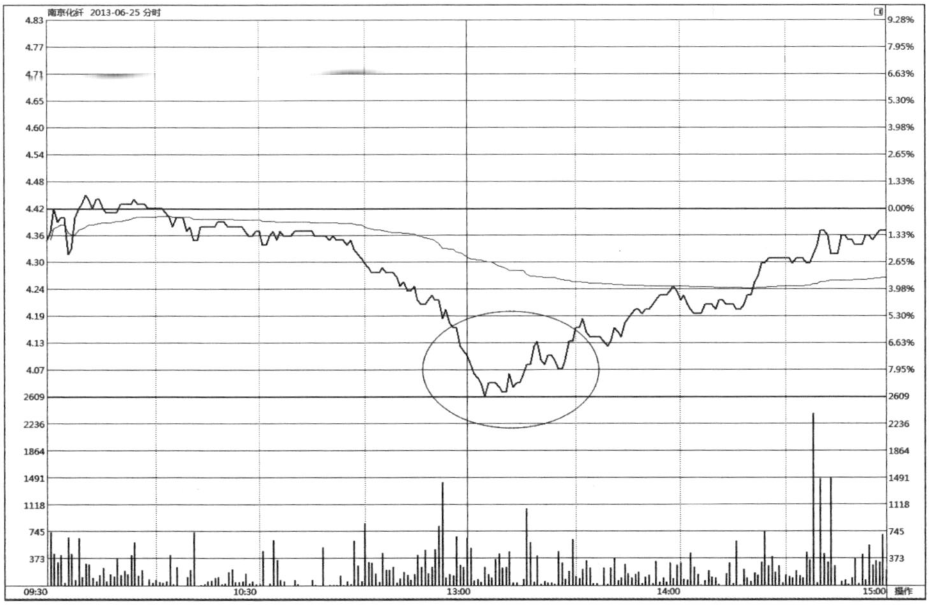
南京化纤 2013-06-25 分时
09:30
10:30
13:00
14:00
15:00

图 5-46

要件。对于暴跌幅度的定义，应以不低于 –4% 或 –5% 为标准。

图 5–46 中，股价在 11:00 之后开始出现加速下跌，午后开盘跌幅达到 –8% 以上。当盘中跌幅超过 –5% 时，则进入到最为关键的时刻。交易者此时应密切关注盘面，当抛单逐渐从密集状态转为相对稀疏，股价小弹后回落大卖单已经看不到时，可及时低吸。如图 5–46 所示，交易者如在午后开盘的低点低吸，当日收盘收益即可超过 7%。这就是袭击下影线的低吸交易方式。

应用袭击下影线的交易方法时，交易者必须恪守“股价最低点距离 5 日均线的幅度达 10% 左右，次日盘中再度发生暴跌”这两个条件，不然可能就会画虎不成反类犬。如图 5–47 所示，该股在下跌过程中并没有出现完全符合“袭击下影线”的要件，如果交易者忽视这些低吸要件，过于急切地进场低吸的话，不但无法赚到短线利润，还会被牢牢套在相对高位上。

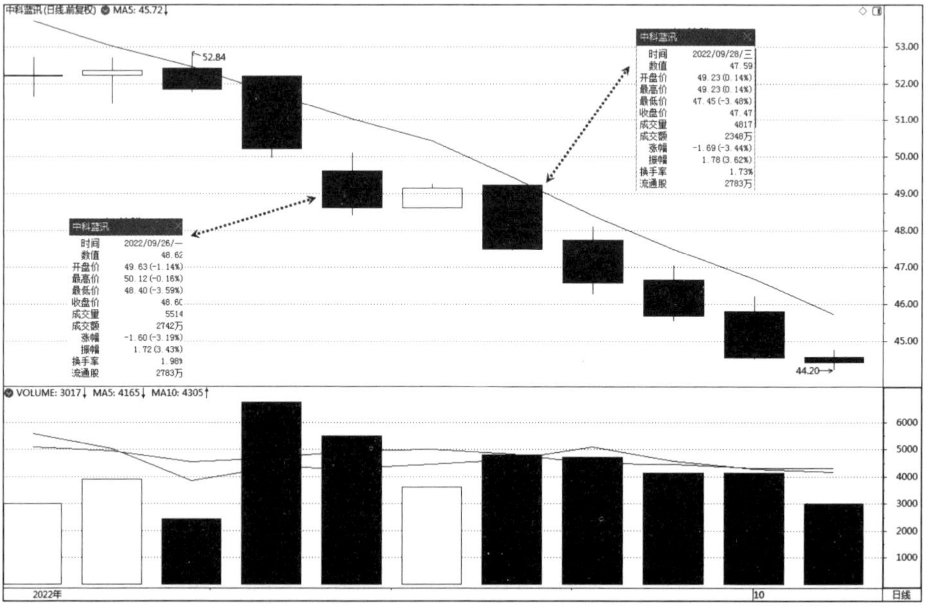

图 5–47

在上涨趋势运行的初中期，应用袭击下影线低吸时，可对“股价连续下跌并受到 5 日均线的压制”这一要件中的连续下跌略作修正。因为在上涨趋势中连续下跌并至超跌的情况并不常见，较为常见的是并不处于超跌状态下的股价急跌带来的短线低吸机会。

如图 5–48 所示，该股处于上涨趋势运行过程中，股价在 A 点突然出现急跌，并报收接近 -10% 的大阴线。这根大阴线已经满足“股价最低点距离 5 日均线的幅度达 10% 左右”的要件，次日该股一度再次出现大跌，则符合“次日盘中再度发生暴跌”的要件，交易者可在盘中低吸。

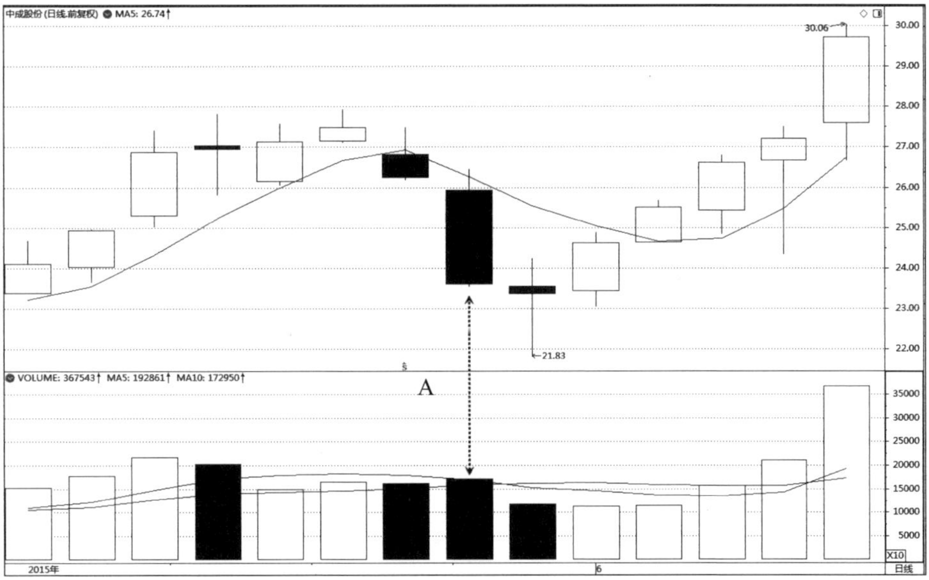

图 5–48

图 5–49 是图 5–48 中 A 点次日长下影线当日的分时走势图。当日开盘后股价略微上冲便急速下跌，跌幅一度超过 -6%，之后股价很快就被拉升。图中的情况对于没有事前准备的交易者来说，因为几乎没有反应的时间，低点低吸的机会就会错过。对于善于袭击下影线的交易者来说，即便买不到最低点，在相对低点介入低吸的可能性非常大。

在应用袭击下影线低吸交易时，应回避基本面出现重大利空或趋势拐点显现等风险较大的个股，最好选择趋势保持较好，仅为技术性调整的个股。

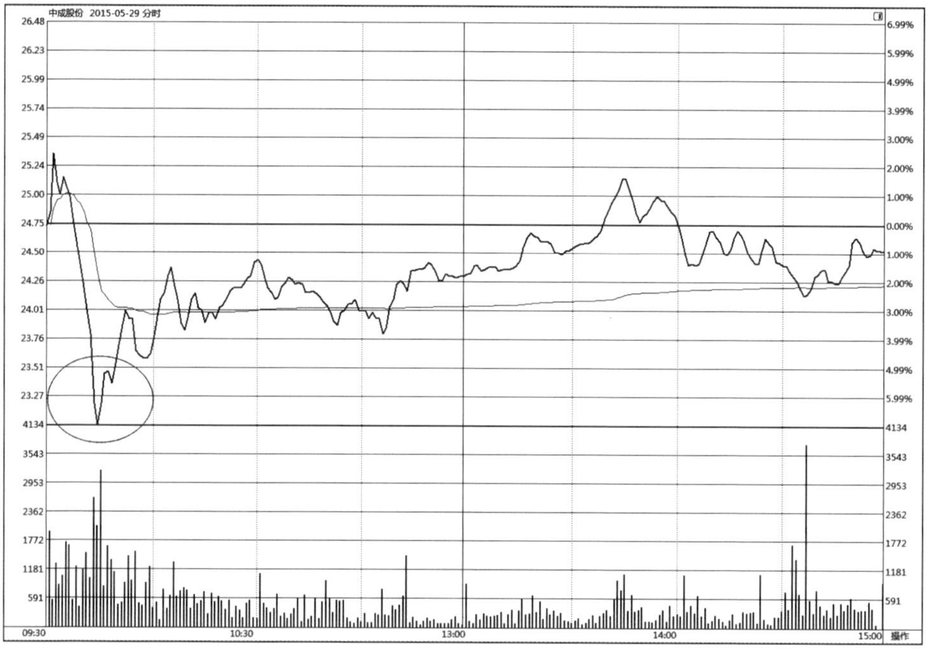

图 5-49

二、添油战术

添油战术是一个军事术语，是指一种试探型攻击方法。泛指使用小股部队逐次攻击，就像给油灯添油，一次不够再加点儿，还不够则继续再加。

袭击下影线的低吸交易方式，在使用过程中具有一定的风险性，所以交易者不但要学会止损，也要学会控制仓位，即使用添油战术进行操作也应如此。

如图 5–50 所示，在前一日出现大阴线跌至 5 日均线以下 10% 左右的幅度，A 点再度暴跌超过 –5%，交易者应选择低吸。但通常会采用部分仓位出击，以回避意外的风险，这种仓位控制是短线交易中必须具备的风险控制手段。

当行情在之后的发展过程中回归上涨趋势的势头明显显现时，交易者可使用添油战术加大仓位。如图中 B 处时，股价回落确认下方支撑有效后，即为较佳的低吸或追涨交易时机。

袭击下影线的短线交易方法，确实存在风险大、盈利也大的两难选择，任何想在股票市场上长久生存的人，都不能罔顾风险只求盈利。部分仓位或轻仓出击，是短线交易中较理想的方式，当之后的行情趋于明确时，再用添油战术分批加仓即可。

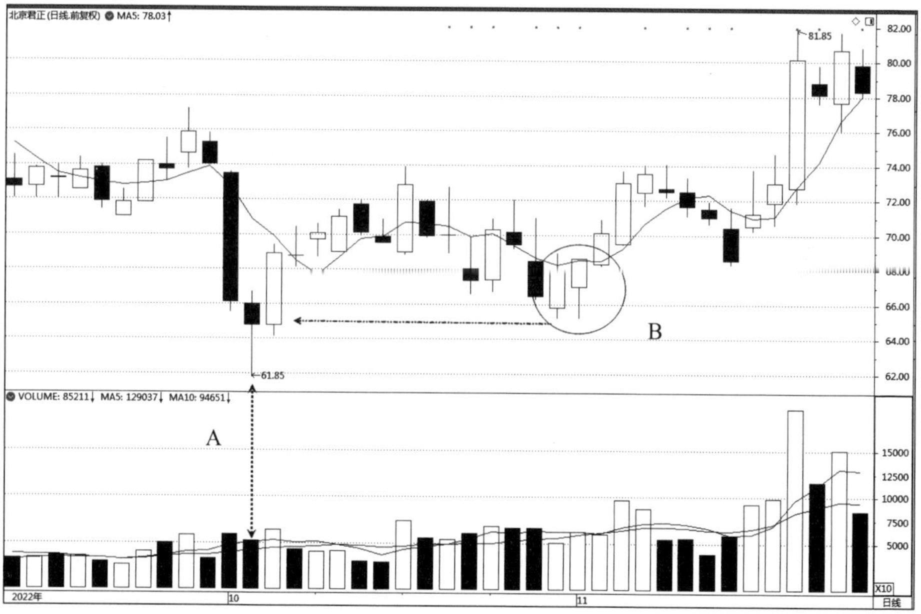

图 5–50

第七节 低吸的"金手指"

短线交易无论是低吸还是追涨，都是以追求股价的最佳买入点并收获盈利为目的，而不是说短线交易就绝对不可以较长时间持股，就必须在很短的时间内卖出。这是理解的误区。

短线交易，至少在笔者的技术理论中，并不存在必须机械性选择在短期内卖出的含义。短线交易的卖出只有一个理由，即买入时所参照的技术环境已经发生改变。这是交易者应予充分了解的部分。

通过低吸或者追涨买入的个股，之后的趋势或趋向一直顺着我们预判的方向运行，那么你就应当停止交易，当一名旁观者。如果买入的个股并没有依照预判的方向运行，而是出现趋势或趋向性逆转，则我们会选择卖出。就像美国交易大师威廉·江恩 (William D.Gann) 所说，"当行情不跟着你走的时候，你就必须跟着行情走。"

一、短线犹豫则放弃交易

任何人都不能保证在行情运行的所有阶段，能够一直保持洞若观火、明察秋毫的状态。每个人在分析判断过程中总会有看不懂行情走势的时候，也许是因为某一阶段时间精力不够集中所致，也许是价格处于运行方向不明确的阶段。当这种情况出现时，我们所要做的就是放弃交易，静候局面变化，直至我们能够看懂并重新理解盘面的变化。

如图 5-51 所示，当 A 处股价回落，成交量处于量能消散态势时，我们可以预判但并不能百分之百确定股价会在何处止跌回升，尽管下方的 60 日均线保持上行的态势，但是其支撑力度究竟如何，能否抵挡股价的下行趋向，这些都是不确定的。交易者面对这种情况时，就应放弃交易，静候局面变化。

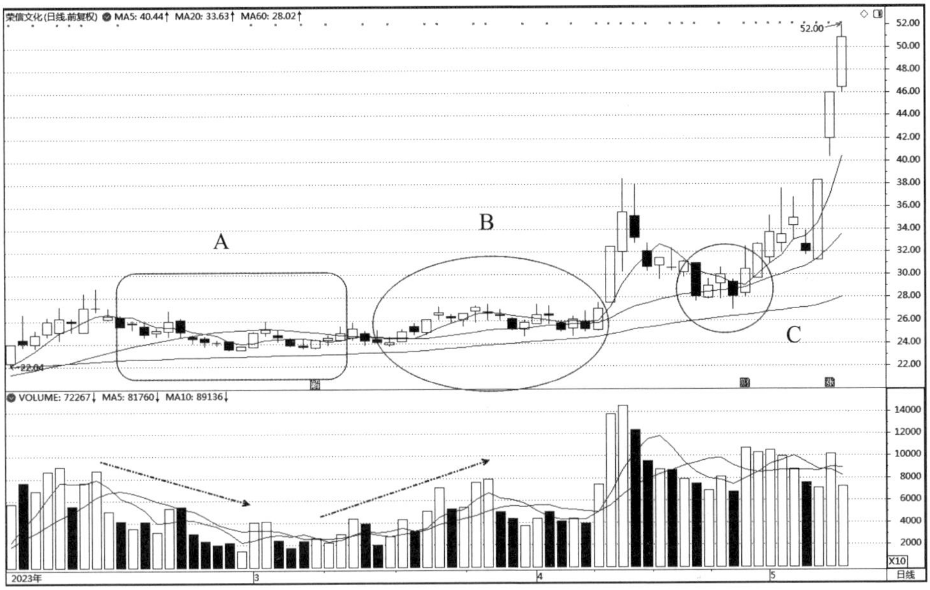

图 5-51

B 处股价上行，成交量处于聚量形态，之后成交量呈新常量态势，股价振荡并在 60 日均线之上得到支撑之时，局面就已经清晰可辨，这个时候才是介入低吸的时机（仅就本图日线层次而言）。C 处，经过涨升后，股价再次回落，但在 20 日均线附近便止跌回升，显示出股价仍然具有涨升强度，交易者可低吸。

当你在交易中犹豫或忐忑不安时，不如放弃交易，让浮躁的心绪有一个调适的时间。心态平复之后，你会发现之前的纠结早已不是问题。

二、更大的画面

交易中谁都会犯错，交易中也总会遇到意料之外的风险因素的打击，对于交易者来说，这些都是不可避免的事情。你无法预料下一个交易日是否会发生足以让资金缩水10%的重大事件，同样不可预知在大盘暴跌的时候，只有你的股票逆市大涨。

当你处在紧张、焦虑并不停预测明天会发生什么的恐慌情绪中时，不用查看你的交易记录，都可以预知你的交易成绩绝不会太出色。原因在于，你的心态出了问题，即便你的交易技术再出色，也不可能完成一项完美的交易。

解决上述问题的关键，在于拓展交易者的交易视野和层次，尽快从交易细节中解脱出来。以图5-51为例，图中股价出现一波幅度较大的连续下跌，如果交易者沉湎于短期盘面上出现的股价暴跌、资金缩水的恐慌中，那么必然惶惶不可终日，其结果不是选择杀跌出局，就是继续在焦虑困惑中承受煎熬。

其实交易者只要将视野稍微放大一些，看得更长远一些，就不会如此焦虑和紧张。图5-52和图5-51是同一股票的日线图，只不过图5-52中股价

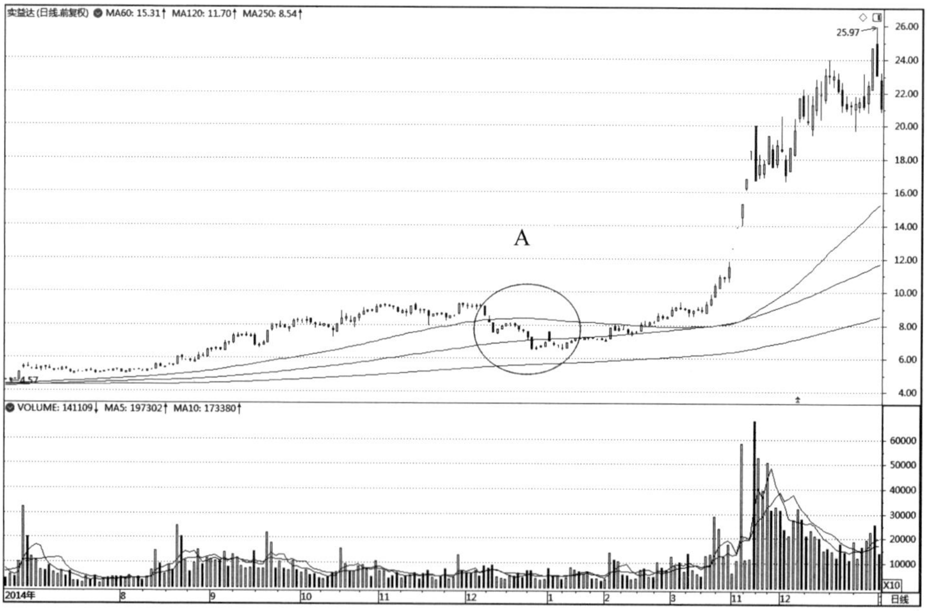

图 5-52

运行周期稍微拉长了一些，图中 A 点即为图 5-51 中那个连续下跌的过程。图 5-52 可见，A 处只不过是上涨趋势中的一个中期回落调整，整体技术环境并未因此而发生改变，股价经过此次调整后，才真正进入到主升阶段。

交易者还可以从周线系统或月线系统上重新审视股价的短期波动，如果这种波动并未对趋势带来任何性质上的改变，就应该顺势而为，坚定持仓信心和耐心实施原有的低吸策略。更大的画面或者说交易的大局观，至少能让你明白是在做与市场趋势对抗的事情，还是在顺势而为。更大的画面还可以让你摆脱因市场局部环境不利所引发的极端恐慌情绪。当你站在市场的最高处，也许才能发现当前的波折不过是沧海之中的一丝微澜。

清末民初的经史学家陈澹然有一名句：“不谋万世者，不足谋一时；不谋全局者，不足谋一隅。”这句话的大致意思是说，没有长远、全局性的眼光和胸襟，在细节处理上也难以获得长久的成功。交易者在分析与判断行情运行上，也应如此。

美国投资大师彼得·林奇（Peter Lynch）一直强调，“投资者在市场中应该具有一种大局观，这样更有利于保持自己良好的心态。”1987 年的美国股灾，使林奇管理的麦哲伦基金遭受到了重大的损失，一度让他郁郁寡欢。林奇从大局观诠释了这场股灾，最终不但从心态上，也在实战中战胜了市场。在大股灾的背景下，1987 年麦哲伦基金仍旧保持了正收益，并连续 10 年超过共同基金的平均收益水平。彼得·林奇后来回忆时说：“每当我对现状感到怀疑和沮丧，我就把注意力集中到更大的画面，更大的画面值得了解，如果你期望在股市上能够坚守信念的话。更大的画面告诉我们，在过去的 70 年中，股票平均每年提供 11% 的回报，而国库券、债券、定期存单的回报不足一半。尽管本世纪以来股市发生了大大小小的灾难，每次都有上千条理由让人相信世界末日即将来临，但持有股票的回报两倍于持有债券。就赚钱来讲，相信这些资料并据此行动，长期的效果远胜于相信 200 个专家或顾问关于经济衰退的预言。”

第八节 主力回补与起涨角度分析

主力运作一只股票的过程，其实就是资金与筹码之间不断转换，即逃逸与回归的过程。当某一阶段主力完成逃逸后，必然还会有一个回归的过程，这个过程也称为主力回补。

一、漫漫小阳线

当一轮上涨趋势形成之后，其间运作的主力在打压洗盘等阶段会导致部分筹码流失，或者主力本身建仓尚未达到预期目标，这时就需要一个相对静默的时间段来回补筹码。

主力回补阶段不会大张旗鼓，招摇过市，而是尽量轻车简行，低调为之，股价一般呈缓慢爬升的状态，多为小阳线或十字线等。对于主力回补阶段这种缓慢爬升的走势，因其以小阳线居多，我们一般称之为漫漫小阳线。

如图 5–53 所示，这些小阳线虽然实体不大，但盘中的振荡却不小。图 5–54 是图 5–53 中一根小阳线当天的分时走势图，这根阳线当天的涨幅仅为 1.2% 左右，但当天振幅远大于涨幅。分时图中可见，当天股价上下波动，忽涨忽跌，让人眼花缭乱。

主力在回补阶段，为避免场内资金的过多干扰和过早进仓抢筹，通常都会采用图 5–54 中这类折磨术，让人望而却步，失去介入该股的信心和关注度。即便有人在这个阶段介入该股，不久就会选择卖出，因为大多数人受不了该股盘中的频繁振荡和慢吞吞的爬升幅度。

交易者如果决定对主力回补阶段的个股进行低吸，就必须确定以下几件事。

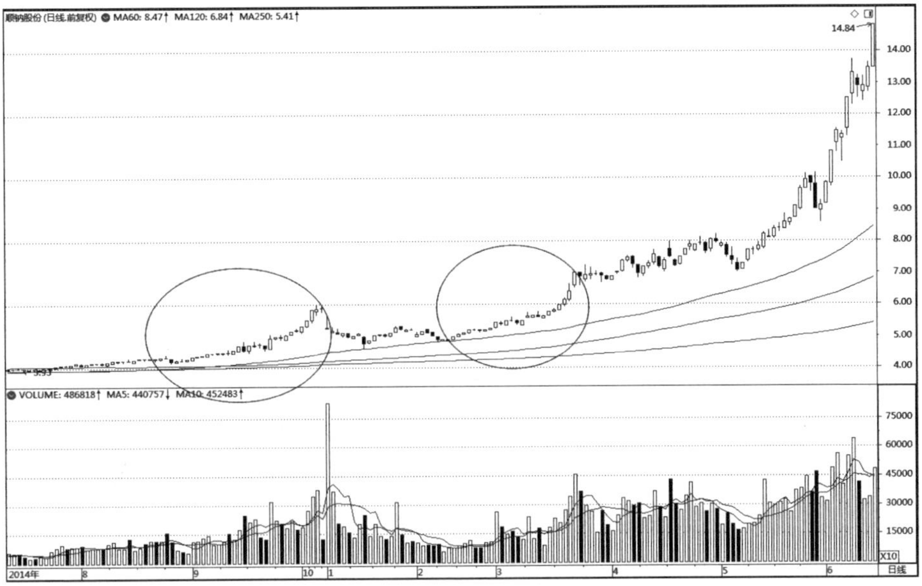
顺钠股份(日线,前复权) MA60: 8.47↑ MA120: 6.84↑ MA250: 5.41↑
14.84
VOLUME: 486818↑ MA5: 440757↓ MA10: 452483↑

图 5-53

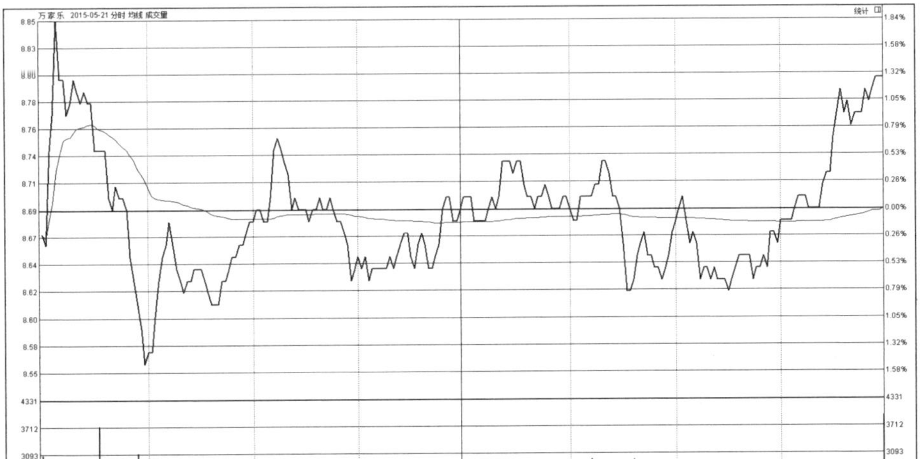
万家乐 2015-05-21 分时 均线 成交量

图 5-54

其一，不要期望短期内股价会有上佳的表现。

其二，没有耐心最好放弃选择这类个股。

其三，最好选在盘中振荡低点进行低吸。

其四，低吸后放弃短线操作、转为中长线持仓。

对于漫漫小阳线形态的个股，也并非没有短线交易的时机，只不过这个时机往往一纵即逝，或者当这个时机出现时，有些人却又心存犹豫，不敢果断介入。主力在回补任务完成后，进入拉升之前，多数漫漫小阳线形态的个股都会出现一个挖坑的动作，即为主力最后震仓的行为。

如图 5-55 所示，该股在 A 处连续出现漫漫小阳线形态，之后股价振荡，并于 B 处出现一个挖坑的动作。当主力完成回补后开始挖坑震仓时，即为交易者寻机低吸的时机。仅就主力回补后即漫漫小阳线形态的挖坑来说，低吸可以选择在股价重回均线系统之上，均线支撑压制转化关系显现之时。

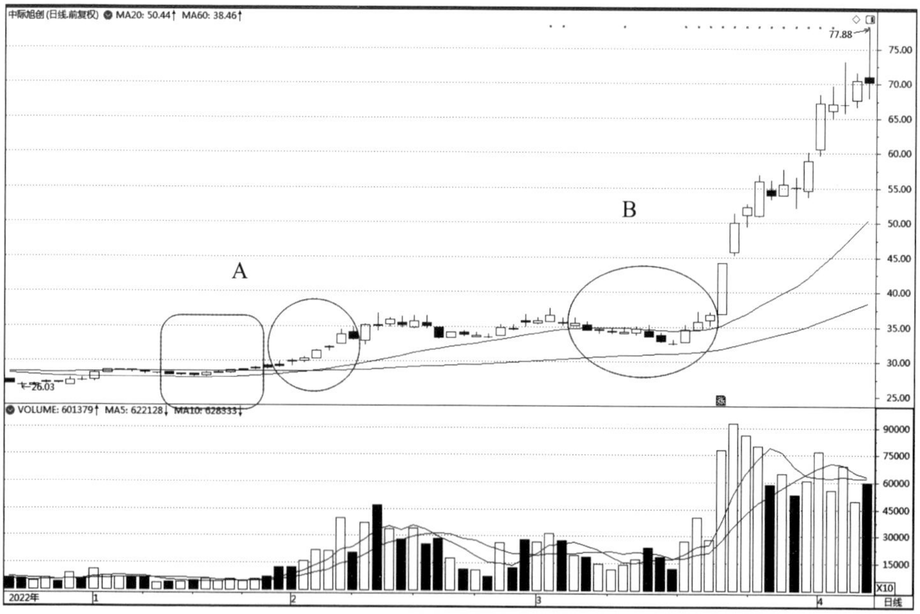

图 5-55

类似于案例中 B 处的挖坑比较常见，也是多数主力资金在真正拉升前进行的必要的洗盘行为，称之为“埋人多在起涨前”。不少交易者容易自乱阵脚，被主力资金在拉升前振荡出局。

二、起涨角度

漫漫小阳线形态结束（挖坑动作并不必然存在）后，股价一般都会出现拉升。主力在这个阶段拉升股价的角度，对于交易者来说也是一个极为重要的分析对象。起涨角度分析，可以让交易者判断出主力拉升的性质和下一阶段可能出现的行为模式。

股价不同角度的上行，对运行方向、速率、上涨周期等多个方面蕴含着极为重要的技术意义。比如，一个采取陡直角度的上涨，可能意味着涨势并不能持久，而一个采取过于平缓的角度的上涨，可能意味着涨势随时会出现反复。

总而言之，起涨角度绝大多数不是市场资金自发的结果，而是主力资金有预谋、有计划的行为。通过分析起涨角度，再有效结合技术环境分析，我们就既可以预估发起攻击的资金性质，还可以对后期上涨的持续性有一个客观的分析与评价。

起涨角度通常可分为以下三种。

其一，30 度区，是指以 30 度角为中心的波动区域。这种平缓角度的启动与攻击，也被称为缓速上攻。

其二，45 度区，是指以 45 度角为中心的波动区域。这种不急不缓、相对适中角度的启动与攻击，也被称为匀速上攻。

其三，60 度区，是指以 60 度角为中心的波动区域。这种较大角度的启动与攻击，也被称为急速上攻，如图 5-56 所示。

在理解和应用技术分析时，必须要有严谨的态度，但是不能有呆板的思维。这里提到的角度，并不需要精确到丝毫不差，只要大致运行在这个区域即可。

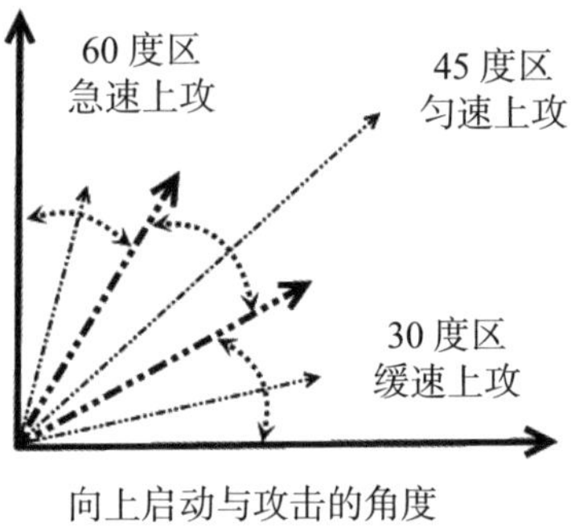

图 5-56

1. 30 度区缓速上攻

30 度区的启动与攻击模式，由于角度运行平缓，强度不足，往往会带来趋向或趋势上较大的不确定性，容易让交易者在判断上产生较大的迷惑。尤其是在启动阶段时，30 度区的启动角度在实战中失败的案例较多，很多个股会出现二次启动的情况。

上攻阶段，30 度区攻击角度在行情的各个阶段都有可能出现，尤其在底部构筑阶段较为常见。它的出现往往会使行情运行趋向变得扑朔迷离，较难预判。

通常来说，采取 30 度区启动与攻击，多是市场资金（非主力资金）的行为或者是主力资金故意示弱的一种行情运行模式。30 度区的启动与攻击，显示多空双方处于胶着状态，多方并不具备明显的优势地位，获利盘沉浮不定而亏损盘仍旧沉重，行情随时可能倒向空方。

30 度区的启动与攻击角度不会长久延续，会在波动逐渐加大、加快中改变原有的运行角度，我们把这种改变称为——波动变轨。

当价格和均线从 30 度区的启动与攻击角度，变轨为向上的 45 度区或 60 度区，则是主力资金放弃掩饰，露出真实的面目。当价格和均线从 30 度区的启动与攻击角度变轨为向下，则是市场资金对于后市不再抱有希望，于是选择反向操作的结果。当然，这两种情况也都存在主力资金故意诱多或诱空的行为。

实战中，均线和价格也不可能始终以同一角度运行，必然会在各个阶段在多个角度间转化，这既是由博弈特性所决定，也是均线和价格调适和修复的需要。

图 5–57 中，A 处价格与均线以 30 度区启动，虽然启动并未立即走出失败形态，并维持了一段时间这种小角度上攻，但还是未能延续过久。B 处出现了二次启动，并改变了上行角度。向上的启动与攻击到了 B 处，才算正式拉开大幕。

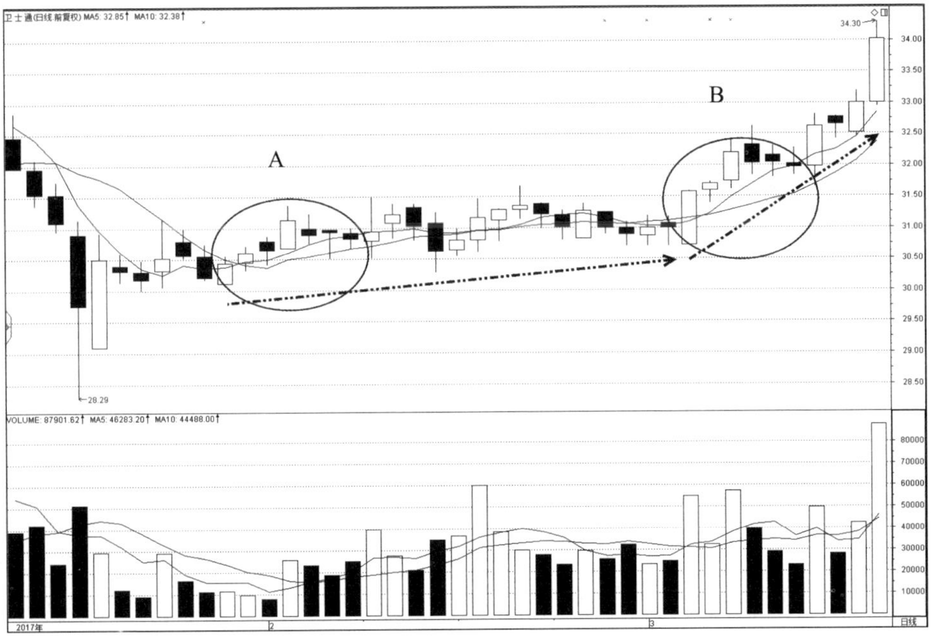

图 5–57

30 度区的启动与攻击，因其角度平缓和略显绵软的走势，会使市场资金心存疑虑，不敢确信行情趋势正在发生变化，甚至会误判行情随时发生折返。这可能也是主力资金希望在这一阶段达到的效果。在个股构筑底部阶段，如果 30 度区的启动与攻击能够维持较长的时间，倒是可以追踪关注。

2. 45 度区匀速上攻

交易大师江恩认为，45 度角能够反映出价格随着时间上升或下降的速率，在这个角度上，价格、时间两个方面处于完美与平衡之中。在上升趋势中，只要价格维持在上升 45 度角，则趋势持续有效；而在下跌趋势中，只要价格维持在下降 45 度角，则趋势持续有效。

研究实战案例也可以发现，启动与攻击成功率比较高且强度较为理想的个股中，多数都是以 45 度区的角度展开攻势。

过大的启动与攻击角度，攻势强度虽高却很难持久。而过小的角度，攻势则显绵软无力，存在折返的可能性。均线在上行中保持 45 度区，是一种较为理想的向上启动和攻击形态。

45 度区在角度上不急不缓，处于一种匀速上攻的状态。技术意义上，虽然显示多方具有主导性，但空方显然并未放弃而是不停反击的过程。

正因为有多空双方激烈博弈，使行情的运行处于一个获利盘与亏损盘不停转化、成本不断垫高的具有较强支撑力度的状态中，均线与股价的运行相对稳定易判。

图 5-58 中 A 点，均线以 45 度区的角度启动并展开攻势，途中经过一波次级调整后，均线以强度更高的 45 度区继续上行。在整个升势中，股价涨势量增，跌势量减，显示多方对于升势主导处于良好的状态中。

多方往往会以 45 度区的角度上行来消耗空方能量，当 45 度区的上攻状态保持一段时间后，空方被拖得有气无力时，多方则会开始波动变轨，彻底打垮空方的意志，使其绝望，行情则可能由此进入最为强势的拉升阶段。

股价的小幅调整和次级调整，反映了空方不停反击的过程。需要注意的是，升势途中的次级调整过后，均线与股价应出现波动变轨，即加大上涨角度或至少不小于之前的上涨角度，这一点非常重要。

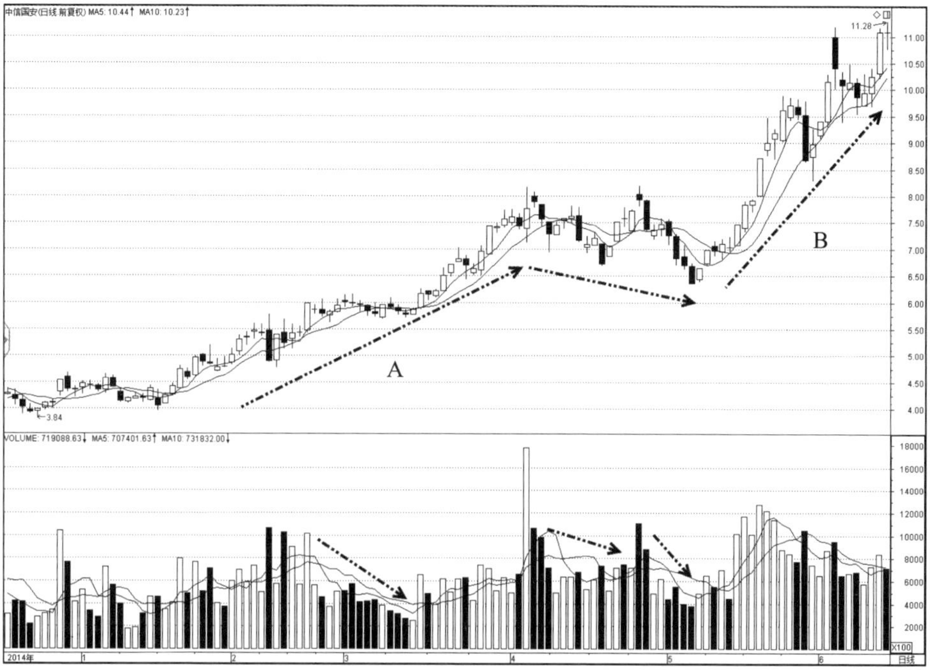

图 5–58

因为一个重要的价格回落调整结束后，被削弱的理应是空方，此消彼长，多方应变得更强大。如果多方在一个重要的调整过后并没有变轨加速，反而走势绵软，小于之前的上涨角度，那么我们就需要留心，这个价格回落调整的性质可能会发生改变，行情趋向有可能转向更为胶着的盘整状态或是发生趋向向下的扭转。

如图 5–59 所示，A 处股价和均线以 45 度区的角度启动并展开攻势，之后股价出现一波较大幅度的回落后，再度回升时，均线并没有变轨加速，反而出现变轨减速，并以 30 度区的角度开始攻势，但不久就出现趋向向下扭转。

这个案例说明一个问题：价格出现重要的回落调整，被削弱的可能是空方，也有可能是多方。当之前占据升势主导的多方被削弱后，其所主导的升势必然受到影响，再次启动攻势时，则很难维持或增强原有的升势强度。

实战中，以45度区启动并展开攻势的个股，一旦在调整后再次启动时，如果角度变小，则要留心趋向生变。

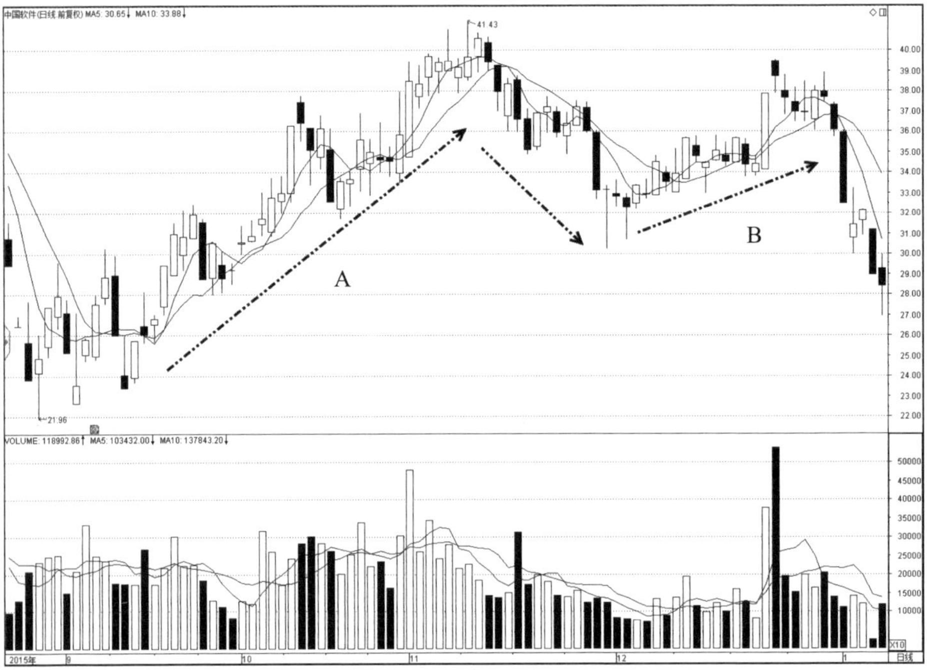

图 5-59

3. 60度区急速上攻

60度区是极为陡峭的启动和上攻角度，也被称为急速上攻。采用这种启动和上攻方式的个股，无疑受到资金的高度追捧。这种强度最高的上攻模式，往往是主力资金阶段性的突击行为，上攻结束后多数都要面临趋向或趋势转折或长时间休整。

技术意义上，当股价和均线以60度区的角度上行时，说明空方已经基本放弃有力度的反击，行情处于多方全面掌控的单边运行的节奏中。缺少空方的有力反击，对于行情的运行未必就是好事，过于集中的一致性观点必然导致单方向的急速冒进，物极必反的威力就将显现。

实战中，个股以 60 度区的陡峭角度上攻，整个攻击上涨的幅度也许非常惊人，但是攻击持续的时间却相对较为短暂。这种过于极端的上攻模式，会在短时间内累积大量的获利筹码，筹码获利越丰厚，则兑现的欲望越强，这也是极易促使行情发生扭转的重要因素。

图 5-60 中，该股受政策性利好影响，以 60 度区这种陡峭的启动和上攻角度展开上升行情。图中的成交量可以显示出，此次急速上攻受到大批资金追捧。

类似于案例中个股的情况，是资金之间的接力或者说博傻行为，大家都在赌自己接下的不是最后一棒，也不是最傻的那一个。

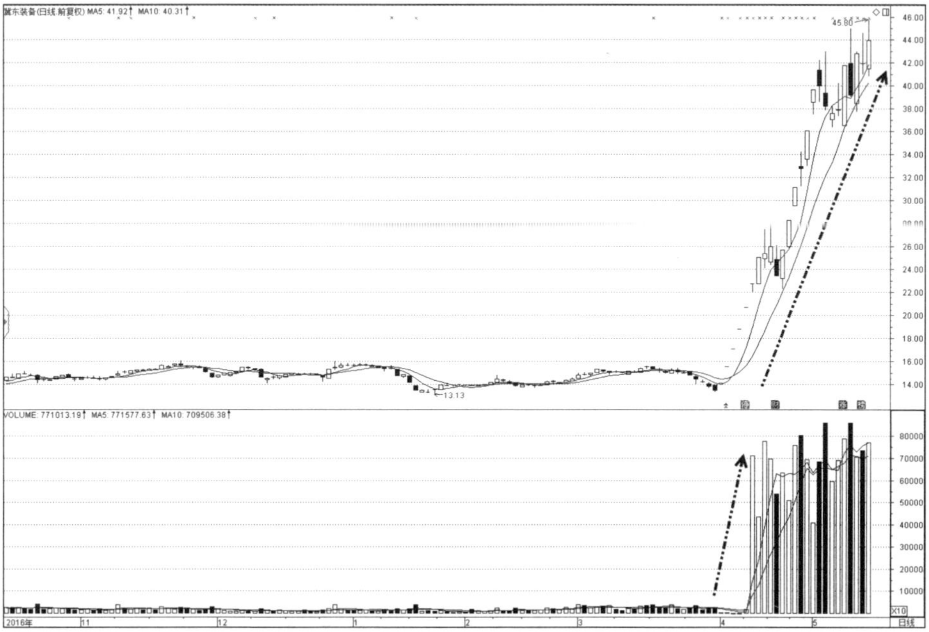

图 5-60

当 60 度区急速上攻结束后，如果回落至 45 度区附近能够止住跌势，说明涨升的强度仍在，那么经过盘整后仍有可能再启攻势。如果 45 度区被跌破，就表明至少短期内恢复升势的可能性几乎没有，甚至趋势或趋向可能会由此发生扭转。

图 5-61 中，A 处的股价和均线以 60 度区启动并急速上攻，股价由 22 元上涨至 40 元只用了短短 7 个交易日，之后股价出现回落。

B 处，股价跌至 45 度区并没有能够止跌回升，仍旧继续下跌。这种情况就显示出该股涨升的强度已经基本消失殆尽，多方已经无力挽回失去的主导地位。

实战中，有很多种技术手段都可以判断出案例中股价即将见顶回落。比如，股价运行重心下移、均线攻击性交叉、K 线量能分析等，而本节的 45 度区止跌也是其中一种。

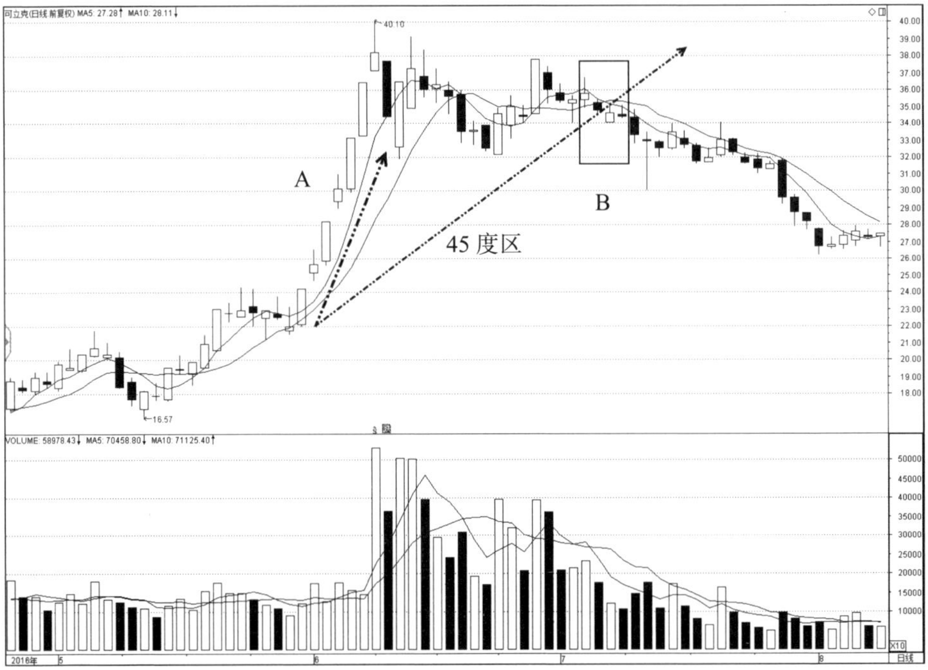

图 5-61

第九节　过顶前后的平台

主力在真正开始拉升股价的前后，会不厌其烦地“劝说”持仓者离开。类似的“劝说”有我们之前说过的挖坑等方式，还有一种方式也很常见，就是过顶前后的平台。

一、主力送客

当股价从低谷中慢慢攀升，在接近或超过前一高点时，通常会出现一个平台。用一个形象性的说法来描述，这个平台就是主力送客的地方。主力准备享用大餐之时，并不想太多的人过早地在他宴席间出现，所以主力会想方设法请这些不速之客尽快离开。等到拉升开始，也就是酒过三巡，菜过五味之后，主力才会热烈欢迎其他人大驾光临。

如图 5-62 所示，A 处为前期高点，股价在 B 处接近前期高点时，并未直接突破，也没有向下挖坑，而是用多根实体极小的 K 线组成平台。这个平台的作用就是消磨持仓者的信心和耐心，为拉升减少浮动筹码。B 处的 K 线虽然实体较小，但盘中振荡幅度却很大，不然也很难起到恐吓的作用。图 5-63 即为图 5-62 中 B 处平台区域的小阳线之一，图中可见，当天股价可谓上蹿下跳，盘面确实很难让人安心。

主力送客的方式不仅在过顶之前，也包括过顶之后。如图 5-64 所示，A 处股价突破前期高点之后就出现一个振荡平台，在随后的盘升中又出现平台送客，直至股价开始快速拉升。

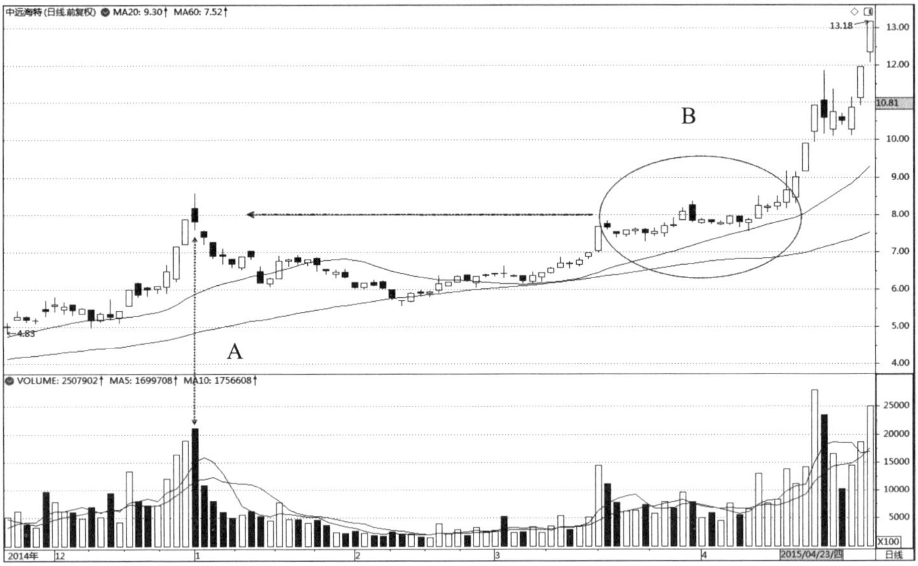
中远海特(日线,前复权) MA20: 9.30↑ MA60: 7.52↑
13.18
10.81
B
A
4.83
VOLUME: 2507902↑ MA5: 1699708↑ MA10: 1756608↑
2014年
2015/04/23/四
日线

图 5-62

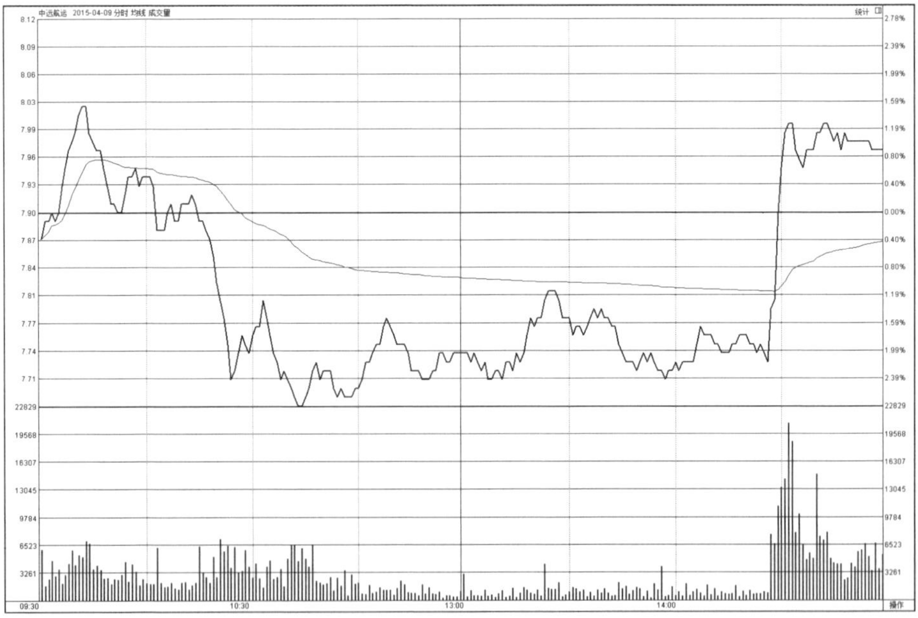
中远航运 2015-04-09 分时 均线 成交量
09:30
10:30
13:00
14:00

图 5-63

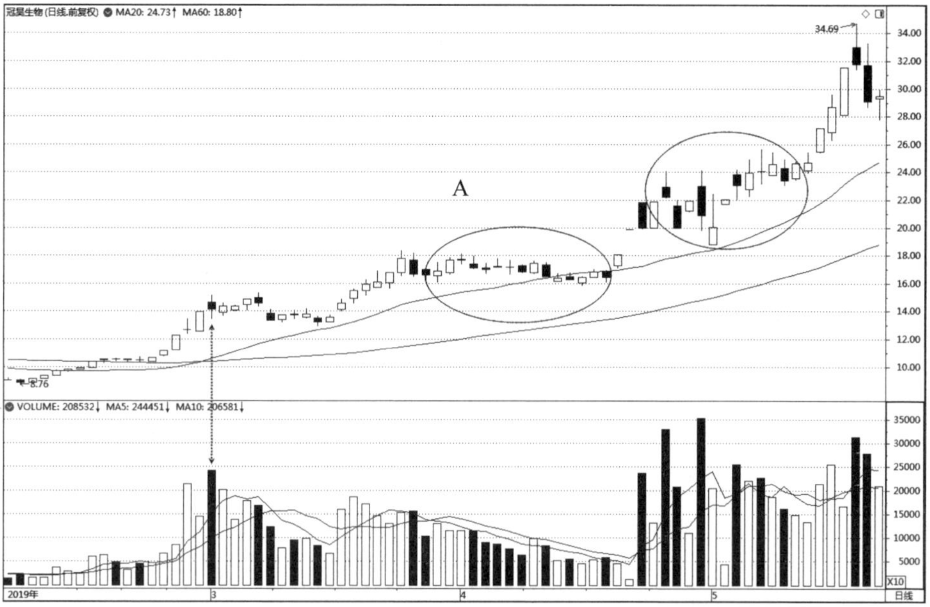

图 5-64

主力送客的平台有个量能特征，即K线实体虽小，但量能不会萎缩过低，至少和前期股价低谷的量能相近，或者保持着盘升放量后的新常量的水准。

量能的逐渐萎缩，意味着平台渐渐失去效用，主力的目的也就基本实现，股价拉升即将到来。交易者看懂了主力送客的伎俩，不妨在量能渐趋缩小之际低吸入场。

其实就过顶前后的平台而言，和挖坑、填坑后的确认有一定的相似。但过顶前后的平台，以相对横向运行的角度和实体较小的K线，对于清理浮筹方面的作用更为明显。

二、恐慌才有好交易

主力的欺诈和折磨手段有很多，主力送客过顶前后的平台，只不过是其中较为温和的一种。不论是哪一种方式，主力的意图是引发持仓者的恐慌，以便从中渔利。下面介绍几种主力常用的制造恐慌的手法。

1. 反技术指标

交易者经常会使用一些技术指标对行情进行辅助分析和判断，例如比较简单易用的 KDJ 指标，而主力就会利用这些技术指标设计上的缺憾，来误导交易者。

如图 5–65 所示，A 处随机指标（KDJ）死叉，根据该指标的相关法则，这是卖出信号，但我们可以看到 A 点股价并未出现大幅下跌，只是微幅振荡后便进入上涨趋势。之后 KDJ 指标又多次出现死叉，但股价重心一直保持上行。B 处股价报收大阳线，KDJ 指标金叉，根据该指标的相关法则，这是买进信号。如果交易者遵循指标追高买进的话，接下来股价却在高位横向波动，并没有出现想象中的大涨。

技术指标不是不可以用，但要看怎样用。交易者如果机械呆板地按照固有法则进行交易，无疑就会落入主力的陷阱。

图 5–65

2. 大阴线

大阴线这种恐吓方式相比过顶前后的平台要凶悍得多，也最具有恐怖力度，主力在涨势中突然使用时，往往能够收到极好的效果。

如图 5-66 所示，该股在涨升过程中于 A 点 B 点都出现大阴线，并且都将前一交易日的涨幅吞没。这种盘面必然会让持仓者大惊失色，从当日成交量可以看出，不少人在大阴线出现的当天抛售出局。

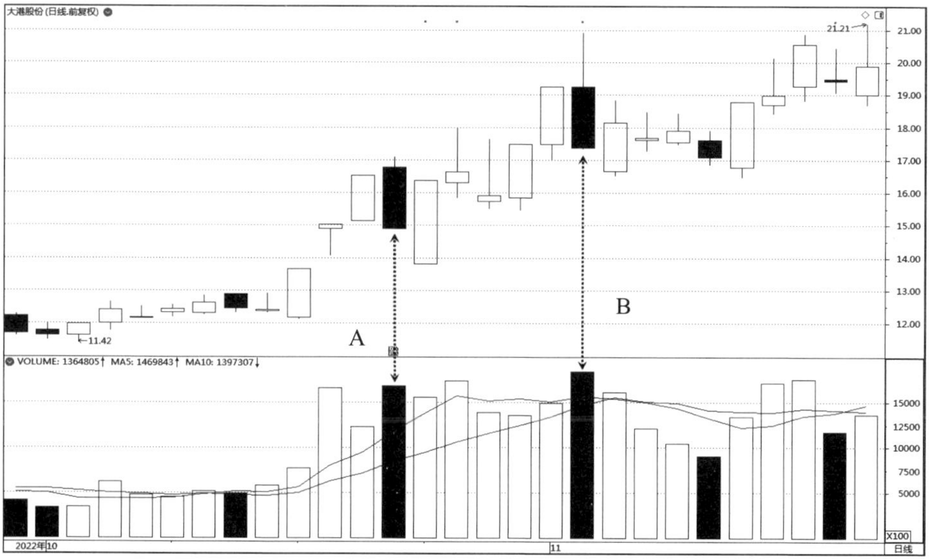

图 5-66

图 5-67 是图 5-66 中 B 点当日的分时走势图。该股当日大部分时间都处于振荡盘升的状态中，但接近尾盘时间段时股价突然跳水，随后杀跌至收盘。

这种情形的大阴线确实会令持仓者胆寒，定力不足的人恐怕会就此交出手中的筹码。但从图 5-66 中可以看到，B 点过后股价只是振荡，并没有出现深跌。对于类似案例中的大阴线，其实之后的股价运行已经暴露出主力的意图：股价该跌不跌并未延续大阴线的杀跌威力，当成交量显现聚量攻击时，交易者应该可以明白大阴线的含义了，也应该知道自己该做什么。

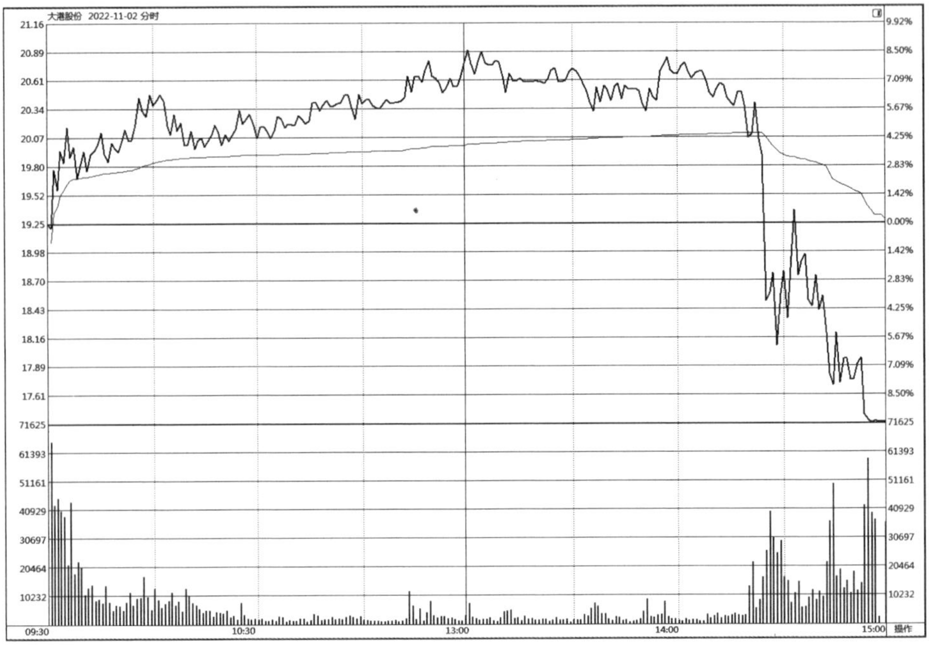

图 5-67

3. 破位

技术性破位有很多种，利用均线破位来营造恐慌，无疑是最简单有效的。

如图 5-68 所示，股价在 A 处回落至 60 日均线，经过几日盘整后再次上涨，而当 B 处股价再次回落并一度击穿 60 日均线时，必然会引起了持仓者的恐慌。

在这个案例中，主力就是借用 60 日均线的破位来进行恐吓。A 处第一次到 60 日均线后回升，当大家都以为转危为安、化险为夷时，B 处打破 60 日均线就会引发恐慌。

其实在本书中，我们已经一再提及过如何识别均线的破位陷阱，即支撑与压制的转化关系。当主力用这种恐吓方式时，对我们是起不到任何作用的。

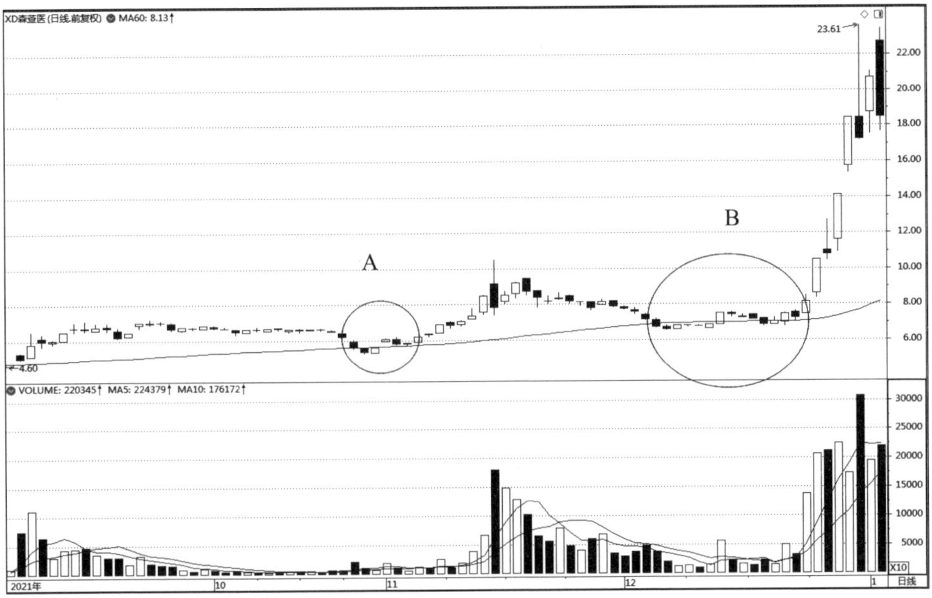

图 5-68

第十节　量能催化

在个股出现交易点时，量能总会有着不同于以往的变化，尽管有些个股的这个变化极其短暂，不易辨识，却省略不了。比如，股价突然性上涨，必然伴随着相对密集的成交单。成交量上的异动，可能会对股价后期走势带来持续性的影响，也可能只是昙花一现，随即就恢复原状。量能如潮汐般涨涨落落，股价与之相伴相随，有时能使自身运行趋势得以加速，有时却起到延缓趋势运行速度的作用。

研究量能的这种不同变化，探寻其中的核心原理与规则，就需要有一个剖析量能的形成性质和理顺与股价之间逻辑关系的过程，这个过程就是区分量能催化和量能跟随的过程。简而言之，就是发现哪些是催化量，哪些是跟随量。

一、催化量与跟随量

趋势或趋向运行中，量能的突变（突然增大或减小）往往预示着股价可能面临着重大变化，这种引发或催化股价发生改变的量能，即为催化量。

趋势或趋向运行中，平稳增加或减少的量能，会使趋势或趋向运行得更长久，这种跟随或助推股价运行的量能，就是跟随量。

如图 5-69 所示，A 点股价上涨，成交量放大，这就是一个相对标准的催化量。之后股价下跌中，B 点的成交量呈常量形态，就是跌势中的跟随量。

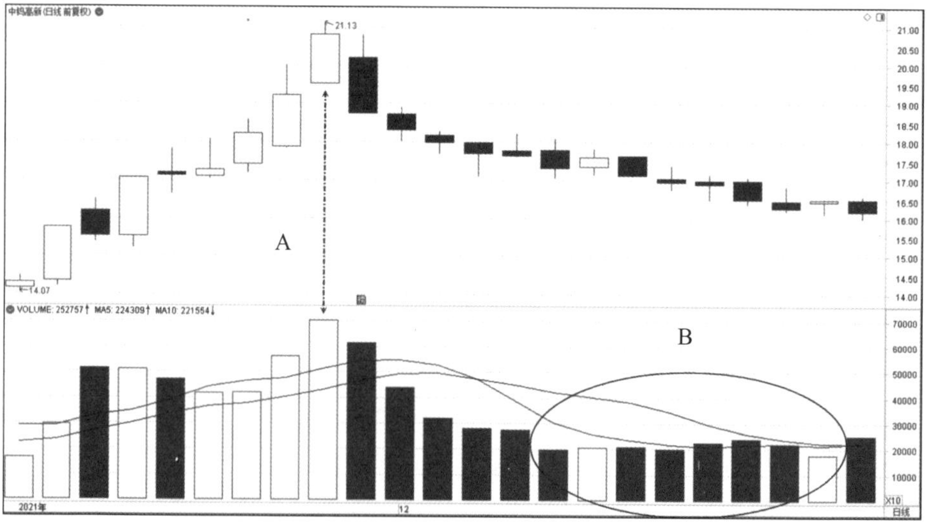

图 5-69

常量、变量等成交量类别是从形态划分的，而催化量和跟随量是从量能性质上划分，目的非常明确，就是为了从细节上把握交易中资金真实的流动方向。这里所指的资金，可能是主力资金，也可能是其他热炒资金，但必然是能够引起股价发生异动的大资金。

缺乏大资金参与的个股，不值得短线交易者关注。因为这种个股必然存在着这样或那样的问题，有些问题作为一般散户是无法得知详情的。有时候，我们选股会发掘出一些基本面非常优良的“好股”，但是很奇怪，经过技术分析却发现不了主力资金参与的痕迹，是主力资金隐藏得很深吗？

经过一段时间的跟踪，该股突然“暴雷”，这时候我们才恍然大悟，怪不得股价一直不涨，原来存在这些问题！我们要相信大资金的调研能力，不会有那么多优良的好股被埋没。

有没有大资金？大资金是流出还是流入？事关交易的成败，是我们确定买进或卖出的基本规则之一。解决这个问题，可以依据逃逸与回归理论，也可以从量能催化的角度进行分析。

二、催化行为的作用

如果把股价比喻成航行中的船，那么成交量就像是信风、潮汐和暗流。有时候突如其来的量能，会使处于混乱中的局面变得明朗起来，有时却会让本来明朗的局面横生变故。但是有一点必须明确，正如适宜的温度可以帮助鸡雏破壳而出，却不能决定一枚鸡蛋必然会孵化出鸡雏。量能不是股价运行的决定因素，但是它能够起到加速或延缓的催化作用。

如图 5-70 所示，股价在 A 点突然打破之前平缓的下跌节奏，放量大跌。这一点的成交量远大于之前，明显具有催化作用。

为什么这么说呢？

因为 A 点量价的突变，不管是否有主力资金的故意操纵，都会引发一定数量的抛售盘。这些抛售盘本就处于不稳定的状态中，在原来的运行节奏中，本来并不确定是否会卖出，但如果突然出现抛单集中打压股价的现象，那么这些抛单就会立刻行动起来。

换句话说，量价的异动起到催化剂的作用，让本来模棱两可的持仓者马上坚决加入卖出的队伍中。

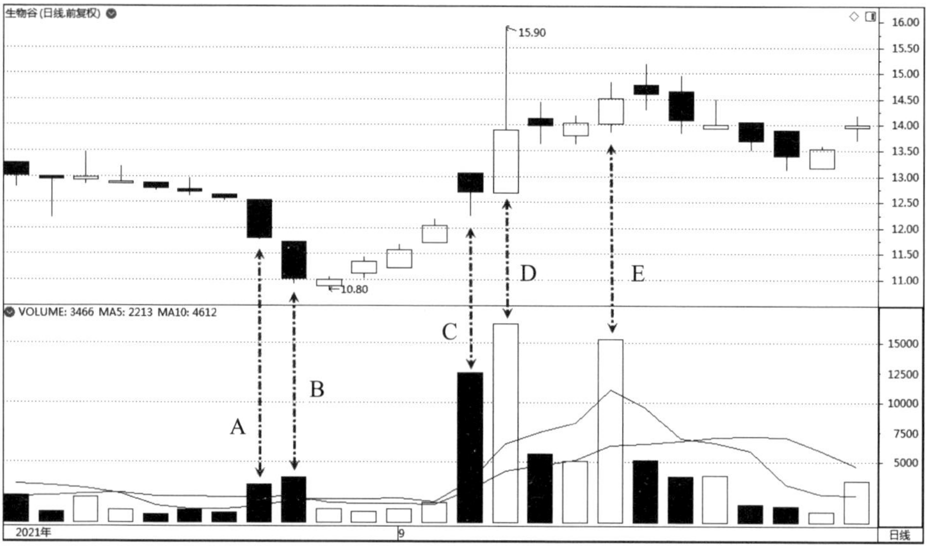

图 5–70

在实战中遇到突然打破平静的下跌或上涨，我们首先要明白这是一个催化行为，其次分析催化行为的作用和含义，这个分析过程应从技术环境上展开，比如，该股之前的运行趋势、涨跌幅度、量能等。

类似于图中 A 点量价的催化作用，多数会延续到之后的交易日，如图中 B 点股价继续放量下跌。B 点的股价跌幅与 A 点相仿，但成交量大于 A 点，说明催化效应继续发挥着作用，否则的话，成交量会是一个缩减的跟随量。

实战中不怕连续催化量的出现，反而是催化量后出现跟随量更让人头痛。如图 5–71 所示，A 点发生催化下跌，次日的 B 点无论股价跌幅还是成交量，都小于 A 点，这就是一个跟随量。这种量价表现倾向于继续下跌，但走势往往较为反复，容易让人发生误判。而连续的催化量出现时，更容易让我们捕捉到短线反弹的买点。

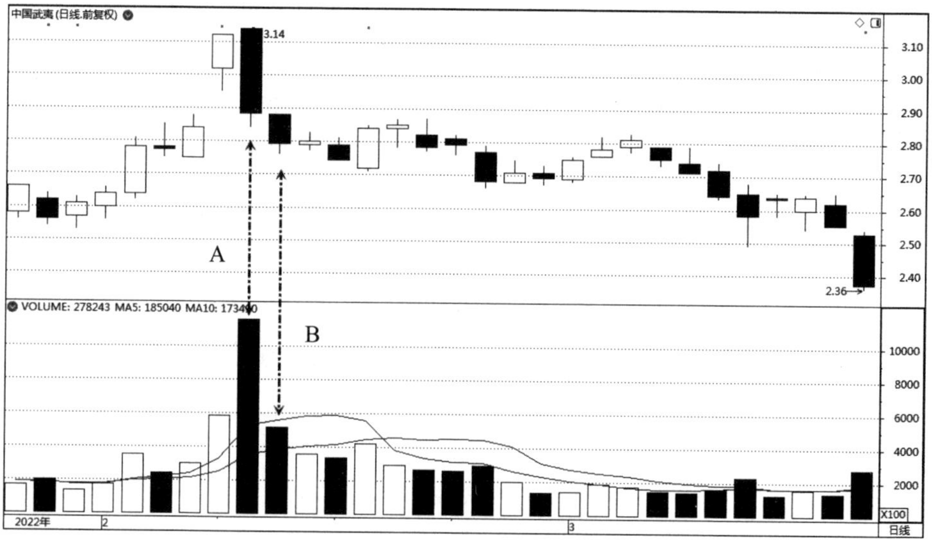

图 5-71

催化量后出现反弹，也有多种形式。如图 5-70 所示，B 点之后，股价反弹，成交量缩回到 A 点之前的水平，这是跟随量的特征。

跟随量的股价反弹，比较难以确定买点，除非你是专业盯盘的交易者，能够从分时走势中感受到反弹低点的产生，如图 5-70 中 B 点的后一交易日。不然的话，如图 5-70 所示，连续的小阳线反弹，每天的幅度都不大，说明盘中走势强度不高，不会有符合技术要求的买点。

直至图 5-70 中 C 点出现，这里最显著的就是成交量的变量形态，而股价当日高开低走，虽然股价低点回升，但是仍以阴线巨量收盘。

C 点首先具有催化上涨的作用，但股价不涨反跌，具有了反向催化的作用。催化与反催化，后面还会讲到，这里就不展开了。对于当日出现催化与反催化复杂走势的个股，持仓的交易者可依据变量形态规则进行操作。这个技术点后面会讲解到。

从多日小反弹的角度来说，C 点一开始，是对连续多日小反弹的反向催化。孱弱的反弹走势中，最容易出现放量大阴线的反向催化形式。但是在图 5-70 中，C 点阴线出现了低点回升，不但未能向下覆盖多日小阳线，反而连向上的跳空缺口都未完全回补。

从该涨不涨，到该跌不跌，催化与反催化始终在变换，持仓的交易者肯定十分煎熬。如果交易者未能在早盘卖出的话，看到当日股价收出长下影线时，就不必急于卖出了。虽然变量形态下阴线收盘很恐怖，但股价连具有向下引力的缺口都没回补，我们不妨再等一等。

有时候，等下去可能是错的，但如果有技术分析支持我们再等等，这个险还是值得冒的。毕竟，想要赚更多的钱，就不能一点风险都不承担。

股价在 D 点一度大幅上涨，这是对涨势的催化，也是对 C 点的反催化，但是最终收出了长上影线。当日巨大的成交量下涨势受到压制，这是明显的反催化信号，交易者应当高度警惕顶部高点的来临。

随后的 E 点，成交量略逊于 D 点，但股价涨幅远小于 D 点，这也是反催化信号，说明上方的压制极为沉重，交易者理应做出最后的抉择。

在这个案例中，催化与反催化变化极为频繁、复杂，说明操纵该股的并不是长期主力资金，而是游资等短炒资金所为，操作这类个股的交易者，应以短线交易为策略，并做好相应的止损计划（量能催化的详细内容，请参阅中国宇航出版社出版的《成交量核心技术之量能催化理论》）。

三、于无声处听惊雷

从量能催化的角度来说，当股价在一个趋势上稳定运行时，量能处于跟随性质。当量能催化现象出现时，则意味着当前运行的趋势或趋向可能将要发生改变。交易者对于股价长期运行在一个趋势上的个股，可密切关注其是否有量能催化的现象发生，一旦发现异动，可能意味着一个重要的交易时机即将出现。

股价如果长期运行在一个方向上，则量能大多会呈现稳定的态势，这也是趋势平稳运行的标志。如图 5–72 所示，A 处、B 处该股运行于上涨趋势中，成交量处于相对平均的态势中。D 处成交量出现变量形态，股价冲高后也随之出现回落调整。C 处时，该股运行于下跌趋势中，成交量也呈相对平均的态势。而在股价顶部区域的 E 处，成交量出现变量、量能消散等形态。

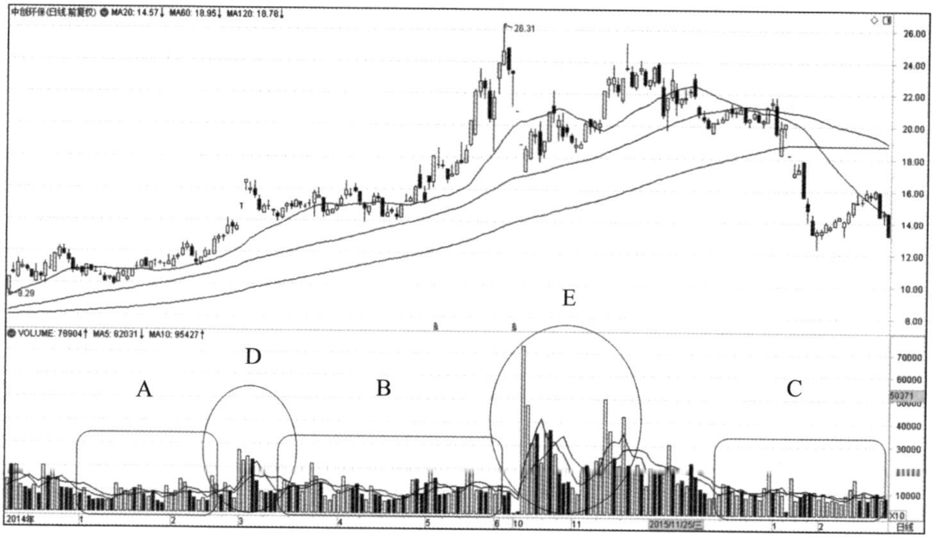

图 5–72

上述这些成交量的形态变化，再结合量能催化理论分析，就足以让交易者在短线交易中发现股价高点和低点，即便是在选择中长线潜力股上也大有可为。

如图 5–73 所示，该股长期运行于下跌趋势中，成交量也相应处在地量水准，并形成常量的态势。股价在 A 处突然爆发两波急速反弹行情，但很快又回归平静。成交量方面，本来处于常量态势中的量能也出现激增，呈现变量形态，具有明显的量能催化现象。

这种从常量态势一跃而起的量能催化现象，就像是在空寂无声的荒原突然传来惊心动魄的雷声，其所打破的必然是原有的宁静。

图中A处过后，股价又开始出现回落，量能也重回前期常量水准，似乎A处的“雷声”对其并无任何影响。B处，股价突破均线系统并获得有效支撑，而量能催化以聚量攻击的形式出现，之后形成新常量形态，显示进场资金踊跃并且稳定在一个新的高度上。这些技术细节都彰显出一个极佳的低吸时机的来临。

对于类似图5-73的个股，在A处区域，中长线交易者不必急于介入低吸。当股价和量能打破之前长期营造的技术环境后，并不必然就会直线上升。从主力行为的角度来分析，这声“惊雷”往往只是测试性质的，即便之后股价不再发生明显回落，也必然存在多个确认的过程，比如图中B处以及之后股价回落测试均线支撑时，都提供给我们较佳的低吸机会。

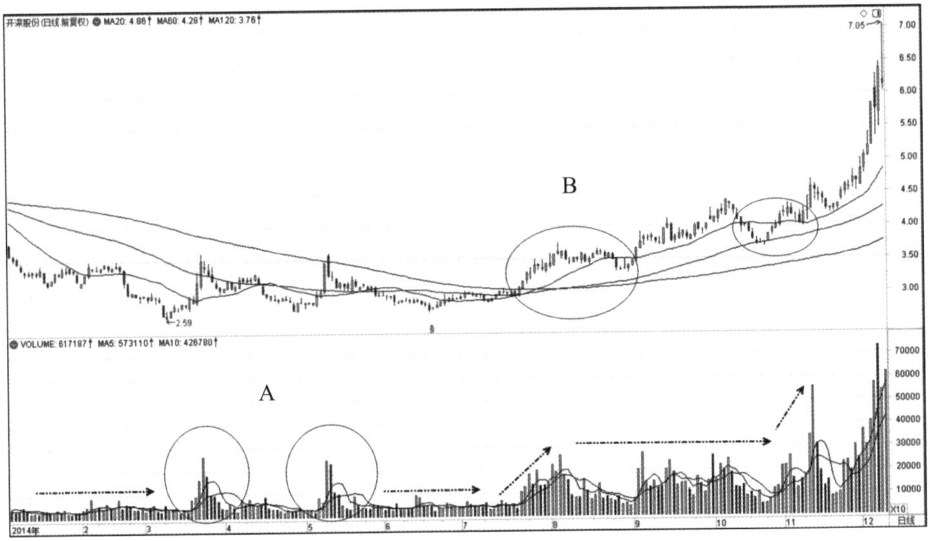

图5-73

第六章

缺口的引力交易

引力，词典上的解释为存在于任何物体之间的相互吸引的力。缺口的引力交易，正是源于缺口与价格之间相互吸引与摆脱的技术交易方式。

第一节 股价缺口的性质和类别

引力，词典上的解释为存在于任何物体之间的相互吸引的力。缺口的引力交易，正是源于缺口与价格之间相互吸引与摆脱的技术交易方式。

股价跳空缺口，是指股价在相邻两个交易日之间出现没有交易的空白空间。缺口虽然仅是一段没有交易的空白空间，但这个地方往往汇聚着极具爆发性的能量。

跳空缺口是一种强烈的趋向信号。向上跳空缺口表示价格具有强烈的上涨趋向；向下跳空表示价格具有强烈的下跌趋向。跳空缺口所引发的趋向，在部分个股中会转化为趋势，而另一些则仅是短期的趋向选择。

排除因分红派息、配股或增发等导致的对股价重新计算而形成的除权缺口外，股票的技术性跳空缺口一般可分为四种类型，即普通缺口、突破缺口、持续缺口和衰竭缺口。

（1）普通缺口。

普通缺口的出现，多数为主力短期运作的需要或受到消息面影响，其对股价的上升或下降只有短期影响，一般较短时间内缺口就会被回补。普通缺口可以出现在任何位置上，当出现在技术关口上时，往往能够起到鱼目混珠的作用，主力利用其进行诱空或诱多操作。

如图 6-1 中 A 点所示，两根 K 线之间出现一个向上的跳空缺口，图中可见这个跳空缺口很快就被回补，这就是一个比较典型的普通缺口。甄别普通缺口和突破缺口，一是在于跳空缺口出现后股价运行重心的方向是否能够发生改变；二是缺口出现时的技术环境是否有利于做多或做空。

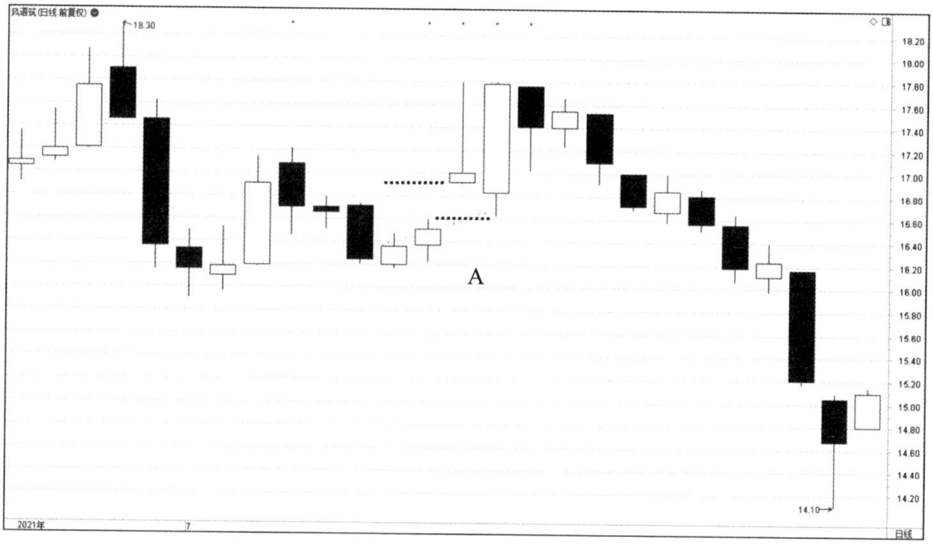

图 6–1

（2）突破缺口。

主要是指突破技术关口时出现的缺口，包括脱离成本区、脱离振荡盘整区或突破下跌趋势等重要的技术关口。突破缺口通常短时间内不会被回补。

如图 6–2 中 A 点所示，股价出现一个向上的跳空缺口，之后股价延续升势。该案例就是一个股价突破下跌趋势时留下的突破性跳空缺口。

实战中，主力在运作过程中会利用多种手法隐藏或掩盖真实意图，不想过早地暴露自己的操作痕迹。例如，处于筹码吸纳阶段的主力，在未能收集到足够数量的低位筹码时，如果遇到意外因素（比如利好消息等）导致目标个股的股价突然性大涨，那么主力势必会在之后故意打压股价，迫使股价发生折返，重回低位区域。

如图 6–3 所示，这是一个具有底部结构的个股，明显有主力资金在其中运作。A 处股价出现突破性向上跳空缺口，但很快就发生折返并回补缺口。这就让 A 处的这个缺口看上去更像是一个普通缺口，从而掩盖了主力运行的迹象。但细心的交易者会发现，股价之后的运行重心逐步向上偏移，该股最终还是迎来了一轮上涨行情。

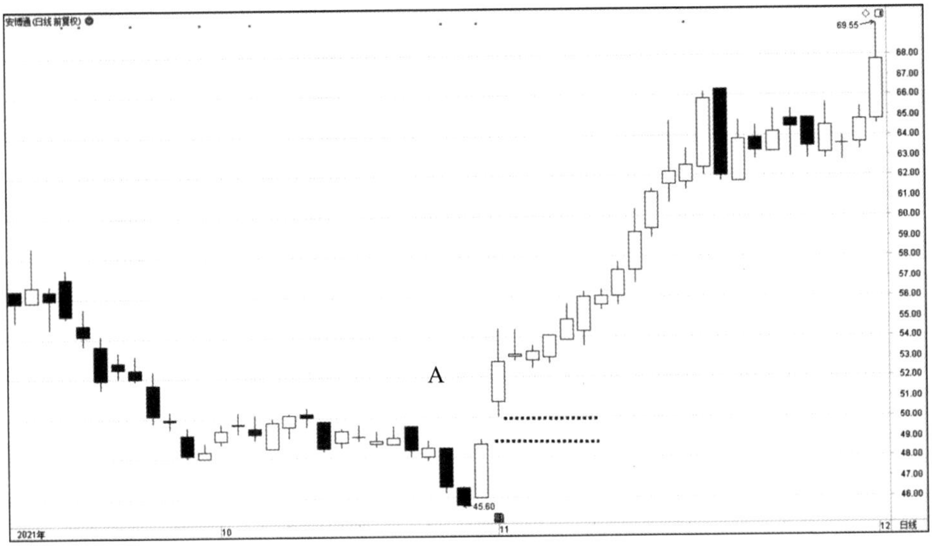

图 6-2

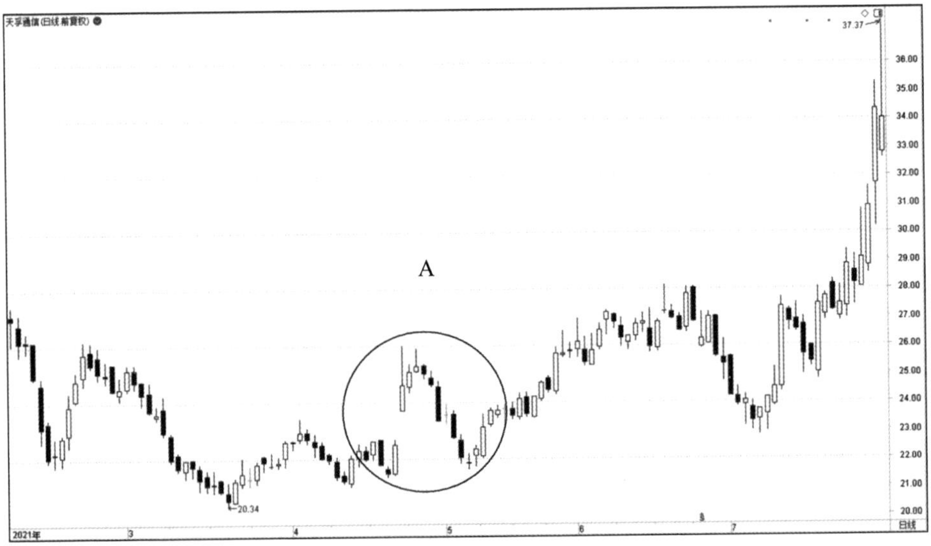

图 6-3

（3）持续缺口。

突破缺口出现后，在升势或跌势持续过程中，一次或多次出现的跳空缺口，就是持续缺口。持续缺口具有助涨助跌的作用，趋势维持过程中往往会出现多个持续缺口。

图 6-4 中 A 处为突破缺口的位置，之后出现的数个缺口即为持续缺口。这些持续缺口回补与否，对股价当前运行趋势的强弱有一定影响。比如，当向上跳空的持续缺口被回补，说明目前股价的涨势强度在降低，有可能发生振荡或转向下跌。

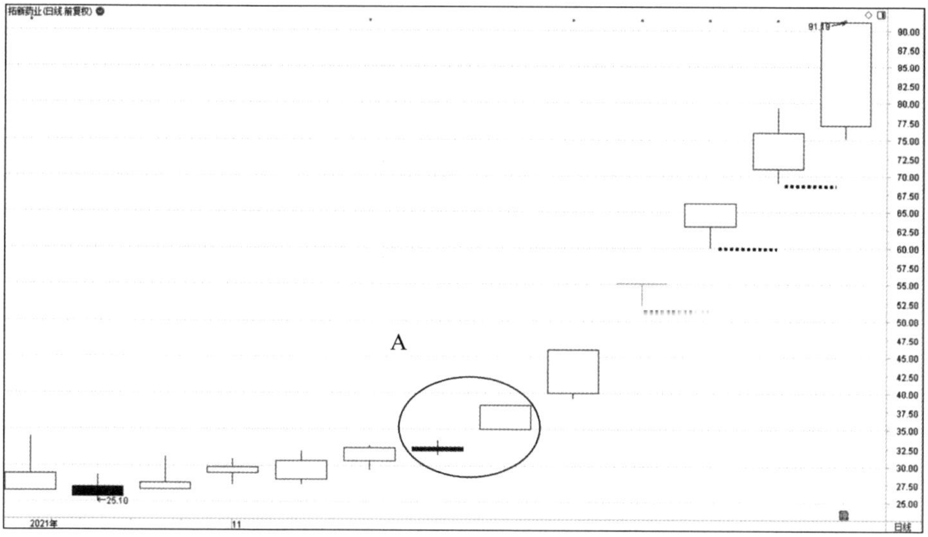

图 6-4

（4）衰竭缺口。

衰竭缺口出现在一个运行趋势的末端，股价做最后的冲刺，缺口一般很快被回补，市场原有的趋势也由此很快发生逆转。

如图 6-5 所示，该股经过大幅下跌的过程后，于 A 点出现向下跳空缺口。之后股价盘整，虽然一度再创新低，但很快就转跌为升，并由此展开一轮升势。

实战中，无论是大幅上涨过后还是大幅下跌过后，如果股价突然出现同方向上的跳空缺口，缺口空间越大，成为衰竭缺口的可能性就越大。

图 6-5

第二节 缺口都会回补吗

在国内 A 股市场中，跳空缺口被回补的概率，远大于留缺不补。空间较大的缺口被回补的概率，也远大于空间较小的缺口。

一、缺口为什么具有引力

排除除权除息缺口，技术性缺口往往会成为主力资金运作股价的一种手段。

主力利用自身资金优势制造股价高开（或低开）并留出向上（或向下）跳空缺口，会使市场资金产生进一步的联想——高开高走（或低开低走）。这对于吸引市场资金的关注，无疑是一个四两拨千斤的妙招。一些主力资金在运作相对冷门的个股，或者被套自救时，也多会采用这种手段。往往能够迅速吸引市场资金的关注，以便顺利进行下一步的运作。

所以，当我们面对个股出现跳空缺口（不论向上还是向下）时，注意力不要跟着主力的指挥棒转，主力的指挥棒就是跳空缺口的指向。不要只幻想缺口出现后会发生什么，而要多看缺口出现之前个股所处的技术环境，这样或许更能看清主力资金意欲何为。

通常来说，跳空缺口的空间越大，其引力越强，股价摆脱的可能性越低，缺口被回补的可能性越大；反之，缺口短期内被回补的可能性较小。如图 6–6 所示，A 点该股跳空高开留下巨大的向上跳空缺口，但这个缺口存在的时间极为短暂，股价当日便将缺口几乎回补殆尽。

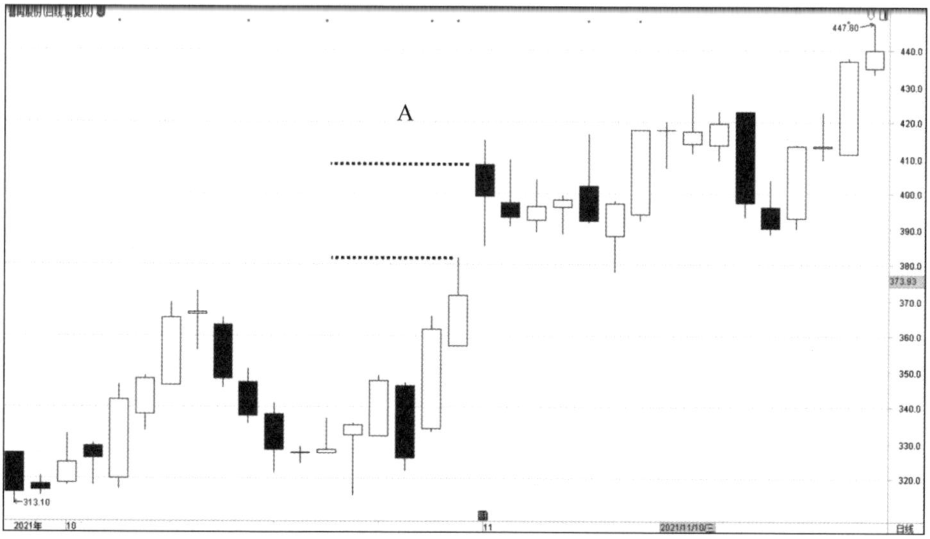

图 6–6

股价缺口空白空间引力的形成，源于股价本身的交易性。

当向上跳空缺口越大或越多，股价必然就会越高，参与交易的人就会相对减少，同时也意味着持仓者获利越来越快，越来越丰厚，而缺乏交易的空白空间，会使其兑现欲望很快就达到极致。

如图 6–7 所示，是沪指 2002 年 6 月 24 日形成的巨大跳空缺口。这个缺口最大空间达 140 点。当时很多人都认为这个缺口不会被回补，因为是由政策性利好引发的。但无论是政策性利好还是其他各种原因，都抵挡不住这个巨大缺口本身所具有的强大引力。缺口当天即被回补 50 余点，之后指数受到缺口引力牵制延绵下跌，最终这个巨大缺口被全部回补。

图 6–7

当向下跳空缺口越来越多，股价必然越来越低，卖出者也会越来越少。当无交易的缺口空白空间达到一定阈值，不论是从价值角度，还是超跌的技术角度，大幅折让的股价都会对场外资金产生吸引力，从而迎来资金入场抢低点做反弹。如图 6-8 所示，该股下跌过程中出现多个缺口，至 A 处股价大幅低开，但当天股价反弹回补缺口。

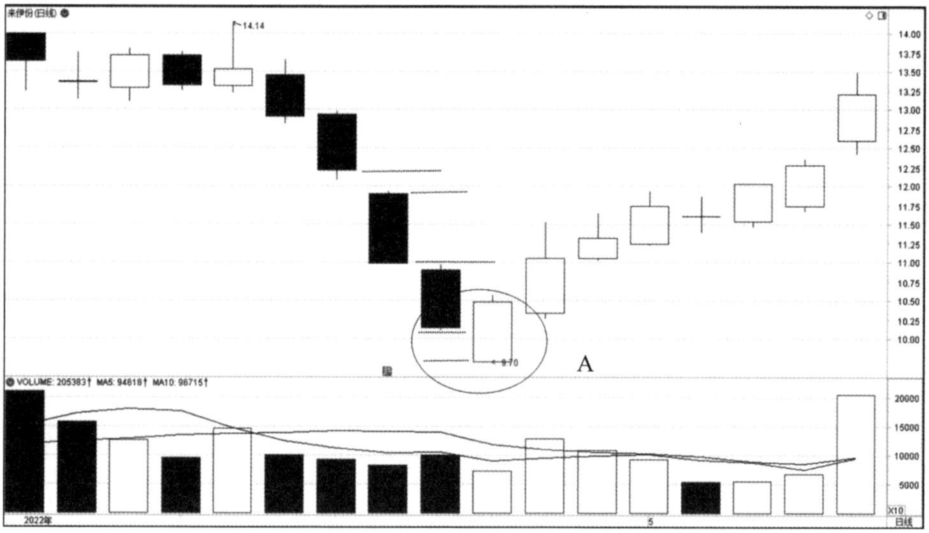

图 6-8

以上所述，也许并不是缺口引力形成的全部内容，却是关键点，非常有助于我们理解缺口空间引力理论。

二、未被回补的缺口

缺口引力形成之后，并不一定马上就会发生作用，尤其是在主力资金或热炒资金积极参与的情况下。例如，连续一字线涨停板的个股，如图 6-9 所示，该股连续十余个一字线涨停板，空白空间极其巨大。

类似情况的个股大多具有高控盘或者热炒个股的特征，在资金的强力影响下，股价摆脱缺口引力的能力非常强势，在资金热度不退的情况下，缺口短期内不会被回补。

但是，盛极必衰的原则不会改变。无论多么热门的个股，也总有失去热度的那一刻。当热炒资金逐步退出时，热门个股势必会出现连续下跌，由留下多个向上跳空缺口变为留下向下跳空缺口，这样的案例并不罕见。

所以，缺口的空间引力理论不是不会发挥作用，只是有时要晚一些才会显示出威力。

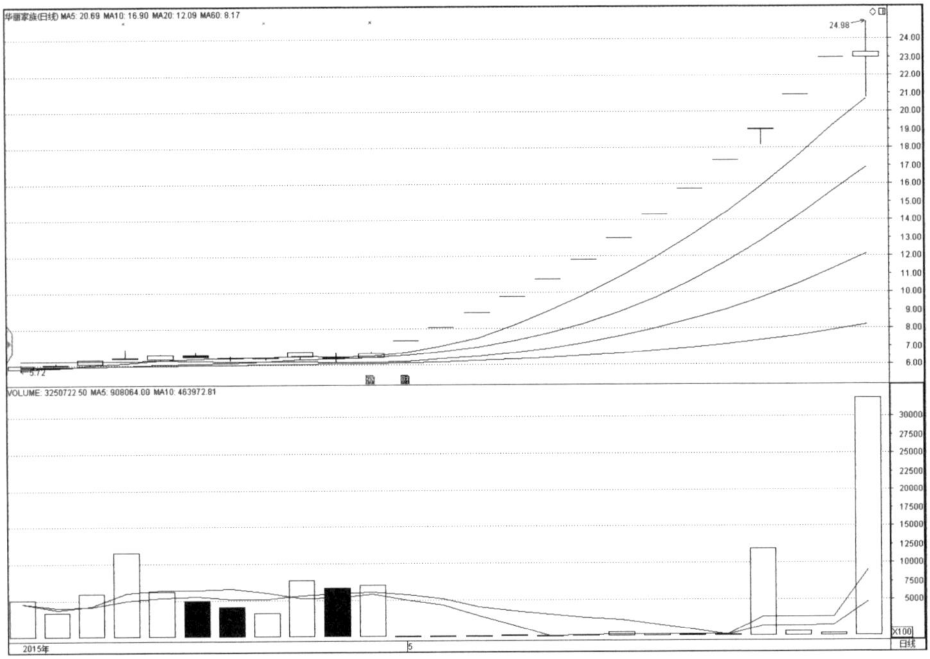

图 6–9

三、摆脱缺口引力

向上跳空缺口会给股价带来向下回补的引力，股价能否摆脱这种引力，则是由多种因素决定的。缺口空间大小所形成的引力大小，并不是股价回补与否的唯一因素，个股的强弱度、主力的控盘程度、个股热门程度、股本的大小、所属概念等也起到很重要的作用。

如图 6-10 所示，该股在 A 点留下一个向上跳空缺口，B 点又出现一个持续性缺口，这两个缺口在之后的股价持续上涨过程中并没有被回补。主要原因在于，当时市场正热炒元宇宙概念，而该股正是概念板块中的龙头品种之一，自然会受到资金的格外青睐。

图 6-10

当股价缺口短期内不被回补，说明个股强势具有一定的持续性，交易者至少短期内可安心持仓或借机低吸。

实战中，距离底部区域越近的个股，其出现的缺口被回补的可能性越大，这是主力资金底部运作的需要。某些缺口看似突破缺口，其实是普通缺口。

而脱离底部区域或处于上涨趋势过程中的个股，所出现的突破性缺口，短期内被回补的概率较小。同时，即使突破性缺口被回补，并不一定影响到突破的真实性，主要还是看之后股价的运行重心是否能够延续升势。

如图 6-11 所示，该股在 A 处出现突破性向上跳空缺口，之后股价延续升势，但这个缺口最终还是被回补了。该缺口被回补后，并没有影响到股价的整体上涨趋势，股价反而由此探底回升进入到主升阶段。

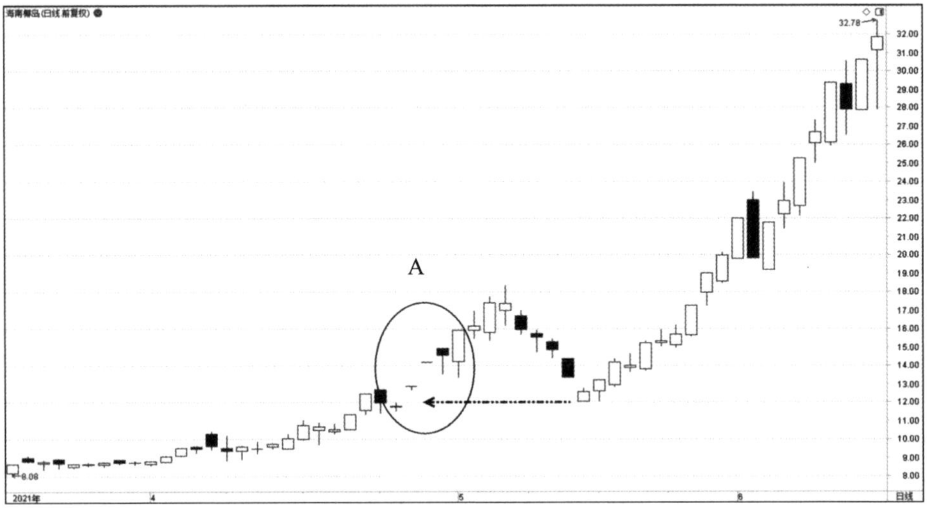

图 6-11

第三节 缺口引力与交易时机

当个股从底部或横盘区域开始向上突破时，有时会出现向上跳空缺口。部分极端强势的个股，会以超 45 度角的急速上涨来摆脱缺口引力，这种连续留缺封停的强势上涨，一般不会给交易者低位介入的机会。一旦这种个股不再封涨停板，往往都是股价高点区域，交易者不可盲目追高。

一、回补缺口的卖出时机

当个股连续大涨留下多个缺口，持仓的交易者应该高度关注衰竭缺口的来临。一般来说，可以通过以下几个技术点来把握。

（1）封不住涨停。

（2）早盘成交量达到变量。

（3）开盘缺口空间大过前几个交易日。

如图 6–12 所示，该股连续三个涨停板后，A 点开盘再次涨停，开盘缺口达到 10%。该股前几个交易日虽然留缺，却都没有 A 点的缺口大，这一点需要持仓者高度注意。虽然个股直接一字线封停都会出现这种大缺口，但是在短时间连续大涨后出现，就要提防股价有冲刺高点的可能，应该做好随时卖出的准备。

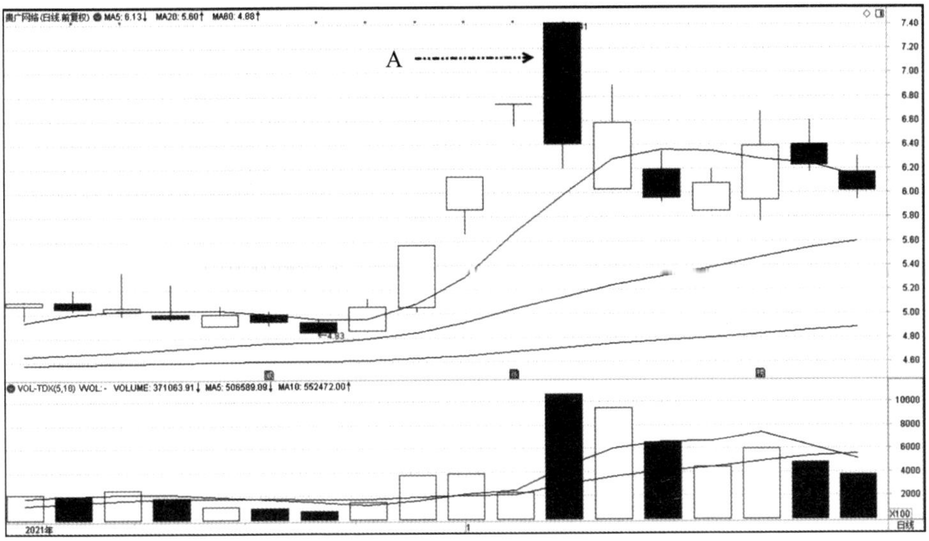

图 6–12

当个股涨停开盘，集合竞价结束时，交易者需要立即对集合竞价期间的成交量进行分析。比如，换手率达到多少，对比前几个交易日有没有明显的增大，同时还需要观察盘口挂单的情况。比如，买一挂单的数额是多少，对比前几个交易日有没有明显减少。

这些数据非常有利于交易者提前预判个股的涨停板能不能封住，如果数据显示该股集合竞价换手增大而挂买单减少，可以提前挂出卖单。有些交易者害怕卖错，那么至少也要做好卖出的准备。

当个股进入到连续竞价阶段，如果并未能封住涨停板，或者涨停板已有被卖单打开的迹象，这时应该及时卖出。如图 6–13 所示，是 6–12 中 A 点当日的分时走势图。可以看到，该股开盘后直线下跌，迅速打开涨停板，大多数交易者根本来不及做出反应。

处于连续强势运行状态中的个股，一般来说不会立即失去强势，即使发生短期暴跌，随后也会有强反弹与之对应。剧烈振荡是这个阶段个股的通常表现，经过剧烈振荡后，个股或者失去强势转入弱势调整，或者继续强势状态。

图 6–13 中可见，该股当日主要的成交量都集中出现在早盘十分钟左右的时间内，也就是说，该股早盘的成交量柱状图，在 K 线图中已经明显表现出变量的形态。

图 6–13

变量是一种能够引起股价骤变的量能形态。出现变量，说明股价原有的运行节奏大概率会发生变化。早盘十分钟，甚至不必等到十分钟，有看盘经验的交易者就完全能够预估出图 6-13 中该股当日大致的成交量，这个时候出现的反弹，依然是持仓者卖出的时机。

对于善于把握短线交易时机的交易者来说，操作强势股时早盘卖出，出现大跌后，盘中或尾盘还会再买回来。但对于新手来说，不太好把握稍纵即逝的时机，或者不会设定止损点，还是不要过于求巧，先踏踏实实学会看盘，做好平素交易即可。

二、向上跳空缺口的低吸机会

除非是过于强势的个股，大部分个股在出现缺口后，都有一个摆脱缺口引力的较量过程，而这个过程也许能给我们提供一个较佳的低吸机会。

如图 6-14 中 A 处所示，该股首先出现一个一字线跳空的突破缺口，但次日便被大阴线回补。这种冰火两重天的走势，无疑会使不少持仓者因极度失望而放弃继续持有该股，这一点从大阴线当日突然放大的成交量就可以看出。

A 处大阴线的次日，本该继续回落的股价却收出低开高走的阳线，回落的低点在 5 日均线上下。学过均线理论的人应该都知道，像 5 日均线这种短期均线，其在技术应用上重点在于反映股价的强弱度。

股价并不远离 5 日均线，就说明股价的上涨强度依然还在，而 A 处的大阴线无疑就是主力资金骗人筹码的陷阱。发现了这一点，交易者完全可以在此时低吸入场。之后的 B 处又一次出现了和 A 处类似的场景，只不过多用了点时间。B 处也是交易者适宜进仓的时候。

图中该股在 A 处和 B 处出现缺口后，股价都发生了振荡，这个振荡的过程也就是股价摆脱缺口引力的过程。最终股价能够进入快速拉升阶段，则说明已经成功摆脱缺口引力，进入到强势运行的状态中。

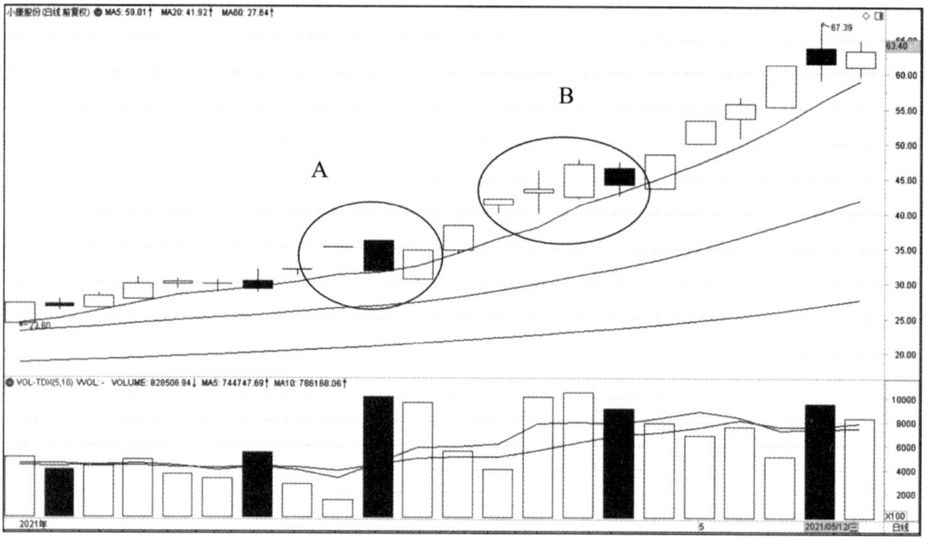

图 6-14

三、向下跳空缺口的低吸机会

不仅向上跳空缺口能够提供相应的低吸机会，向下跳空缺口同样也能提示我们什么时机可进场低吸。

如图 6-15 所示，A 点出现一根向下跳空的大阴线，这根大阴线的成交量远大于之前下跌期间的常量，可以定义为变量形态。在大跌后出现变量，往往能够提示价格低点的来临。大阴线之后该股股价逐步回升，不但回补缺口，还展开了快速上涨行情。

该案例中向下的跳空缺口并不算过大，但阴线实体较大，显示出充分释放卖出动能的过程。实战中，对于这类个股的低吸，要把握住几个要点。

（1）前期有过大幅下跌的过程。

（2）当日成交量大过之前均量。

（3）当日杀跌较为充分，或者向下跳空缺口较大。

（4）该股没有基本面上的问题，纯属技术性下跌。

图 6–15 中该股基本符合上述几点要求。而图 6–16 中，A 点也是一个向下跳空的阴线，阴线实体并不算大，但缺口空间较大，成交量符合杀跌特征，也比较适合交易者捕捉低点低吸进场。

图 6–15

有一种形态需要交易者特别注意，向下跳空缺口即使缺口空间较大或实体较大，也决不可贸然进场低吸。如图 6–17 所示，该股在 A 点形成的向下跳空缺口空间较大（长上影回补），当日回补大部分缺口，股价之后继续回落，这是一个股价摆脱缺口的过程。

图 6–17 中该股在 A 点的成交量也基本符合逃逸量要求，之前也有过下跌过程。那为什么这一点并不符合低吸要求呢？主要原因在于形态上。

对于出现向下跳空缺口的个股，交易者在买点的把握上要格外谨慎。图中个股在 A 点之前出现过一个下跌过程中的振荡平台，这种平台可以将其看作诱多平台。当个股经过一段跌势后，营造出这样一个平台，容易被交易者误认为是正在构筑底部，不少资金便会低点买入，等待底部起涨。

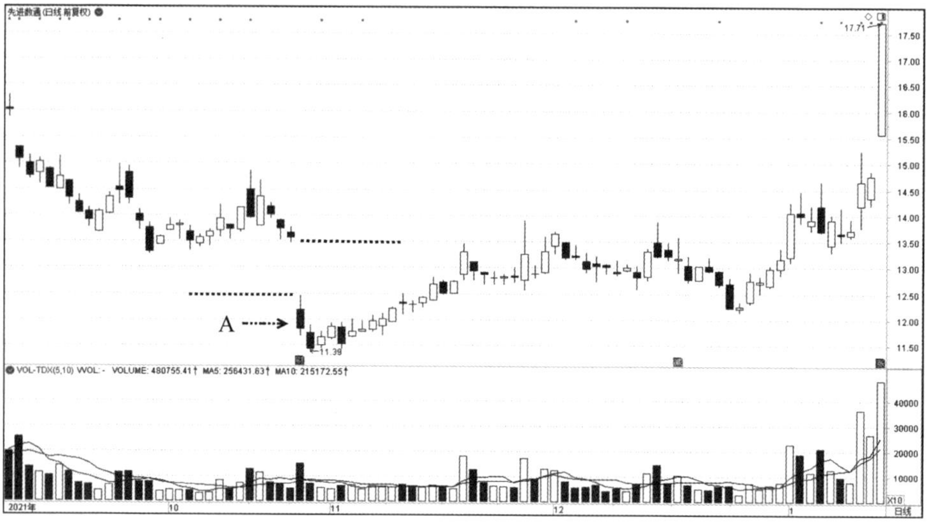

图 6-16

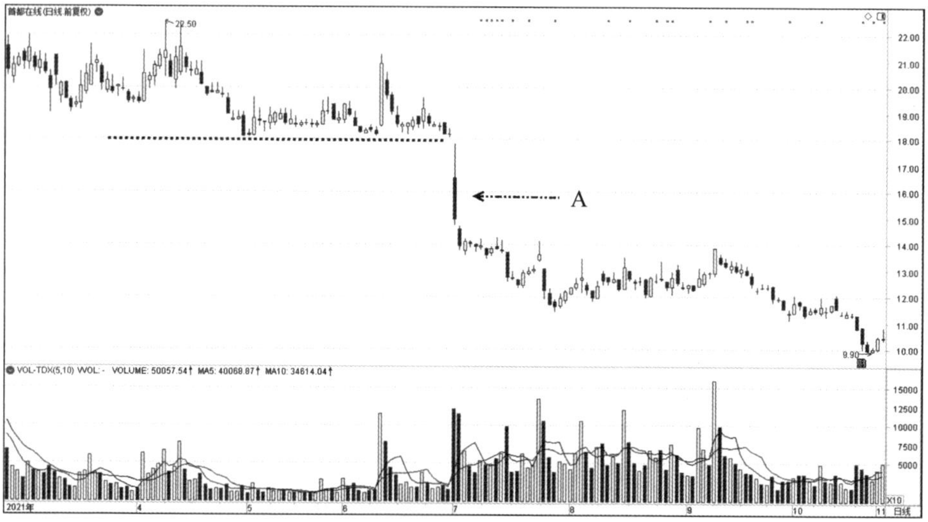

图 6-17

当股价如图 6-17 中 A 点那样跌破这个平台，便会套住大部分在平台建仓的资金。有那么多的套牢盘在这个平台上，短时间内股价根本不可能在平台附近出现强反弹。所以，对于这种平台跳水的个股，理应敬而远之，决不介入。

第四节 次新股缺口引力与交易策略

新股或次新股在上市初期阶段，经常会出现空白空间较大的缺口，如何认定这些缺口并依此进行交易，是短线交易者和波段交易者必须认真研判的问题。

一、上市次日向下跳空缺口

上市次日的向下跳空缺口比较常见，而且多数的缺口空间较大。如图6-18所示，该股上市第二个交易日低开超过-11%，然后股价继续绵延下跌。这种空白空间较大的缺口，引力必然会发挥作用，但是出于多方面的原因（比如发行价过高等），股价摆脱引力的概率都比较大。

如图6-19所示，向下跳空缺口的空白空间虽然比不上图6-18，但也达到-5%以上，依然算得上较大的缺口。

图6-19中A点可见，出现缺口之后的多个交易日，股价出现了多条长长的上影线，其中一条几乎全部回补缺口，这就是股价摆脱缺口引力的过程。当股价盘桓缺口下方多日，却不能迅速以实体的形式回补较大的缺口，也就证明了股价处于转弱状态中，此后摆脱引力作用，出现下跌的可能性比较大。

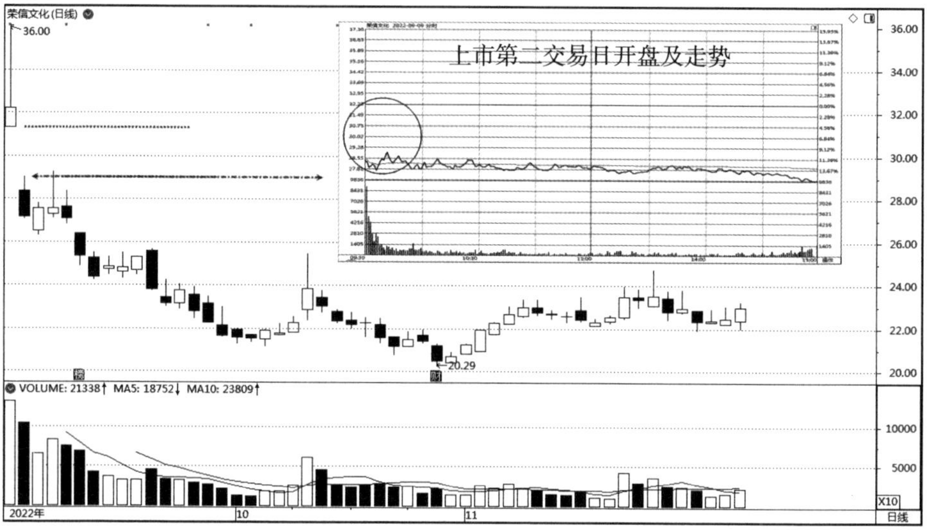

图 6-18

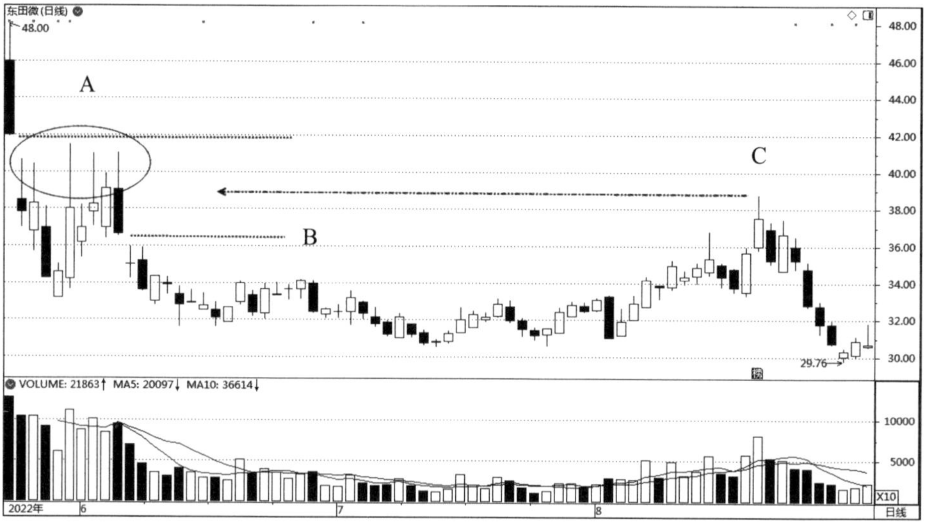

图 6-19

交易者决不可在上市次日出现向下跳空缺口时，在股价与引力角力过程中买入，否则的话，在这类次新股的交易中必然要遭遇较大亏蚀。

次新股的这种缺口，虽然空白空间较大，但多数个股都具有摆脱的动能，切不可以愿望式交易买入做多。图中 B 点，股价再次留下向下跳空缺口，这个持续性缺口的意思是说，股价已经成功摆脱引力，后续必然以下跌为主。

新股上市次日留下的跳空缺口，在之后个股的运行过程中，弱势的个股会被引力牵引而上，却难以回补。如图 6-19 中 C 点所示，股价仅仅反弹至缺口下方，与全部回补缺口仍有很大距离便无功而返。交易者对此不要有过多期待，更不要认为缺口都必然会被回补。

强势个股受到引力牵引会将次日跳空缺口予以回补。如图 6-20 所示，该股上市次日留下缺口，盘中股价出现振荡，缺口被部分回补，但收盘股价继续下跌，第三日再次留下缺口。之后股价振荡下跌后展开升势，并将缺口全部回补。在这个案例中，股价回补次日跳空缺口并不是一蹴而就，而是如图中 A 点所示那样反复振荡，这是消耗引力与测试支撑的过程，交易者可借机介入，参与一段升势的波段。

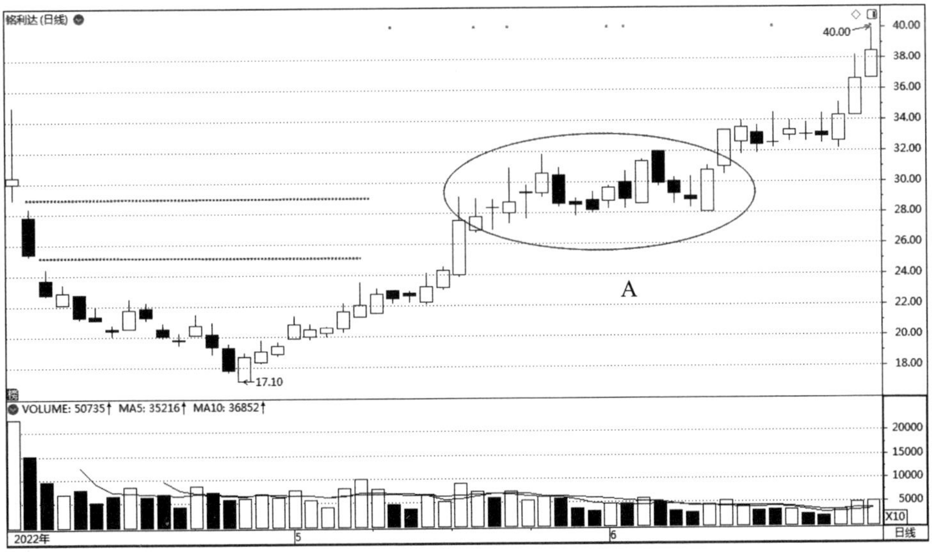

图 6-20

在 A 点这个过程中，如果成交量明显放大形成聚量或变量形态，而股价仍旧振荡，那么可能走出回补缺口就下跌，而不是回补缺口就上涨的情况。如图 6–21 所示，股价在 A 点突然放量急涨，将次日跳空缺口全部回补，但随着缺口回补完毕，股价也失去了继续上涨的动能，随后就转入到下跌过程中。这种在引力牵引下以回补缺口为终点的反弹，在疫情影响下的次新股行情中非常常见，交易者只能采取低吸介入法，而决不可采用追涨介入的方式买入，否则很难有获利的机会。

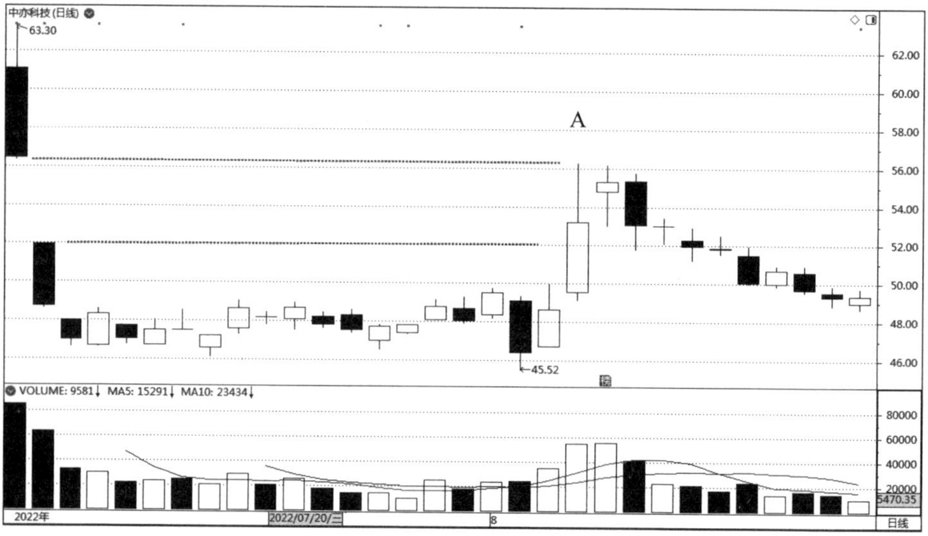

图 6–21

次新股走势必然也会受到大势的影响，大盘强势上涨行情中，次新股的表现往往也极为强势，回补下跳缺口并继续上涨是大概率的，而在大盘弱势下跌行情中，次新股的走势也较为孱弱。可能很少有个股会回补次日下跳缺口，即使回补也是在引力牵引下勉力上行，难以展开持续性上涨。

甚至有的个股短时间内一路下行，即使上方缺口巨大，也弃之不顾。这种类型的个股一旦下行时间超过 3 个月到半年，就不再适合作为次新股追踪。如图 6–22 所示，该股上市次日留下较大的下跳缺口空间，图中 A 点约在上市 3 个月左右时间出现过一次级别较大的反弹行情，但是并未能抵近缺口就失去继续上涨的动能。此后股价逐波回落，次日下跳缺口的引力回补必然要等到漫长的时间之后了，不再适合短线与波段交易者追踪。

图 6-22

二、连续下跳缺口

次新股上市后，既有直接强力上涨的，也有直接进入跌势的。在大盘行情不佳的背景下，属于后者的次新股更多。上市次日留下大幅向下跳空缺口之后，很多个股仍会继续大幅下跌，过早介入等待反弹的交易者，无疑会非常难熬，不知道股价的底部低点究竟会出现在什么价位上。

其实根据缺口理论的类别分析，并不难判定股价的大致低点会在什么价位和是否跌势会持续。如图 6-23 所示，该股上市次日留下突破缺口，随后摆脱引力后继续下跌并留下第二个缺口，意味着跌势仍将持续。

第三个缺口本身空白空间就很小，而且当日即被回补，说明这个持续性缺口已经明显受到引力影响，股价可能已经接近低点区域。此时交易者可根据当日成交量和换手率数值进一步分析，换手率降到10%左右时，就意味着股价暂时进入到相对低点区域，可尝试分批建仓。

第四个缺口与第三个缺口的技术含义极其相似，我们可以初步认定衰竭缺口出现，可以分批建仓。

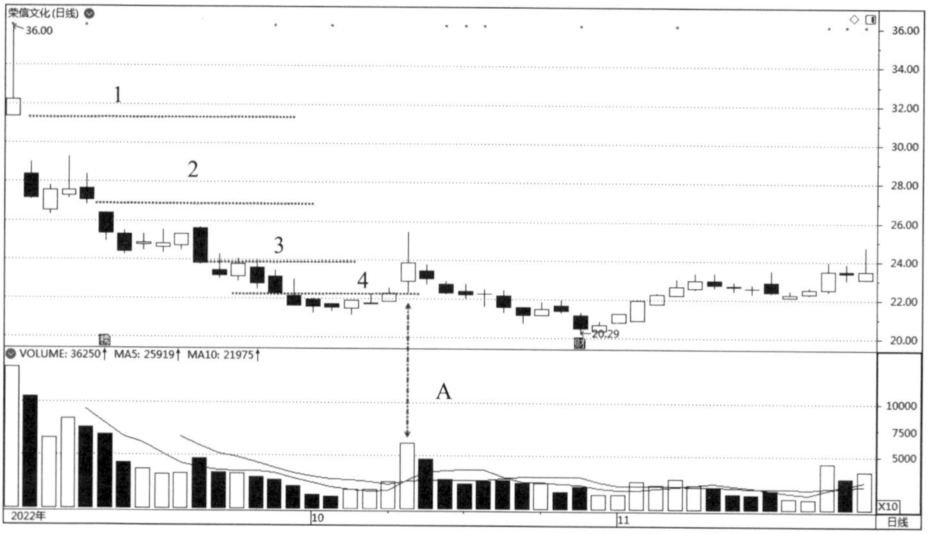

图 6-23

图6-23中的A点就是这个短线交易的最佳卖出点。可能有人会说：图中可以看到后面的走势了，你才会这么说吧。如果交易者读过量能催化、成交量核心技术等理论，就不会这么认为了，因为图中A点的卖点太明显。

首先，A点的成交量无疑是变量形态，变量形态的出现大概率会成为个股高位的卖点，至少也是短线卖点。

其次，我们来看看A点换手率的数值，图6-24即为图6-23当日的分时走势图。图中显示A点当日换手率超过30%，对于该股来说，这个换手率虽然算不上高危，至少也已经进入风险区。

其三，从图6-24中的分时走势可以看到，当日该股冲高过程中只是接近 14% 的涨幅，并不曾封住涨停板。封不了涨停板的个股，股价涨升强度就要减一半。

之后，股价回落的幅度约占整个涨幅的一半。回落幅度过大，也意味着股价涨升强度还要打折。股价涨升强度下降，而换手率创下近期新高，量价并不匹配，加上变量形态的出现，A 点无疑会成为短线交易者的卖出点。

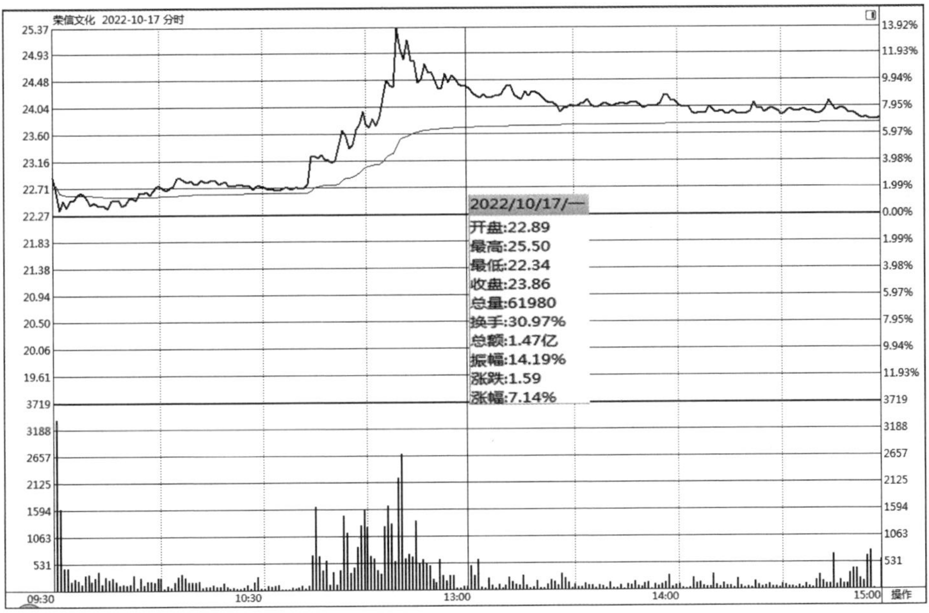

图 6-24

在大盘行情不佳的背景下，该股能有超过 13% 的单日冲高表现已经很不错了。在更为困难的阶段，一些次新股的反弹连 5% 都很勉强。如图 6-25 所示，A 点股价反弹，看上去 K 线好像并不小，但我们看看右上角的分时走势就可以发现，该股当日的主要涨幅是尾盘时间里一波偷袭式拉升所致。这种方式的拉升，无论是买还是卖，都比较难以操作。

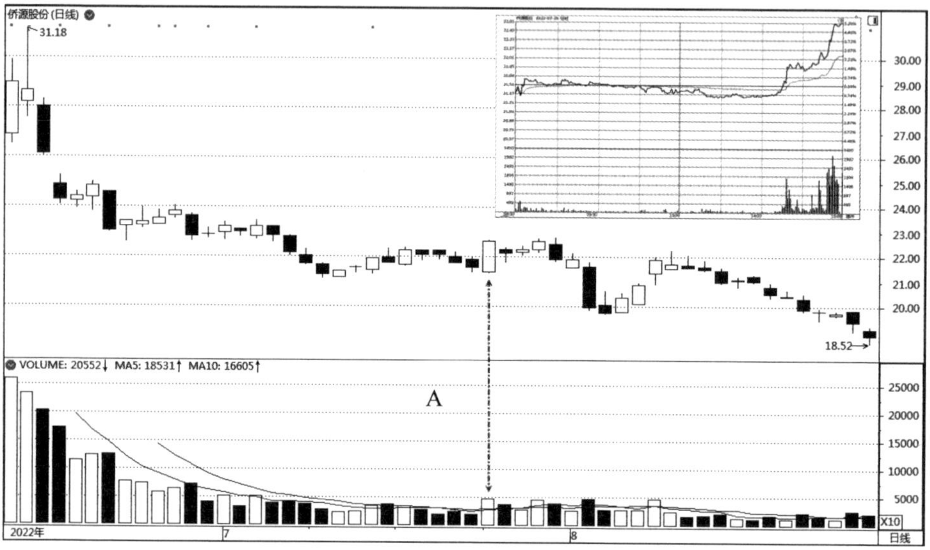

图 6-25

三、超跌次新股的两怕

操作超跌次新股时，不怕高换手，最怕低换手；不怕急速下跌，最怕逐波振荡。

次新股上市初期阶段的换手率基本都较高，在下跌过程中换手率会慢慢降低。反弹中出现高换手率，交易者很容易研判出卖点。如果超跌次新股的换手率降到 3% 或以下时，股价走势可能会变得呆滞、缓慢，甚至有的个股还会进入到长期阴跌的过程中。如图 6-26 所示，该股在下跌过程中逐渐缩量，过低的换手率意味着短期内该股股价难以有强势表现，交易者应避免过早介入这类个股，以免承受阴跌套牢之苦。

急速下跌连续下跳缺口的次新股，短线机会可能就在眼前，反而是那种涨一段、跌一段，整体趋势向下的次新股最难缠。

如图 6-27 所示，该股在下跌趋势中就是保持着涨一段、跌一段整体下

实朴检测(日线)
47.22
16.30
VOLUME: 7307 MA5: 9042 MA10: 10198
2022年

图 6-26

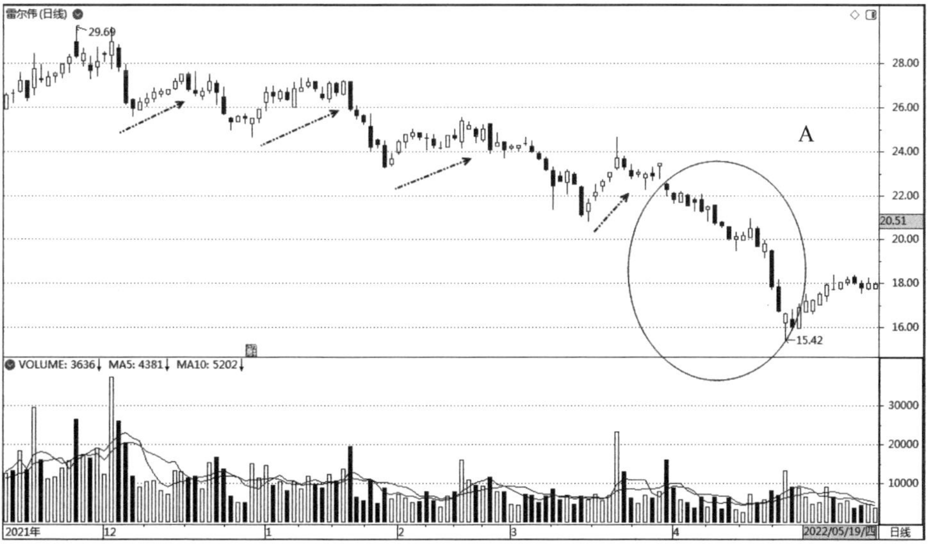
雷尔伟(日线)
29.69
A
15.42
VOLUME: 3636 MA5: 4381 MA10: 5202
2021年
2022/05/19/四

图 6-27

跌的趋势，这种股价运行方式，交易者非常难以判断和操作，主要原因在于其涨升波段的幅度小、时间短，交易者很难有盈利空间。反倒是图中A处，这种连续急速下跌的方式，交易者可以根据量价变化，相对容易研判出低位买入点。

对于图6-27中这种类型的个股，交易者应该避免介入操作。当其运行到急跌阶段时，再予以重点关注。